조명애의

한 권으로 끝내는
프랑스어 표현 5000

조명애 저

일진사

머리말

　이 책의 목표는 프랑스어 학습자가 우리말 표현을 기준으로 프랑스어 표현을 익힐 수 있도록 돕는 데에 있다.

　따라서 우리말 표현에 상응하는 프랑스어 표현들을 최소한의 시간과 노력을 투자하여 최대한 습득할 수 있도록, 각각의 학습 상황에서 다루는 내용에 대해 가능한 한 다양한 프랑스어 표현법들을 소개하고자 하였다. 또한 필요한 경우에는, 연관성 있는 다른 유용한 표현들이나 직접적 관련은 없어도 그 표현에 포함된 단어나 어휘에서 눈여겨 봐야할 참고적인 표현들까지 포괄적으로 담았다.

　전체적으로는, 문어와 구어뿐만 아니라 속어와 비어까지 총망라함으로써 실생활에서 사용되는 표현들에 대한 폭넓은 공부가 되도록 하였다. 다만 소개된 속어나 비어의 경우에는, 각별히 유의해서 사용해야 한다는 사실을 명심하기 바란다.

　이 책은 기본적으로 프랑스어 고급 학습단계까지 모두 마친 사람을 예상 독자로 삼고 있다. 그러므로 아주 기초적인 표현에만 익숙한 초급 학습자에게는 난이도가 높게 느껴질 것이다. 하지만 각각의 상황이 우리말 사고구조에 의거해서 만들어졌기 때문에, 초보자라도 자신이 가지고 있는 나름의 어학 실력과 논리력을 최대한 활용하여 차근차근 공부해 나간다면, 좋은 성과를 얻을 수 있으리라 생각된다.

마음 같아서는 다른 유용한 표현들과 그것들이 사용된 구체적 상황들에 대해 더 많이 소개하고 싶지만, 이 책이 다루고 있는 것만으로도 이미 방대한 양이기에 일단 다음을 기약하기로 한다.

마지막으로, 프랑스어 인명이나 지명에 대한 우리말 발음 표기는 외래어 표기법 규정에 따르지 않고 프랑스어 발음식으로 표기했음을 밝혀둔다. 한편 목차에는 각 장(章)에서 다루고 있는 모든 표현들을 일일이 기재하지 않고, 편의상 숫자로 분류한 첫 표현들만 수록해 놓았다. 따라서 더 많은 유용하고 다양한 표현들은 본문에서 직접 만나보기 바란다.

외국어 능력 향상을 위해서는 시간과 노력의 꾸준한 투자가 필수적이지만, 효율적인 학습교재의 선택 또한 매우 중요한 요소이다. 이 책이 모든 단계의 프랑스어 학습자들에게 늘 곁에 두고 필요할 때마다 틈틈이 찾아보고 공부할 수 있는 유익한 참고서로 활용되기를 진심으로 바란다.

조 명 애

TABLE DES MATIÈRES

CHAPITRE 1　소개 · 인사 · 접대

1. …을 소개하겠습니다 • 19 / **2.** 뵙게 되서 반갑습니다 • 19 / **3.** 성함이 어떻게 되세요? • 20 / **4.** 어디 출신이시죠? • 20 / **5.** 직업이 뭔가요? • 20 / **6.** 안녕하십니까[어떻게 지내십니까]? • 21 / **7.** 이게 누구야! • 21 / **8.** 여기서 만나게 되다니! • 21 / **9.** 너 도대체 여기엔 어떻게 왔니? • 22 / **10.** 너 마침 잘 왔다! • 22 / **11.** …한 지 너무나 오래됐다 • 23 / **12.** 저녁 식사에 초대하고 싶은데요 • 23 / **13.** 저희 집에 잘 오셨습니다 • 24 / **14.** 식사가 준비됐습니다 • 24 / **15.** 어서 드세요 • 25 / **16.** 먹어라! • 25 / **17.** 맛있게 잘 먹었습니다 • 25 / **18.** 배불리 먹었습니다 • 26 / **19.** (음료수나 먹을 것) 뭘로 드릴까요? • 26 / **20.** 같은 걸로 하다 • 27 / **21.** …와 … 둘 가운데 하나를 고르세요 • 27 / **22.** 건배합시다! • 27 / **23.** …을 마시겠습니다 • 28 / **24.** 한 잔 더 드시지요 • 28 / **25.** 저는 됐습니다 • 29 / **26.** …와 술을 한 잔 하다 • 29 / **27.** (음식이나 마실 것을) 좀 더 드시겠어요? • 30 / **28.** 그것 축하할 일이군요! • 31 / **29.** 아주 즐거웠습니다 • 31 / **30.** 매사에 고맙습니다 • 32 / **31.** 원 별 말씀을요 • 32 / **32.** 이웃 좋다는 게 뭔가요? • 33 / **33.** 오히려 제가 기쁩니다 • 33 / **34.** (시간을) 잘 보내세요 • 34 / **35.** 혼자 오시죠 • 34 / **36.** 팁을 주다 • 34 / **37.** …을 방문하다 • 35 / **38.** 조의를 표합니다 • 35 / **39.** …해 주시니 고맙군요 • 35 / **40.** (성 말고 이름으로) 부르셔도 됩니다 • 36 / **41.** 뵙게 되서 반가웠습니다 • 36 / **42.** 낯익은 분인 것 같은데요 • 36 / **43.** 당신 얘기 많이 들었어요 • 37 / **44.** 마침 당신 얘기하고 있는 중입니다 • 37 / **45.** 그는 내가 생각한 그대로이다 • 37 / **46.** 만난 적이 있는 것 같은데요 • 37 / **47.** 저 모르시겠어요? • 38 / **48.** 누구시더라? • 38 / **49.** …을 아십니까? • 38 / **50.** 내가 아는 사람인가요? • 38 / **51.** 다시 만나서 반가워요 • 39 / **52.** 또 만났으면 좋겠습니다 • 39 / **53.** 조만간 또 하지요 • 39 / **54.** 미안[실례]합니다! • 39 / **55.** 폐를 끼쳐 대단히 죄송합니다 • 40 / **56.** 기다리게 해서 정말 죄송합니다 • 40 / **57.** 행운이 있기를! • 40 / **58.** 또 만납시다 • 41 / **59.** 이제 그만 가보겠습니다 • 41 / **60.** 좋은 여행 되시길! • 42

CHAPITRE 2　안부 · 의견 · 동의 · 희망

1. …에게 안부 전해 주세요 • 43 / **2.** 어떻게 지내니? • 44 / **3.** 별고 없니? • 44 / **4.** 순조롭게 잘 되어 가다 • 45 / **5.** (진척이) 어느 정도인가? • 45 / **6.** (일이) 어떻게 됐나요? • 46 / **7.** 당신 무

5

슨 일이 있나요? • 46 / **8.** 무슨 일이 진행되고 있지? • 47 / **9.** (사람) …가 어떻게 된 거야? • 47 / **10.** (사물) …이 어떻게 된 거야? • 47 / **11.** 웬 야단법석! • 47 / **12.** 그것은 그의 마음에 거슬린다 • 48 / **13.** 마음에 걸리는 것이 있다 • 48 / **14.** …를 해보시죠 • 48 / **15.** (…에 대해) 어떻게 생각하시죠? • 48 / **16.** …하면 어떨까요? • 48 / **17.** 그래도 괜찮으시겠어요? • 49 / **18.** …인 것 같다 • 49 / **19.** …일 것 같다 • 50 / **20.** 어림도 없어요 • 50 / **21.** 무슨 소리하는 거요? • 50 / **22.** 결국 무슨 말을 하려는 거요? • 51 / **23.** 저는 …라고 봅니다 • 51 / **24.** 우리는 뜻이 잘 맞아! • 51 / **25.** 내 말이 그 말이야! • 52 / **26.** 동의해요! • 52 / **27.** 틀림없다 • 53 / **28.** …와 언쟁하다 • 53 / **29.** 나도 그래 • 54 / **30.** 당신도요 • 54 / **31.** 정말 그래요! • 54 / **32.** 전[제겐] 좋습니다 • 55 / **33.** …일까 염려되다 • 55 / **34.** …라는 게 사실입니까? • 56 / **35.** …을 장담합니다 • 56 / **36.** 그렇게 해도 지장없다 • 56 / **37.** …하기 어렵다 • 56 / **38.** …이 필요하다 • 56 / **39.** …이 필요가 없다 • 57 / **40.** 그런데는 전혀 관심이 없어요 • 57 / **41.** 잘되어 가다 • 57 / **42.** 이러시면 안 되는데 • 58 / **43.** 그건 아무래도 상관없습니다 • 58 / **44.** 그게 …와 무슨 상관이죠? • 59 / **45.** 제겐 상관없어요 • 59 / **46.** 난 전혀 개의치 않아! • 60 / **47.** 참견하다 • 60 / **48.** 내가 나설 계제가 아니다 • 61 / **49.** 쓸데없이 참견하네! • 61 / **50.** 네가 알 바 아니다 • 61 / **51.** 그래서 어떻다는 거지? • 62 / **52.** 더 이상 뭘 어쩌란 말이야? • 62 / **53.** …할 수 있다면 좋으련만! • 62

CHAPITRE 3 생각 · 충고 · 습관 · 집착

1. 생각하다 • 63 / **2.** …을 …으로 생각[간주]하다 • 63 / **3.** …할 생각[작정]이다 • 63 / **4.** (…에 대해) 어떻게 생각하세요? • 63 / **5.** 소감은요? • 64 / **6.** 왜 그렇게 생각하죠? • 64 / **7.** …에 대해 생각[숙고]하다 • 65 / **8.** …을 검토하다 • 66 / **9.** …을 참작[고려]하다 • 66 / **10.** …하느라 골싸매고 생각하다 • 66 / **11.** 말이 났으니 말인데 • 66 / **12.** …에게 …을 생각나게 하다 • 66 / **13.** …을 생각해내다 • 67 / **14.** …이 생각난다 • 67 / **15.** …라고 생각되다 • 67 / **16.** …을 기억하다 • 68 / **17.** (이름 · 날짜 · 제목 등이) 생각나지 않다 • 68 / **18.** 뭘 얘기하려고 했는지 잊어버렸습니다 • 68 / **19.** 외우다 • 69 / **20.** 기억력이 좋다(나쁘다) • 69 / **21.** …을 잊어버리다 • 69 / **22.** (물건을 놓고) 잊어버리다 • 70 / **23.** 도저히 …을 잊을 수가 없다 • 70 / **24.** 그런 기억일랑 싹 잊어 버렸습니다! • 70 / **25.** …을 명심하시오! • 70 / **26.** (잊지 말고) 꼭 …하세요 • 71 / **27.** 생각을 바꾸다 • 71 / **28.** 기분전환으로 • 71 / **29.** …을 상기시켜야 되겠어요? • 71 / **30.** 누가 그런 생각을 했겠어요? • 72 / **31.** 생각할 수 없는 일이다 • 72 / **32.** 결심하다 • 72 / **33.** …하도록 무슨 짓이라도 할 거다 • 73 / **34.** 조심하세요! • 73 / **35.** 말조심하세요! • 74 / **36.** 조용히 하세요! • 74 / **37.** 말을 참다 • 75 / **38.** 뒤를 조심해! • 75 / **39.** …하곤 했다 • 75 / **40.** …에 습관이 되다[익숙해지다] • 75 / **41.** …하는 습관이 있다 • 76 / **42.** …하는 것을 자기의 규칙

으로 삼다 • 76 / **43.** …을 길들이다 • 76 / **44.** …하는 것에 집착하다 • 77 / **45.** …하는데 골몰하다 • 77 / **46.** 당신의 주된 관심사가 뭔가요? • 78 / **47.** (사람) …에게 관심을 가지다 • 78

CHAPITRE 4 인식 · 감각 · 추측

1. 알아듣겠어요? • 79 / **2.** 내 말 알아듣고 계세요? • 80 / **3.** 딴생각을 하다 • 80 / **4.** 그럴 줄 알았어 • 80 / **5.** (취지를) 알겠어? • 81 / **6.** …라는 느낌[인상]을 받다 • 81 / **7.** …에 대해 잘 알고 있다 • 81 / **8.** 나도 안다고! • 82 / **9.** 누군들 알겠어? • 82 / **10.** 더 이상 말하지 마세요 • 82 / **11.** 설마 …하려는 건 아니겠죠 • 83 / **12.** 그게 내가 하고픈 말이야 • 83 / **13.** 납득이 안가다 • 83 / **14.** 내가 알 리가 없지요 • 83 / **15.** 그것은 …라는 것을 보여주는 거야 • 84 / **16.** (사람을) 알다 • 84 / **17.** 제대로 못 들었어요 • 84 / **18.** …을 알아차리다 • 85 / **19.** 전혀 모르겠다 • 85 / **20.** 글쎄올시다 • 85 / **21.** 이렇게 하죠 • 85 / **22.** 깨달은 바가 있겠지 • 86 / **23.** 어디 두고 보자 • 86 / **24.** …의 요령을 알고 있다 • 86 / **25.** 의심의 여지가 없다 • 87 / **26.** 무슨 뜻이오? • 87 / **27.** …할 의도가 전혀 없다 • 88 / **28.** …을 해롭게 할 생각이 없다 • 88 / **29.** 악의는 없었습니다 • 88 / **30.** 실례가 될지 모릅니다만 • 88 / **31.** …을 의미하다 • 88 / **32.** …에게 …을 암시하다[넌지시 말하다] • 89 / **33.** …을 추측하다 • 89 / **34.** 대충 어림잡아 • 89 / **35.** 거의 알아맞히다[찾아내다] • 89 / **36.** …을 알아보다 • 89 / **37.** …을 알아채다. 간파하다 • 90 / **38.** …임을 확인하다 • 90 / **39.** …와 …을 비교하다 • 90 / **40.** …임에 틀림없다 • 91 / **41.** …을 믿다 • 91 / **42.** 틀림없다니까요 • 91 / **43.** 내 말 믿어보세요! • 92 / **44.** 못 믿겠는 걸! • 92 / **45.** 정말이야? • 92 / **46.** 그건 뻔한 일이다 • 93 / **47.** 그럼 결정된 거다! • 93 / **48.** 절 오해하신 겁니다 • 93 / **49.** 당신이 뭔데 그러쇼? • 93 / **50.** …을 …라고 간주하다 • 94 / **51.** …를 당연하게 여기다 • 94 / **52.** 그런 생각 마! • 94 / **53.** …에 대해 매우 감사하게 생각하다 • 95 / **54.** 그건 당신 상상일 뿐이에요! • 95

CHAPITRE 5 인과 · 논증 · 단정

1. 그런 수에 안 넘어가! • 96 / **2.** 내 생각에는 • 96 / **3.** 관점 • 96 / **4.** 닮다 • 96 / **5.** 다르다 • 97 / **6.** …와 반대다 • 97 / **7.** …에 반대하다 • 97 / **8.** …하는 것을 거부하다 • 97 / **9.** (제안을) 거절하다 • 98 / **10.** (제안을) 받아들이다 • 98 / **11.** 다음 기회로 미루지 • 98 / **12.** …가 …을 못하게 하다 • 98 / **13.** (생각을 머리 속에서) 이리저리 궁리하다 • 99 / **14.** …에서 결론을 끌어내다 • 99 / **15.** 속단하지 마시오 • 99 / **16.** …에게 …을 허용하다 • 99 / **17.** 죽은 자도 인정 못한다 • 99 / **18.** 솔직히 …을 인정합니다 • 100 / **19.** 당신의 그 제의를 받아들이겠어요 • 100

• • • 차 례

/ 다른 사람의 의견을 물어 보다 • 100 / **21.** 글쎄요, 조금 두고 봅시다 • 100 / **22.** 요점을 말하다 • 101 / **23.** 요점만 말하자면 • 101 / **24.** 요컨대 • 101 / **25.** 요점이 그거야 • 102 / **26.** 그것은 문제 외야 • 102 / **27.** (…의 의견 · 생각이) 일리가 있다 • 102 / **28.** 핵심을 찌르다 • 103 / **29.** 적중하다 • 103 / **30.** …을 속여 넘기다 • 103 / **31.** 뭘 노리는 거지? • 103 / **32.** 그러므로 …이 된다 • 104 / **33.** …은 어찌된 까닭인가? • 104 / **34.** 중요한 건 성의다 • 104 / **35.** …는 문제가 안 된다 • 104 / **36.** 우선적인 일 • 105 / **37.** 그건 …해 볼 만한 가치가 있다 • 105 / **38.** (…의 금전적) 가치가 있다 • 106 / **39.** 그럴 필요까진 없습니다 • 106 / **40.** 쓸모가 있을지 모르겠지만 말씀드립니다 • 106 / **41.** …가 …하게 하다 • 106 / **42.** …에 기인한다 • 107 / **43.** … 때문에 • 107 / **44.** 왜죠? • 108 / **45.** 무슨 이유에선지 • 108 / **46.** 이유 • 108 / **47.** 비난하다 • 109 / **48.** …은 놀라운 일이 아니다 • 110 / **49.** …이 궁금하다 • 110 / **50.** 어쩔 수가 없어 • 110 / **51.** 어쩔 수 없는 일이지[있을 수 있는 일이지] • 111 / **52.** 세상[인생]은 다 그런 거야! • 111 / **53.** …은 끝장났다 • 111 / **54.** 선택의 여지가 없다 • 111 / **55.** 책임이다 • 112 / **56.** …에 달려있다 • 112 / **57.** 네 마음대로 해 • 113 / **58.** 제 눈에 안경이다 • 113 / **59.** 자업자득이야! • 113 / **60.** 정말 너무하구만! • 114 / **61.** 매우 근거 있는 • 115 / **62.** 뭔가 의심스러운 것이 있다 • 115 / **63.** 보기보다 복잡하다 • 115 / **64.** 그게 전부다 • 115 / **65.** 됐어! • 116 / **66.** …하는 것이 좋다 • 116 / **67.** …하는 게 더 좋다[낫다] • 116 / **68.** 더 이상 바랄 게 없다[최상이다] • 117 / **69.** 불행 중 다행이다 • 117 / **70.** 없는 것보다 낫지 • 117

CHAPITRE 6 처지 · 상황 · 결과

1. …와 관련이[관계가] 있다 • 118 / **2.** 우연히도[마침] …한 일이 있다 • 119 / **3.** 우연히 …을 만나다 • 120 / **4.** 혹시 …인지 알고 계신가요? • 120 / **5.** 흔히 있는 일이다 • 120 / **6.** 두고 볼 일이다 • 120 / **7.** 막 …하려던 참이다 • 121 / **8.** 거기에 있다 • 121 / **9.** 쉽지가 않았어 • 121 / **10.** …와 타협하다 • 121 / **11.** 모든 걸 다 가질 수는 없어! • 122 / **12.** 상황[실상]이 그렇다 • 122 / **13.** 그건 아무것도 아니다 • 122 / **14.** 대단한 일입니다 • 122 / **15.** 별 희한한 일 다 보겠군! • 123 / **16.** 좋았어! 바로 그거야! • 123 / **17.** …하기로 되어 있다 • 124 / **18.** …인 듯하다 • 124 / **19.** …라고 가정하자 • 124 / **20.** …한다는 조건으로 • 125 / **21.** …의 처지[입장]에 있다 • 125 / **22.** 내가 당신이라면 • 125 / **23.** 그는 곤경에 처해 있다 • 126 / **24.** 그는 곤경에서 헤어났다 • 126 / **25.** (사람 · 장소 · 시간의) 우연한 일치 • 126 / **26.** 금시초문인데! • 127 / **27.** …와 같은 가치가 있다[대등하다] • 127 / **28.** 쉬운 일인 걸요 • 127 / **29.** 동정심 좀 가지세요! • 128 / **30.** 손해 볼 것 없다 • 128 / **31.** 공평하지가 않아요 • 128 / **32.** 호랑이도 제 말하면 온다 • 129 / **33.** 남 말하시네! • 129 / **34.** 일어나다 • 129 / **35.** 제대로 안 되어가다 • 130 / **36.** 돈이 뭐 쓸게 있어야지 • 130 / **37.** 시간이 말해줄 거다 • 130

CHAPITRE 7 설득 · 부탁 · 명령 · 권유

1. 먼저 …라고 말씀드리죠 • 131 / **2.** 이래라 저래라 하다 • 131 / **3.** 이래라 저래라 하지 마! • 132 / **4.** 설마 …는 아니겠지 • 132 / **5.** …에게 …을 권하다 • 132 / **6.** …에 대해 자세히 설명해 주시죠 • 132 / **7.** …에게 해명을 하다[…에게서 해명을 듣다] • 133 / **8.** 관둬 버려! • 133 / **9.** 제게 맡기세요 • 133 / **10.** 그걸로 하든지 말든지 하세요 • 134 / **11.** 제 말씀대로 하세요 • 134 / **12.** …에게 마음을 털어놓다 • 135 / **13.** 하고 싶은 말을 다하다 • 135 / **14.** 솔직히 말해서 • 135 / **15.** 의중을 털어놓다 • 135 / **16.** 본색을 드러내다 • 136 / **17.** 노코멘트하는 것이 낫다 • 136 / **18.** …을 불문에 부치다 • 136 / **19.** 어디까지 했죠? • 136 / **20.** 뭐라고 하셨죠? • 137 / **21.** …에게 …을 요구하다 • 137 / **22.** 뭐든지요 • 137 / **23.** 가격을 불러 보시죠 • 138 / **24.** 큰 소리로 말씀해 주세요 • 138 / **25.** 고함을 지르다 • 139 / **26.** 어떻게 말[표현]해야 할지 모르겠다 • 139 / **27.** 제 말 뜻은 그게 아닙니다 • 139 / **28.** …하려는 의도가 전혀 없다 • 139 / **29.** 잘 새겨들어 둬 • 140 / **30.** 그런 건 기대하지 마세요! • 140 / **31.** 한마디 해 두겠는데 • 140 / **32.** 그것이 당신에게 교훈이 되기를! • 140 / **33.** 그렇게 말하긴 일러 • 141 / **34.** 주제넘을지 모르겠지만 • 141 / **35.** 실언을 하다 • 141 / **36.** 유발하다 • 141 / **37.** 글쎄 그렇다니까! 내가 그렇다고 하지 않았소! • 142 / **38.** 그건 재론할 것 없어 • 142 / **39.** 꼭 말을 더 해야 되겠어? • 143 / **40.** 잠깐 말씀드릴 수 있을까요? • 143 / **41.** 잠깐 시간을 내 주시겠어요? • 143 / **42.** 대화에 끼어들다 • 144 / **43.** 설마 농담이시겠죠! • 144 / **44.** …을 놀리다 • 145 / **45.** …을 속여 넘기다 • 145 / **46.** 웃기는 얘기 해줄까? • 146 / **47.** …을 욕하다 • 146 / **48.** 그렇게 하지 않으면 재미없어! • 147 / **49.** 이제 그만 좀 해둬! • 147 / **50.** 장담하지 마세요! • 148 / **51.** …을 자랑삼아 보이다[과시하다] • 148 / **52.** …하기 위해서 핑계를 찾다 • 148 / **53.** …라고 변명하다 • 149 / **54.** …이 하는 것을 면제하다 • 149 / **55.** 꾸며내다 • 149 / **56.** …에게 …을 사과하다 • 150 / **57.** 용서해 주세요 • 150 / **58.** 눈감아 주다 • 151 / **59.** (말을) 이제 그만 합시다! • 151 / **60.** …하기는 쉽다 • 151 / **61.** 됐으면 말하세요! • 151 / **62.** 말 잘했어! • 152 / **63.** 혼자 해본 소리다 • 152 / **64.** …에게 훈계하다 • 152 / **65.** …을 꾸짖다 • 153 / **66.** 혼을 내주다 • 153 / **67.** 아무 말씀 마세요 • 154 / **68.** 비밀로 해줘 • 154 / **69.** 비공식적으로 • 155 / **70.** 비밀을 털어놓다 • 155 / **71.** 무슨 일이 있었는지 가르쳐 주세요 • 155 / **72.** 잘난 체하다 • 155 / **73.** 아첨하다 • 156 / **74.** 칭찬을 받으니 송구스럽습니다 • 156 / **75.** …에 감탄하다 • 156

CHAPITRE 8 감정 · 감탄 · 기분 · 기호

1. …을 원하세요? • 157 / **2.** …하고픈 마음이 들다 • 157 / **3.** …을 먹거나 마시고 싶다 • 158 / **4.** 잘 지내고 있다 • 158 / **5.** …에 열중하다 • 158 / **6.** …을 더 좋아하다 • 159 / **7.** 좋아하는 것

차 례

이 서로 다르지요 • 159 / **8.** 특히 좋아하는 • 159 / **9.** 그건 내 취미에 맞는다 • 159 / **10.** …하고 싶어 죽겠다 • 160 / **11.** …하고 싶어 좀이 쑤신다 • 160 / **12.** 얼른 …하고 싶어 못 견디다 • 160 / **13.** 기꺼이 …하겠다 • 160 / **14.** …에 만족하다 • 161 / **15.** 좋으나 싫으나, 어차피 • 161 / **16.** …의 마음대로 하다 • 161 / **17.** …을 꺼리시나요? • 162 / **18.** …에게 신경쓰지 마세요 • 162 / **19.** 심각하게 생각하지 마세요 • 163 / **20.** …을 걱정하다 • 163 / **21.** 걱정 마세요! • 163 / **22.** 아무 불만도 없어요 • 164 / **23.** …와 문제가 있다 • 164 / **24.** …와 어떻게 지내시나요? • 164 / **25.** 원한을 품다 • 165 / **26.** …에게 친밀감을 느끼다 • 165 / **27.** …에게 반감을 느끼다, 싫어하다 • 165 / **28.** 굉장히 놀랐어요! • 166 / **29.** 깜짝 놀라 자빠지는 줄 알았다 • 166 / **30.** 이거 놀라운데! • 166 / **31.** 저런! 어머나! • 166 / **32.** 이럴 수가! • 167 / **33.** 제발 부탁인데 • 167 / **34.** 이거 유감이구만! • 167 / **35.** 재수 없군! • 168 / **36.** 와아!(좋아) • 168 / **37.** 아니 이럴 수가! • 168 / **38.** 이봐요! 아참! • 168 / **39.** 애써봐! • 168 / **40.** 아이고! • 168 / **41.** 아이! • 169 / **42.** 아야! • 169 / **43.** 뭐라고요? • 169 / **44.** 제기랄! 빌어먹을! • 169 / **45.** 기가 죽다 • 170 / **46.** 겁주다 • 171 / **47.** 놀라게 하다 • 171 / **48.** 당황케[난처하게] 하다 • 172 / **49.** 잔악한, 흉악한 • 173 / **50.** 하마터면 큰일날 뻔했다 • 173 / **51.** 어찌할 바를 모르다 • 173 / **52.** …을 부끄러워하다 • 173 / **53.** …을 부러워하다 • 174 / **54.** …을 후회하다 • 174 / **55.** …에게 감격하다 • 175 / **56.** 지루한 • 175 / **57.** 기분이 좋다 • 176 / **58.** 호사스러운 생활을 하다 • 177 / **59.** 김 팍 새는군! • 177 / **60.** 즐기세요! • 177 / **61.** 낯선 감을 느끼다 • 177 / **62.** 서먹서먹한 분위기를 깨다 • 178 / **63.** 훌륭해! 멋져! 좋지! 신나는데! • 178 / **64.** 실망시키다 • 178 / **65.** 힘내세요! • 179 / **66.** 끝까지 견디다 • 179 / **67.** 좀 참으세요! • 179 / **68.** …에 화가 나 있다 • 180 / **69.** 신경질나게 하다 • 180 / **70.** 조바심이 생기다 • 181 / **71.** 그럴 필요 없어요 • 181 / **72.** 방해하지 마 • 182 / **73.** …하고 싶은 마음이 들다 • 182 / **74.** (화, 흥분, 열광으로) 자제력을 잃다 • 183 / **75.** 흥분하지 마세요 • 183 / **76.** 진정하세요! • 183 / **77.** 살살 다루세요 • 184 / **78.** 편히 하세요 • 184 / **79.** …을 몹시 싫어하다 • 184 / **80.** …는 진저리가 난다 • 184 / **81.** 그건 너무하다 • 185 / **82.** 너무 심한데 • 185 / **83.** 뻔뻔스럽게도 …하다 • 185 / **84.** 그만 좀 해둬요! • 186 / **85.** 비굴하게도 …하다 • 186 / **86.** 체면을 차리다 • 186 / **87.** 웃기지 마시오! • 187 / **88.** 웃을 일이 아니다 • 187 / **89.** 웃기는 • 187 / **90.** …을 콧방귀뀌다 • 188 / **91.** 그것 참 이상하네요! • 188 / **92.** 얼굴을 찌푸리다 • 188 / **93.** 불쾌하게 하는, 역겨운, 지긋지긋한 • 189 / **94.** 이용당한 기분이 든다 • 189 / **95.** …을 모욕하다 • 189

CHAPITRE 9 사회계약 · 약속 · 교제 · 법률

1. …와 사귀다 • 191 / **2.** 서로 의가 좋다 • 191 / **3.** …와 의를 상하다 • 192 / **4.** (아내가) 남편을 속이고 바람을 피우다 • 192 / **5.** …와 끝장나다 • 192 / **6.** …와 화해하다 • 193 / **7.** (여자가

남자를) 냉대하다 • 193 / **8.** 멸시하다, 얕보다, 무시하다 • 193 / **9.** 소홀히[등한시]하다 • 194 / **10.** …을 보증하다 • 194 / **11.** 연줄[빽]이 있다 • 194 / **12.** 영향력이 크다 • 195 / **13.** 약속하다 • 195 / **14.** …와 만날 약속을 하다 • 195 / **15.** 난 오늘 저녁에 약속이 있어요 • 196 / **16.** (사람) …을 버리다 • 196 / **17.** 예약하다 • 196 / **18.** 왕복항공권 • 197 / **19.** 취소하다 • 197 / **20.** 확인하다 • 197 / **21.** 연기하다 • 197 / **22.** 소급력을 가지다 • 197 / **23.** (법이나 규칙을) 지키다 • 198 / **24.** 엄격한 • 198

CHAPITRE 10 왕래 · 발착 · 이동

1. 무슨 일로 …에 오셨어요? • 199 / **2.** …하러 가다 • 199 / **3.** …로 떠나다 • 199 / **4.** 오다 • 199 / **5.** 그쪽으로 가다 • 200 / **6.** 곧 갑니다! • 200 / **7.** …에 다녀오다 • 200 / **8.** 마침 좋은 때에 오다 • 200 / **9.** 거의 다 왔어! • 201 / **10.** 어디서 만날까요? • 201 / **11.** 마중가다 • 201 / **12.** 바래다 주다 • 202 / **13.** 먼저 가세요! • 202 / **14.** 길 좀 비켜 주세요 • 202 / **15.** 썩 꺼져 버려! • 203 / **16.** 길을 잃다 • 203 / **17.** 잠시 들르다 • 203 / **18.** …에 (잠시) 머무르다 • 204 / **19.** 참석하다 • 204 / **20.** 방문하다 • 204 / **21.** 참가하다 • 204 / **22.** …와 합류하다 • 205 / **23.** …을 다시 만나다 • 205 / **24.** 끌어들이다 • 205 / **25.** 같이 갈래? • 205 / **26.** 배달하다 • 206 / **27.** …을 데리러[가지러] 오다 • 206 / **28.** …을 부르러[찾으러] …을 보내다 • 206 / **29.** 용케 벗어나다 • 206 / **30.** 이사하다 • 207 / **31.** 도망하다 • 207

CHAPITRE 11 행동 · 동작

1. (그렇다고) 고개를 끄덕이다 • 208 / **2.** 업어주다 • 208 / **3.** 앉으세요 • 209 / **4.** 그대로 앉아 계세요 • 209 / **5.** (앉아 있다가) 일어나다 • 209 / **6.** 등을 맞대고 서다 • 210 / **7.** 빈 좌석입니까? • 210 / **8.** 입어 봐도 될까요? • 210 / **9.** 옷을 벗다 • 211 / **10.** (옷을) 안팎을 뒤집어 입다 • 211 / **11.** 변장[분장]을 하다 • 211 / **12.** 화장하다 • 212 / **13.** (신 · 모자 등을) 벗다 • 212 / **14.** 찾다 • 212 / **15.** 이것 좀 보세요 • 212 / **16.** 잘 지켜봐요 • 213 / **17.** …에 눈독들이다 • 213 / **18.** 주의를 기울이다 • 213 / **19.** 못 본 체하다 • 214 / **20.** 힐끗 보다 • 214 / **21.** 엎지르다 • 214 / **22.** 꼬집다 • 215 / **23.** …을 집어[건네] 주다 • 215 / **24.** 여기 있습니다 • 215 / **25.** 발을 밟다 • 215 / **26.** 벌렁 나자빠지다 • 215 / **27.** (신체 일부를) 씻다 • 215 / **28.** 식사를 준비하다 • 216 / **29.** 청소하다 • 216 / **30.** 정돈하다 • 216 / **31.** 목욕하다 • 216 / **32.** …에서 물러서시오[비키시오]! • 217 / **33.** 게걸스럽게 먹다 • 217 / **34.** 주차하다 • 217

CHAPITRE 12 활동

1. 해 보세요 • 218 / 2. 노력하다 • 219 / 3. 계속하다 • 219 / 4. 왜 못[안]하는 거죠? • 219 / 5. 멈추다 • 220 / 6. 좋은 일거리[지위]를 얻다 • 220 / 7. 해고하다 • 220 / 8. 먼저 하세요 • 221 / 9. 물론이고말고요! • 221 / 10. …은 알 도리가 없다 • 222 / 11. 수고스럽게도 …하다 • 222 / 12. 그럴 필요가 없어요 • 223 / 13. 근심거리가 있다 • 223 / 14. …하는 데 어려움을 겪다 • 223 / 15. 감히 …하다 • 224 / 16. …에게 …을 해 볼 테면 해 보라고(잘은 안 될 거라고) 말하다 • 224 / 17. …할 용기가 있다 • 224 / 18. 뭘 해드릴까요? • 224 / 19. …을 해드리죠 • 225 / 20. …을 시작하다 • 225 / 21. 다시하다 • 225 / 22. 일을 합시다 • 226 / 23. 본론으로 되돌아갑시다 • 226 / 24. 끝내다 • 226 / 25. 이제 그만 해 두세요! • 226 / 26. 오늘은 이만 • 227 / 27. 빼먹다 • 227 / 28. 놓치다 • 227 / 29. 간단히 말하세요! • 227 / 30. 꼼짝 마! • 227 / 31. 그러지 마! • 228 / 32. 끊다 • 228 / 33. 겁나서 움츠러들다 • 228 / 34. …을 겁내다 • 228 / 35. 방학하다 • 229 / 36. …와 우정을 맺다 • 229 / 37. …와 싸우다 • 229 / 38. 뾰로통한 얼굴을 하다, 뿌루퉁하다, 시무룩해지다 • 229 / 39. …와 화해하다 • 230 / 40. 휴식하다 • 230 / 41. 그것은 있을 수 있는 일이다 • 230 / 42. …없이 지내다 • 230 / 43. …을 돌보다 • 231 / 44. …을 처리하다 • 231 / 45. 좋으실 대로 하세요 • 231 / 46. 닮다 • 232 / 47. 처신을 잘해! • 232 / 48. 까불지 마! • 232 / 49. 뭐든 정도껏 해야지 • 232 / 50. 적당히 해둬 • 232 / 51. 터무니없이 굴지 마 • 233 / 52. 절제 있게 • 233 / 53. 주의해서 적당히 하다 • 233 / 54. 너무 까다롭게 굴지 마 • 233 / 55. 변덕도 심하군! • 234 / 56. 참다 • 234 / 57. 더 이상 못 참아[그건 치명타였어!] • 234 / 58. 매너가 없군! • 235 / 59. 뭘 꾸물대? • 235 / 60. …하는 데 주저하다 • 235 / 61. 자유로이 …하다 • 236 / 62. 칩거하다 • 236 / 63. 빈둥거리다 • 236 / 64. 늘 분주하다 • 237 / 65. 붙들지 않겠어요 • 237 / 66. …에게 압력을 가하다 • 238 / 67. …에게 …하도록 강요하다 • 238 / 68. 난리를 피우다 • 238 / 69. 놓치다 • 239 / 70. 도와주다 • 239 / 71. 부탁 좀 들어주시겠어요? • 239 / 72. 수수방관하다 • 240 / 73. 확인하다 • 240 / 74. …에게 …을 대접하다 • 240 / 75. …에게 …을 공급하다 • 241 / 76. …할 준비 됐니? • 241 / 77. …에서 숙박하다 • 242 / 78. …을 모으다 • 242 / 79. 뻥치는 거야! • 243 / 80. 열심히 시험공부하다 • 244 / 81. 말해 줘요[듣고 있어요] • 244 / 82. …가 …하는 걸 듣다 • 245 / 83. …의 말을 들으려 하지 않다 • 245

CHAPITRE 13 목표 · 기대 · 성취

1. …하기를 기대하다 • 246 / 2. 기대에 부응하다 • 246 / 3. 기대하지 않아요 • 247 / 4. 그러길

차 례

바래! • 247 / **5.** 기다려 봐요 • 248 / **6.** 실수하다 • 248 / **7.** 시험에 합격하다 • 248 / **8.** 실패하다 • 249 / **9.** 그럴 여유가 없어요! • 249 / **10.** …을 따라잡다 • 249 / **11.** 뒤떨어지지 않다 • 250 / **12.** 이기다 • 250 / **13.** 다 좋을 수는 없지! • 251 / **14.** 세상사는 좋을 때도 있고 나쁠 때도 있다 • 251 / **15.** …에 앞서 있는 • 251 / **16.** …에게 유리하게[…을 위해] • 252 / **17.** 무승부로 끝내다 • 252 / **18.** …이라는 건 거의 확실하다 • 252 / **19.** 결과 • 253 / **20.** …을 자신의 공(功)으로 돌리다 • 253 / **21.** 전도유망한 • 253 / **22.** …의 가망[가능성]이 있다 • 254 / **23.** …을 기대하고 • 254 / **24.** …할 기회를 잃다 • 255 / **25.** 출마하다 • 255 / **26.** 출세하다 • 255 / **27.** 처리하다 • 256 / **28.** 끝나다 • 256 / **29.** 마침내 …하고야 말다 • 256 / **30.** 실현되다 • 257 / **31.** 수포로 돌아가다 • 257 / **32.** 그럭저럭 …하다 • 257 / **33.** 항상 [개량/개선]하다 • 258 / **34.** 진척을 보이다 • 258 / **35.** …가 되려면 아직 멀었다 • 259 / **36.** 진척이 안 되다 • 259

CHAPITRE 14 교통 및 자동차

1. 얼마나 더 가야 하죠? • 260 / **2.** 다 왔습니다! • 260 / **3.** 멈춰서다 • 260 / **4.** 경적을 울리다 • 261 / **5.** 신호를 위반하다 • 261 / **6.** 지정 속도를 넘다 • 261 / **7.** 추월 금지 • 262 / **8.** 이 방향 통행 금지 • 262 / **9.** 속력을 내다 • 262 / **10.** 속력을 늦추다 • 262 / **11.** 브레이크를 밟다 • 263 / **12.** 음주 측정하다 • 263 / **13.** 갈지자로 가다 • 263 / **14.** 교통 체증 • 263 / **15.** 버스노선 • 264 / **16.** 방향 • 264 / **17.** 타다 • 264 / **18.** 태우다 • 265 / **19.** 갈아타다 • 265 / **20.** 뒤로 빼다 • 266 / **21.** 공간을 내다 • 266 / **22.** 꼼짝 못하게 되다 • 266 / **23.** 충돌하다 • 267 / **24.** 타이어가 펑크나다 • 267

CHAPITRE 15 전화 · 연락

1. 전화 왔어요 • 268 / **2.** 나중에 전화걸다 • 268 / **3.** 통화중이다 • 268 / **4.** 혼선이다 • 269 / **5.** 전화 감이 멀다 • 269 / **6.** 응답기 • 269 / **7.** 누가 전화했어? • 269 / **8.** …을 바꿔주세요[…와 통화할 수 있을까요?] • 270 / **9.** …씨가 댁에 계신가요? • 270 / **10.** 끊지 말아 주세요 • 270 / **11.** …을 …와 통화하게 연결해 주다 • 271 / **12.** 누구신지요? • 271 / **13.** 번호가 틀린데요 • 272 / **14.** 목소리가 듣고 싶어 전화했어 • 272 / **15.** 메모 부탁할까요? • 272 / **16.** 전화를 끊다 • 272 / **17.** 연락하다 • 273 / **18.** 편지할게요 • 273 / **19.** 편지 답장을 쓰다 • 274 / **20.** 우송하다 • 274

CHAPITRE 16　기계 · 물질 · 서류

1. …을 설치하다 • 275 / **2.** 작동하지 않다 • 275 / **3.** 하수구가 막혔다 • 275 / **4.** 변기에 물을 내리다 • 276 / **5.** 새다 • 276 / **6.** 끼었다[꼼짝 못하게 되다] • 276 / **7.** …에서 떨어져 나가다 • 276 / **8.** 고치다 • 276 / **9.** 쓰레기 • 276 / **10.** 던지다 • 277 / **11.** 사진찍다 • 278 / **12.** 현상하다 • 278 / **13.** 켜다[열다] • 279 / **14.** 높이다 • 279 / **15.** 무엇이 상영되느냐? • 280 / **16.** 재방송하다 • 280 / **17.** 다루다 • 280 / **18.** (벨트를) 매다 • 281 / **19.** 식다[차가와지다] • 281 / **20.** 불이 나다 • 282 / **21.** 지원하다 • 282

CHAPITRE 17　생리현상 · 질병

1. 몸이 불편하다 • 283 / **2.** …으로 병들다 • 283 / **3.** 감기들다 • 283 / **4.** …에서 회복하다 • 284 / **5.** 현기증이 나다 • 284 / **6.** 열이 나다 • 284 / **7.** 기침하다 • 284 / **8.** (목이) 쉰 • 285 / **9.** 머리가 아프다 • 285 / **10.** …을 아프게 하다 • 285 / **11.** 생리 중이다 • 286 / **12.** 다치다 • 286 / **13.** 삐다 • 286 / **14.** 부어 있다 • 286 / **15.** 소화 불량이다 • 286 / **16.** 약이 효과가 있다 • 287 / **17.** 수술을 받다 • 287 / **18.** 제정신이 아니다 • 287 / **19.** 기절하다 • 288 / **20.** 멍하니 정신을 딴 데 팔고 있는 • 288 / **21.** 울고 있다 • 288 / **22.** 갑자기 …하다 • 288 / **23.** 잠들다 • 289 / **24.** 잠자다 • 289 / **25.** 자지 않고 일어나 있다 • 290 / **26.** 선잠을 자다 • 290 / **27.** 늦잠을 자다 • 290 / **28.** 코를 골다 • 291 / **29.** 재채기하다 • 291 / **30.** 침을 뱉다 • 291 / **31.** 배고파 죽겠다 • 291 / **32.** 토하다 • 292 / **33.** 구역질나다 • 292 / **34.** 코가 막혔다 • 293 / **35.** 지쳐 빠지다 • 293 / **36.** 늙지 않았네요 • 294 / **37.** 건장한 • 294 / **38.** 머리가 세다 • 295 / **39.** 대변[소변]을 보다 • 295 / **40.** 방귀를 뀌다 • 296 / **41.** 임신 중이다 • 296 / **42.** 분만하다, 낳다 • 297 / **43.** 피임 • 297 / **44.** 유산하다 • 298 / **45.** 유전이다 • 298 / **46.** 그는 살 날이 얼마 남지 않았다 • 298

CHAPITRE 18　자연현상

1. 날씨가 어때요? • 300 / **2.** 날씨가 좋다 • 300 / **3.** 날씨가 덥다 • 301 / **4.** 비가 온다 • 301 / **5.** 바람이 분다 • 302 / **6.** 천둥 치다 • 303 / **7.** 눈이 온다 • 303 / **8.** 비가 멈춘다 • 304 / **9.** 함빡 젖다 • 304 / **10.** 온도가 …이다 • 304 / **11.** 난 춥다 • 304 / **12.** 악취가 나다 • 305 / **13.** …의 냄새가 나다 • 306 / **14.** 시어지다 • 306 / **15.** 꽃이 피다 • 307

CHAPITRE 19 금전·경제활동

1. 사업은 잘돼 가나요? • 308 / 2. 어떤 장사를 하고 있죠? • 308 / 3. 사치품 • 308 / 4. …와 거래하다 • 309 / 5. 상품을 스톡하다 • 309 / 6. 도산매를 겸하여 하다 • 309 / 7. …의 사업을 인수하다 • 310 / 8. 파산하다 • 310 / 9. 값이 오르고 있다 • 310 / 10. 다 팔아치우다 • 311 / 11. (물자가) 떨어졌다 • 311 / 12. 바겐세일 • 312 / 13. 싸게 잘 산 거야 • 312 / 14. 경쟁력 있는 가격이다 • 313 / 15. 헐값으로 • 313 / 16. 공짜같이 싸다 • 313 / 17. 무료 입장 • 313 / 18. 도와드릴까요? • 314 / 19. 윈도쇼핑 • 314 / 20. 쇼핑하다 • 314 / 21. 싸게 • 315 / 22. 비싸게 • 316 / 23. …의 가격으로 • 316 / 24. …에게 비용이 들다 • 316 / 25. 값이 내리고 있다 • 317 / 26. 에누리하려 들다 • 318 / 27. 할인 • 318 / 28. 정가판매 • 319 / 29. …을 맞돈으로 사다 • 319 / 30. 굉장한 돈 • 320 / 31. 돈을 벌다 • 320 / 32. 대부호 • 320 / 33. 난 빈털털이야! • 321 / 34. 어렵게 살다 • 321 / 35. 훗날을 위하여 절약하다 • 322 / 36. 유복하다 • 322 / 37. 그는 생기는 대로 돈을 써버린다 • 322 / 38. 돈을 물쓰듯 하다 • 322 / 39. 몹시 인색하게 굴다 • 323 / 40. 계산서 주세요 • 323 / 41. 선불입니다 • 324 / 42. 현찰로 지불하다 • 324 / 43. 제가 사겠습니다 • 324 / 44. (술집에 가서) 한 잔 마시다 • 325 / 45. 각자 부담하다 • 325 / 46. …에게 빌려주다 • 325 / 47. 예금하다 • 326 / 48. 잔고 • 326 / 49. 현금으로 바꾸다 • 327 / 50. …상당의, …와 동등한 • 327

CHAPITRE 20 직업·노동

1. 그의 직업이 무엇이죠? • 328 / 2. 부업[아르바이트] • 328 / 3. 경영[관리/운영]하다 • 328 / 4. 배달하다 • 329 / 5. 파트타임으로 일하다 • 329 / 6. …의 대리근무하다 • 330 / 7. 교대조로 일하다 • 330 / 8. 총수입 • 330 / 9. 쉬는 날이야 • 330 / 10. 파업하다 • 331 / 11. 전근시키다 • 332 / 12. 결정권을 갖고 있다 • 332 / 13. …을 해고하다 • 332 / 14. 사임하다, (직장을) 그만두다 • 333 / 15. 실직하고 있다 • 333 / 16. 입학하다 • 333 / 17. 전공이 …이다 • 334 / 18. 등교하다 • 334 / 19. (강의·수업을) 빼먹다 • 335 / 20. 졸업하다 • 335

CHAPITRE 21 연결어·간투사

1. …에 의하면 • 336 / 2. …에 관해서 • 336 / 3. …을 위하여 • 337 / 4. …의 비율로 • 337 / 5. …은 제외하고 • 337 / 6. …도 포함해서 • 337 / 7. 말이 났으니 말인데 • 338 / 8. 한편으로 …

또 한편으로 … • 338 / **9.** 반대로 • 338 / **10.** 그 반대도 마찬가지다 • 339 / **11.** 마찬가지로 • 339 / **12.** 게다가[더군다나] • 339 / **13.** 기타 등등 • 340 / **14.** … 남짓한 • 340 / **15.** (누구/어디/왜)라구? • 340 / **16.** … 대신에, …의 이름으로 • 341 / **17.** 따라서 • 342 / **18.** 아무리 …하더라도 • 342 / **19.** 나로서는 • 342 / **20.** 내가 아는 한 • 343 / **21.** 내가 보기엔 • 343 / **22.** 모든 걸 따져 보면 • 344 / **23.** 현재 상태 그대로 • 344 / **24.** 이번만은, 이번에야말로 • 344 / **25.** 실제로 • 344 / **26.** 모든 점에서, 여러 모로 • 345 / **27.** 그러면, 그렇게 해서 • 345 / **28.** 있잖아! 저기 말이야! • 345 / **29.** 글쎄요 • 346 / **30.** 지금이야말로 절호의 기회다 • 346 / **31.** 그렇지 않으면 • 346

CHAPITRE 22 위치 · 방향 · 순서

1. …가 어디 있는지 아세요? • 347 / **2.** 어딘가에 • 347 / **3.** 가까운, 가까이 • 347 / **4.** …에서 먼 • 348 / **5.** …의 맞은 편에 • 348 / **6.** 밖에 • 349 / **7.** 오른쪽(왼쪽)에[으로] • 349 / **8.** 줄을 서다 • 349 / **9.** 차례 • 349 / **10.** 선착순이다 • 350 / **11.** 거꾸로 • 350 / **12.** 출입금지 • 351 / **13.** 알파벳순으로 • 351

CHAPITRE 23 시간

1. 지금 몇 시입니까? • 352 / **2.** 시간이 늦었다 • 352 / **3.** 시간이 얼마나 남았어? • 353 / **4.** …하도록 시간을 내다 • 353 / **5.** 그건 시간이 걸린다[시일을 요한다] • 353 / **6.** 시간이 있는 • 353 / **7.** 유효한 • 353 / **8.** 드디어 때가 왔다! • 354 / **9.** 언제든지 • 354 / **10.** …하는데 시간이 …걸리다 • 354 / **11.** 곧 …하다 • 354 / **12.** 왜 그는 이렇게 늦을까! • 355 / **13.** 기다리게 해서 미안합니다 • 355 / **14.** 빨리 • 355 / **15.** 시간이 쏜살같다 • 355 / **16.** 서둘러! • 355 / **17.** 지금 시간이 없단 말이오 • 356 / **18.** 천천히 하세요 • 356 / **19.** 바쁘다 • 356 / **20.** 난 바빠서 정신이 없다 • 356 / **21.** …할 시간이 없다 • 356 / **22.** 가능한 한 빨리 • 356 / **23.** 그건 시간 낭비다 • 357 / **24.** (시간을) 보내다 • 357 / **25.** 우물쭈물할 때가 아니다 • 358 / **26.** (시간 · 일 · 토론을) 질질 끌다 • 358 / **27.** 재촉하지 마세요! • 359 / **28.** 숨 돌릴 시간을 좀 주세요 • 359 / **29.** 조금 후에 • 359 / **30.** 커피타임 • 359 / **31.** 쉬다 • 360 / **32.** 제시간에 오다 • 360 / **33.** 때마침 도착하다 • 361 / **34.** 잠깐만요! • 361 / **35.** 새벽에 • 361 / **36.** 제일 먼저 • 362 / **37.** 중도에서, 도중에서 • 362 / **38.** 곧, 순식간에, 금방, 당장에, 즉시로, 지체없이 • 362 / **39.** 얼떨결에 • 363 / **40.** 연속해서 • 363 / **41.** …후에 • 364 / **42.** 모레 • 364 / **43.** 지금 • 364 / **44.** 지금까지는 • 364

/ **45.** 그 이후 • 365 / **46.** 당분간은 • 365 / **47.** 한동안 • 365 / **48.** 그 동안에, 그 사이에 • 365 / **49.** 정해진 • 366 / **50.** 최신의 • 366 / **51.** 시간이 다 됐다 • 367 / **52.** 금세라도 • 367 / **53.** 주야로 • 367 / **54.** 항상 그런 건 아니오 • 368 / **55.** 두 번 다시 더 이상 … 않다 • 368 / **56.** 난 재미난 시간을 보냈다 • 368 / **57.** 그때가 좋았어 • 368

CHAPITRE 24 방법 · 상태 · 정도

1. 많은 • 369 / **2.** 제일 큰 몫 • 370 / **3.** …에 비해서는, …인데도 • 370 / **4.** 개인적으로, 사적으로 • 370 / **5.** 일부러 • 370 / **6.** 특히 • 371 / **7.** 전적으로 • 371 / **8.** 깨끗이 • 371 / **9.** 보통은 • 372 / **10.** 특별한 • 372 / **11.** 틀림없이, 확실히, 분명히 • 372 / **12.** 거의 • 372 / **13.** 기분 전환으로 • 373 / **14.** 어림도 없지! • 373 / **15.** 반드시 그렇지는 않다 • 374 / **16.** 전혀 아니야! • 374 / **17.** 절반의 • 375 / **18.** 아무튼, 어쨌든 • 375 / **19.** 그게 …하는 방법이다 • 375 / **20.** 있는 그대로의 • 375 / **21.** …와 같은 • 376 / **22.** …와 함께 • 376 / **23.** 각각의 것, 각자, 각기 • 376 / **24.** 모든 점에 있어서 • 377 / **25.** …할 만큼 …하다 • 377

CHAPITRE 25 능력 · 외모 · 성품

1. 어떻게 생겼나요? • 378 / **2.** 어떤 종류의 사람인가요? • 378 / **3.** …처럼 보인다 • 378 / **4.** …을 구슬릴 줄 안다 • 378 / **5.** …을 잘한다 • 379 / **6.** …에(의) 소질이 있다 • 379 / **7.** …에 제격이다 • 380 / **8.** 음치다 • 380 / **9.** 그는 비범한 사람이다 • 380 / **10.** 그는 주책없는 수다쟁이다 • 381 / **11.** 통찰력 있는 • 381 / **12.** 꼼꼼한 • 381 / **13.** (기술 · 재주가) 녹이 슬다 • 381 / **14.** 영리한, 지적인 • 382 / **15.** 문맹자 • 382 / **16.** 단골손님 • 382 / **17.** …태생이다 • 382 / **18.** 저명인사 • 382 / **19.** 가정주부 • 383 / **20.** 평범한 • 384 / **21.** 그는 공처가다 • 384 / **22.** 그는 아내를 두고 바람을 피운다 • 384 / **23.** 사귐성이 있는 • 385 / **24.** 협조적인 • 385 / **25.** 친척 • 385 / **26.** (나이를) …살 더 먹었다 • 386 / **27.** 그는 술꾼이다 • 386 / **28.** 마약상용[중독]자 • 386 / **29.** 동성애 • 387 / **30.** 영화광이다 • 388 / **31.** 꼭 닮은 사람 • 388 / **32.** 비길 데 없는 • 388 / **33.** (어떤 나라의) 해외동포 • 389 / **34.** 올바른, 정의로운 • 389 / **35.** (성격이) 까다로운 • 389 / **36.** 순진한, 천진난만한 • 390 / **37.** 겸손한 • 390 / **38.** 고집이 센 • 390 / **39.** 고질적인 • 391 / **40.** 강박관념에 사로잡힌 • 391 / **41.** 신경질적인 • 391 / **42.** 우울한 • 391 / **43.** …을 아랑곳하지 않는 • 392 / **44.** 난폭한 • 392 / **45.** 남성다운 • 392 / **46.** 수줍음을 잘 타는, 내성적인 • 393 / **47.** 갈비씨다 • 393 / **48.** …에게 뾰루퉁해지다 • 393 / **49.** 머리를 땋아 늘이고 있다

• 375 / **50.** 넥타이를 바로 하세요 • 393

CHAPITRE 26 모양 · 성질

1. 거시기 • 394 / **2.** ⋯에게 잘 어울린다 • 394 / **3.** 적합한 • 395 / **4.** 야한, 화려한 • 395 / **5.** 줄무늬가 든 • 395 / **6.** 별난 옷차림이군! • 395 / **7.** (집합적) 옷 • 396 / **8.** 멋지게 단장하다 • 396 / **9.** 멋진 • 396 / **10.** 구식의 • 397 / **11.** ⋯가 증오하는 사람[사물] • 397 / **12.** 해진, 닳아 떨어진 • 397 / **13.** 착용할 수 있는, 입을 수 있는 • 398 / **14.** 간단한 식사를 하다 • 398 / **15.** 그 어느 곳에도 • 398 / **16.** 예외 • 398 / **17.** 맛이 밋밋한 • 399 / **18.** (술이) 김빠진 • 399 / **19.** 혼잡한, 붐비는 • 399 / **20.** 청결한 • 400 / **21.** 망치다 • 400

CHAPITRE 01
소개 · 인사 · 접대

---

① …을 소개하겠습니다.

Je vous présente Monsieur[Madame/Mademoiselle] Depardieu.
드빠르외 씨[부인/양]를(을) 소개합니다.

Puis-je vous présenter mon ami(e)?
제 친구를 소개해 드려도 될까요?

Permettez-moi de vous présenter Monsieur Legrand.
르그랑 씨를 소개하겠습니다.

Pierre, **voici** Sophie Legrand.
삐에르, 여기는 쏘피 르그랑이야.

Bonjour, Paul! **Je te présente** mon amie, Marie Sellier.
안녕, 뽈! 여기는 내 친구 마리 쎌리에야.

J'aimerais vous faire connaître mon oncle, Jules Mesnard.
제 삼촌 쥘르 메나르를 소개해 드리고 싶습니다.

---

② 뵙게 되서 반갑습니다.

Enchanté(e).

Enchanté(e) de faire votre connaissance.
뵙게 되서 반갑습니다.

Ravi(e) de vous connaître.
뵙게 되서 기쁩니다.

③ 성함이 어떻게 되세요?

Quel est votre nom?

A : Comment vous appelez-vous?

B : Je m'appelle Pierre Dubois
    A : 성함이 어떻게 되시죠?
    B : 제 이름은 삐에르 뒤브와입니다.

④ 어디 출신이시죠?

D'où venez-vous?

A : D'où êtes-vous?

B : **Je suis de** Normandie.
    A : 어디 출신이시죠?
    B : 노르망디 태생입니다.

A : Quelle est votre nationalité?

B : **Je suis de nationalité** coréenne[**Je suis** Coréen(ne)].
    A : 국적은 어디시죠?
    B : 한국입니다[한국인입니다].

⑤ 직업이 뭔가요?

A : Quelle est votre profession?

B : **Je suis** homme d'affaires.
    A : 당신 직업은 뭔가요?
    B : 사업가입니다.

A : Quel est ton métier?

B : **Je travaille comme** une infirmière à l'hôpital.
    A : 너 직업이 뭐니?
    B : 병원에서 간호사로 일하고 있어.

A : Qu'est-ce que vous faites (dans votre vie)?

B : **Je suis** chômeur(se) pour le moment.
    A : 당신 직업은 뭐죠?

B : 지금으로서는 실업자입니다.

A : **Quel est son boulot?**

B : Elle est femme de ménage.
   A : 그녀가 하는 일은 뭔가요?
   B : 그녀는 가정부입니다.

⑥ 안녕하십니까[어떻게 지내십니까]?

A : **Comment allez-vous?**

B : Très bien, merci. Et vous?
   A : 안녕하십니까?
   B : 아주 잘 지내고 있습니다, 감사합니다. 안녕하시죠?

A : **Comment vas-tu**, Nathalie?

B : Ce n'est pas terrible[fameux]. Je suis un peu fatiguée.
   A : 나딸리, 기분이 어떠니?
   B : 별로 좋지 않아. 약간 피곤해.

A : **Comment va** votre femme?

B : Très bien. Merci.
   A : 당신 와이프는 안녕하신가요?
   B : 잘 지내고 있습니다. 감사합니다.

⑦ 이게 누구야!

A : Tiens, tiens! **Regarde-moi qui est là!** Didier Allard! Comment vas-tu, Didier?

B : Pas mal. Et toi-même, Paul?
   A : 저런, 저런! 이게 누구야! 디디에 알라르 아니야? 잘 있었니, 디디에?
   B : 그리 나쁘진 않아. 그러는 너는 어떠니, 뽈?

⑧ 여기서 만나게 되다니!

C'est un phénomène de vous voir ici!
   당신을 여기서 만나다니 이거 정말 희한한데요!

A : Bonjour, Madame Leclerc! **C'est un rêve (que de vous voir ici)!**

B : Bonjour, ma chère Hélène! Quelle bonne surprise!

 A : 안녕하세요, 르끌레르 부인! 여기서 뵙게 되다니 꿈만 같네요!

 B : 안녕, 친애하는 엘렌! 정말 반갑구나!

A : Tiens! C'est toi, Jacques? **Qui aurait jamais pensé te rencontrer ici!**

B : Salut, Martin! Tu vas bien?

 A : 이런! 자네 쟉끄 아닌가? 자네를 여기서 만나다니 말이야!

 B : 안녕, 마르뗑! 잘 지내는가?

A : Bonjour, Didier! **Je ne m'attendais guère à te rencontrer ici!**

B : Bonjour, Christien! Que diable tu fais ici?

 A : 안녕, 디디에! 널 여기서 만날 줄은 전혀 몰랐어!

 B : 안녕, 크리스띠앙! 너 도대체 여기서 뭐하니?

▶▶ 여기서 만나게 되서 너무나 반갑네요!

Comme je suis content(e) de vous voir ici!

---

9 너 도대체 여기엔 어떻게 왔니?

A : Bien le bonjour à tout le monde. Quelle surprise de vous voir tous ici!

B : Salut, Philippe! **En quel honneur te voit-on ici?**

 A : 모두들 안녕? 너희들을 여기서 모두 만나다니 정말 뜻밖인 걸!

 B : 안녕, 필립! 너 도대체 여기엔 어떻게 왔니?

▶▶ 무슨 바람이 불어서 여기엔 왔니?

Quel bon vent t'amène ici?

▶▶ 너 도대체 여기서 뭐하니?

Qu'est-ce que tu peux bien faire ici?

---

10 너 마침 잘 왔다!

A : Bonjour, Claire! Tu as l'air bien embarrassé.

B : **Voilà justement celui qu'il me fallait!** Mon ordinateur ne marche pas et je ne sais pourquoi.

A : 안녕, 끌레르! 난처한 일이 있나 보구나.

B : 너 마침 잘 왔다! 내 컴퓨터가 고장이 났는데 그 이유를 모르겠어.

---

⑪ …한 지 너무나 오래됐다.

A : Bonjour, Paul! Comment vas-tu?

B : Bonjour, Marie! Dis donc! **Il y a une éternité[des siècles] que** je ne t'ai vue. Qu'est-ce que tu as fait entre-temps?

A : 안녕, 뽈! 잘 있었니?

B : 안녕, 마리! 이런! 널 못 본 지 너무나 오래됐구나. 그동안 너 뭐했니?

Il y a (bien) lontemps qu'on ne s'est vu.

우리가 서로 만나지 못 한 것이 꽤 오래 됐네.

Je ne vous ai pas vu depuis une éternité[des siècles/(bien) longtemps].

당신을 못 본 지가 꽤 오래 됐네요.

▶▶ 지금까지 어디 계셨습니까?

D'où sortez-vous?

▶▶ 아무리 먼 사람끼리도 결국은 만날 때가 있다.

Il n'y a que les montagnes qui ne se rencontrent pas.《격언》

---

⑫ 저녁 식사에 초대하고 싶은데요.

A : **Puis-je vous inviter à dîner ce soir?**

B : Merci beaucoup de votre invitation, mais j'ai un autre engagement.

A : 오늘 저녁 식사에 초대하고 싶은데요?

B : 초대해 주셔서 대단히 감사합니다만, 다른 약속이 있는데요.

A : Ce soir, il y a une soirée chez moi. **Viendras-tu?**

B : C'est très aimable. Je viendrai avec plaisir.

A : 오늘 저녁 집에서 저녁파티가 있어. 너 올래?

B : 친절하게도 초대해 주다니 대단히 고마워. 기꺼이 갈게.

A : **Voulez-vous sortir avec moi ce soir?** Je connais un bon restaurant chinois.

B : Merci, mais je suis pris(e) ce soir.

A : 오늘 저녁 저랑 외출[데이트]하실래요? 제가 아주 좋은 중국식당을 알고 있거든요.
B : 감사합니다만, 오늘 저녁은 바쁘답니다.

---

⑬ 저희 집에 잘 오셨습니다.

A : **Soyez le(la) bienvenu(e) chez nous!**
B : Merci de m'avoir invité(e).
　A : 저희 집에 잘 오셨어요!
　B : 초대해 주셔서 감사합니다.
Cela nous fait beaucoup de plaisir de **vous avoir** parmi nous ce soir.
　오늘 저녁 모시게 되어서 대단히 기쁩니다.

---

⑭ 식사가 준비 됐습니다.

C'est servi.(구어)
A : Je meurs de faim.
B : **À table[À la soupe]**!
A : Dieu merci! Qu'est-ce que ça sent bon!
　A : 배고파 죽을 지경이네.
　B : 식사 준비가 다 됐어요!
　A : 정말 다행이다! 냄새가 정말 좋네!

▶▶ 식사준비를 하다.
Maintenant ma femme **met[dresse] la table**.
　지금 내 아내는 식탁을 차리고 있다.

▶▶ 식탁에 앉다.
Venez **vous mettre à table**.　식탁으로 와서 앉으세요.

▶▶ 식사 중이다.
Ils **sont à table** maintenant.
　그들은 지금 식사 중이다.

▶▶ 집에 있는 음식만으로 식사를 하다.
Nous allons **dîner à la fortune du pot**.
　우린 특별히 차리지 않고 집에 있는 음식만으로 식사를 할 것이다.

15 어서 드세요.

A : Cela me paraît très appétissant.
B : **Servez-vous**, s'il vous plaît.
　A : 그것 참 먹음직스러워 보이네요.
　B : 어서 드세요!

▶▶ 입맛을 다시다. 군침을 삼키다.
Tout le monde **s'en lèche les babines**.
　모두들 군침을 삼킨다.(속어)

16 먹어라!

A : Maman! Aujourd'hui Christien m'a piqué mon crayon.
B : Ce n'est pas vrai! Maman, c'est un menteur.
A : C'est toi qui es menteur!
C : Paul, **bouffe** maintenant! Et tu lui règles ton compte après.
　A : 엄마! 오늘 크리스띠앙이 내 연필 훔쳤어요.
　B : 말도 안 돼! 엄마, 저 애는 거짓말쟁이래요.
　A : 거짓말쟁이는 바로 너야!
　C : 뽈, 지금은 먹기나 해!(속어) 나중에 혼내주고 말이야.

▶▶ 이제 먹어라[시작해라]!
Tu peux attaquer maintenant!(구어)

▶▶ 우리 이제 구운고기 요리를 먹을까[시작할까]?
On s'attaque à un rôti maintenant?(구어)

17 맛있게 잘 먹었습니다.

C'était vraiment délicieux.
A : C'était très bon, merci.
B : Je suis content(e) que vous ayez aimé ça.
　A : 아주 맛있었습니다. 감사합니다.
　B : 맛이 있었다니 기쁩니다.

A : **J'ai dîné en grand gala.** Merci beaucoup.

B : Ce n'est rien par rapport à ce que vous m'avez fait.

　A : 진수성찬을 대접받았습니다. 대단히 감사합니다.

　B : 제게 해 주신 것에 비한다면 아무것도 아닙니다.

---

⑱ 배불리 먹었습니다.

J'ai mangé à ma faim.

Je me suis crevé de manger.　너무 먹어서 배가 터질 지경이야.(속어)

J'ai très bien bouffé.　배불리 아주 잘 먹었어.(속어)

Je me suis très bien farci[tassé/tapé].　배터지게 아주 잘 먹었어.(속어)

Je me suis calé les joues.　배불리 먹었어.(속어)

A : Qu'est-ce que vous voulez comme un dessert?

B : Je ne veux plus rien, merci. Ce soir, **je me suis rassasié.**

　A : 후식으로 뭘 드시고 싶으세요?

　B : 더 이상 아무것도 안 먹겠습니다, 감사합니다. 오늘 저녁, 포식을 했습니다.

A : Voulez-vous prendre de la glace au dessert?

B : Non, merci. **J'ai l'estomac plein.**

　A : 후식으로 아이스크림을 드실래요?

　B : 아닙니다. 배가 부릅니다.

---

⑲ (음료수나 먹을 것) 뭘로 드릴까요?

Que puis-je vous offrir[servir] (à manger/à boire)?

▶▶ 뭘로 드실까요? (*까페 따위에서)

Monsieur[Madame] désirez?

Vous désirez?

▶▶ … 주시겠어요?

Est-ce que je puis avoir un jus d'orange?

　오렌지 주스 한 잔 마실 수 있을까요?

J'aimerais prendre un express bien serré.

　아주 진한 엑스프레쏘 한 잔을 마시고 싶은데요.

▶▶ …으로 갈증을 해소하다.

A : J'ai soif!

B : **Étanche ta soif avec** un verre d'eau glacée.

　A : 목말라 죽겠어!
　B : 차가운 물 한 컵 마셔서 갈증을 해소해 봐.

20 같은 걸로 하다.

A : Je prends un demi. Et toi, qu'est-ce que tu prends?

B : **Je prends le même[le pareil].**

　A : 난 맥주 한 컵 할래. 너는 뭘 마실 거니?
　B : 나도 같은 걸로 할래.

La même chose pour moi, s'il vous plaît.
저도 같은 걸로 주세요.

▶▶ 그렇지만, 그래도

Tu ne fais que des bêtises. **Tout de même[Quand même]**, tu es mon fils.

넌 바보 같은 짓만 하는구나. 하지만 그래도 넌 내 아들이다.

21 …와 … 둘 가운데 하나를 고르세요.

A : **Vous pouvez faire choix entre** un jus d'orange **et** un chocolat chaud.

B : **Je voudrais plutôt** un jus d'orange.

　A : 오렌지 주스와 핫 초콜릿 중에서 선택을 하실 수 있습니다.
　B : 전 차라리 오렌지 주스를 마시겠습니다.

▶▶ …을 하고 안하고는 자유다.

Tu **as le choix de** boire ton whisky sec **ou non**.

물 타지 않은 위스키를 마시고 안 마시고는 네 자유다.

22 건배합시다!

Portons un toast à notre patron! 우리 사장님을 위해 건배합시다!

Remplissez vos verres! 잔들을 채우시죠!(*건배하기 위해)

▶▶ 건배!

À votre(ta) santé!

À la vôtre(tienne)!

Chin-chin!

Cul sec!

▶▶ 술을 마시며 계약하다.

Ils ont arrosé une affaire. 그들은 술을 마시며 계약했다.(구어)

▶▶ 식사하면서 술을 마시다.

Il aime arroser un repas.
그는 식사 중에 포도주를 마시는 걸 좋아한다.(구어)

▶▶ 술을 안 마시다.

Je ne bois pas.

㉓ …을 마시겠습니다.

A : **Je voudrais goûter** un verre de whisky. Et vous?

B : **J'aimerais** une coupe de champagne.
　A : 위스키 한 잔 맛보렵니다. 당신은요?
　B : 전 샴페인 한 잔으로 하겠습니다.

A : **Prendrez**-vous l'apéritif?

B : Oui, merci. J'aimerais bien le prendre.
　A : 아뻬리띠프를 드시겠소?
　B : 네, 감사합니다. 마시고 싶습니다.

㉔ 한 잔 더 드시지요.

A : **Prenez-en un autre verre**, si vous voulez.

B : Non, je vous remercie. Cela me tournerait la tête.
　A : 원하신다면, 한 잔 더 드시지요.
　B : 아닙니다. (그러면) 취하게 될 겁니다.

A : **Puis-je vous offrir un autre verre?**

B : Non, merci.
A : 술을 한 잔 더 대접해 드릴까요?
B : 아닙니다.

25 저는 됐습니다.

A : Puis-je vous servir à boire - du vin, de la bière?

B : **Rien pour moi**, merci. Je dois conduire.

A : 술을 따라 드릴까요? 포도주요, 맥주요?
B : 저는 됐습니다. 차를 운전해야 되거든요.

▶▶ 더는 못 마시겠습니다.

Je n'en peux plus.

26 …와 술을 한 잔 하다.

Je voudrais **prendre un verre avec** toi.
자네와 술을 한 잔 하고 싶네.

On **prend un pot**? 우리 (술집에 가서) 한 잔 할까?(구어)

▶▶ 술을 즐기다.

Il **fête la bouteille**.(구어)

▶▶ 술을 마시다.

Il **pompe**.(속어)

Il **se rince[se mouille] la dalle**.(속어)

Il **s'en est jeté un derrière la cravate**. 그는 한 잔 들이켰다.(속어)

▶▶ 밑빠진 독처럼 술을 마시다.

Il **boit comme un trou**.

▶▶ 술에 취해 있다.

Il **a le nez sale**.

Il **est pris de vin**.

Il **est un peu parti**. 그는 좀 취해 있다.

Il **a son pompon**. 그는 거나하게 취해 있다.(속어)

Il a[tient] une paille.   그는 얼큰하게 취해 있다.(속어)

Il a pris une barbe.(속어)

Il s'est soulé la gueule.(속어)

▶▶ 곤드레만드레 취하다.

Il s'est flanqué une culotte.

Il est complètement noir.(속어)

Il a son compte.(속어)

Il est complet[plein].(속어)

Il s'est donné une belle couche.(속어)

Il est blindé.(속어)

Il est pris de boisson.(속어)

Il est ivre comme une soupe.

Il est ivre mort.

Il est gelé à zéro.

Il est soûl comme une grive[une bourrique/un cochon/un âne/un Polonais].

㉗ (음식이나 마실 것을) 좀 더 드시겠어요?

En voulez-vous encore?

A : Cette salade niçoise est très délicieuse.

B : C'est vrai? **Vous en voulez une autre assiette?**

　A : 이 샐러드 니스와즈는 정말 맛있습니다.

　B : 정말로요? 한 접시 더 드실래요?

A : Votre café est exquis.

B : Oh, merci. **En voulez-vous une autre tasse?**

　A : 커피가 맛있습니다.

　B : 오, 감사합니다. 한 잔 더 드릴까요?

▶▶ 더 먹어도 될까요?

A : **Puis-je prendre un peu plus de** fromage?

B : Bien sûr. Je vous en apporte.

A : 치즈를 조금 더 먹을 수 있을까요?
B : 물론이죠. 가져다 드릴게요.

▶▶ …을 한 그릇 더 먹겠습니다. (*레스또랑에서)

J'aimerais prendre une autre portion de riz.
밥 일인분 더 주세요.

㉘ 그것 축하할 일이군요!

Il faut fêter ça!

A : Mon fils a réussi à son bac.
B : **Cela est à fêter!**
  A : 내 아들이 대학입학 자격시험에 합격했답니다.
  B : 그거 축하잔치를 벌여야겠군요!

▶▶ 축하합니다.

Toutes mes félicitations!

(Je vous fais) mes compliments!

▶▶ …이 …한 것에 대해 축하하다.

Je **vous félicite de** votre réussite.
  당신의 성공을 축하드립니다.

Je **vous fais mon compliment sur[de]** votre promotion.
  당신의 승진을 축하드립니다.

Je **vous adresse des compliments sur[de]** votre belle performance.
  당신의 훌륭한 성과를 축하드리고 싶습니다.

▶▶ 그것을 축하하기 위해 술을 마셔야겠군요!

Il faut arroser ça!

Il faut arroser un succès!
  성공을 축하하여 술을 마셔야죠!(구어)

㉙ 아주 즐거웠습니다.

A : Merci pour la soirée. **C'était formidable.**
B : Le plaisir était à moi.

A : 저녁 파티에 초대해줘서 감사합니다. 정말 멋졌어요.
B : 천만에요, 저야말로 기뻤답니다.

A : Merci. **Je me suis bien amusée**. Il faudra que vous veniez chez moi une autre fois.
B : Avec plaisir, merci.

A : 감사합니다. 굉장히 즐거웠어요. 이 다음에[훗날], 제 집에 한 번 오셔야 돼요.
B : 기꺼이 가겠습니다. 감사합니다.

A : Merci, **la soirée était superbe**. Il faut que je file maintenant.
B : Tu pars si tôt?

A : 고마워. 멋진 저녁시간을 보냈어. 이제 그만 가봐야겠어.
B : 벌써?

㉚ 매사에 고맙습니다.

Merci de tout!

▶▶ …에 대해 감사드립니다.

Je vous remercie de m'avoir si bien accueilli(e).
저를 환대해 주셔서 감사합니다.

▶▶ …에 대해 어떻게 감사해야 할지요.

Je ne sais comment vous remercier de vos conseils.
당신의 충고에 어떻게 감사해야 될 지 모르겠습니다.

▶▶ 감사한 말씀 이루 다 할 수 없습니다.

Comment vous prouver ma reconnaissance?

㉛ 원 별 말씀을요.

A : Je vous remercie de m'avoir prêté cet argent.
B : **Je vous en prie!**

A : 이 돈을 제게 빌려주셔 감사했습니다.
B : 원 별 말씀을요!

A : Merci de m'avoir informé de son arrivée.
B : **De rien!**

A : 그의 도착을 알려 주셔서 감사합니다.
B : 천만에요!

A : Je suis très touchée de votre délicatesse. Merci mille fois!
B : **(Il n'y a) pas de quoi**.
  A : 당신의 친절에 너무나 감동받았습니다. 대단히 감사합니다.
  B : 원 별 말씀을.

A : Que c'est jolie ce cadeau! Merci beaucoup!
B : **À votre service!**
  A : 선물이 너무나 예쁘네요! 정말로 감사합니다.
  B : 원 천만의 말씀입니다.

A : Tu me combles! Merci!
B : **Pas du tout**. Je prends du plaisir à venir à ton aide.
  A : 정말 친절하구나! 고마워!
  B : 천만에. 난 널 돕는 것에서 기쁨을 느낀단다.

---

32 이웃 좋다는 게 뭔가요?

A : Je vous remercie d'avoir gardé mon bébé pendant mon absence.
B : C'est la moindre chose. **À quoi servent-ils des voisins?**
  A : 제가 없는 동안에 애기를 봐주셔서 감사합니다.
  B : 별일도 아닌데요. 이웃 좋다는 게 뭔가요?

▶▶ 친구 좋다는 게 뭐죠?

A : Merci beaucoup. Grâce à ton prêt, je m'en suis sorti.
B : Pas de quoi. **À quoi servent-ils des amis?**
  A : 정말 고마워. 네가 빌려 준 돈 덕분에 곤경에서 벗어났어.
  B : 뭘. 친구 좋다는 게 뭐냐?

---

33 오히려 제가 기쁩니다.

A : Ravie de vous connaître.
B : **Le plaisir est à moi**.
  A : 뵙게 되서 반갑습니다.
  B : 천만에요, 오히려 제가 기쁩니다.

34 (시간을) 잘 보내세요.

Passez un bon week-end! 주말 잘 보내세요!
Passez de bonnes vacances d'été! 여름 휴가 잘 보내세요!

▶▶ 즐겁게 보내세요.

A : Maman! Ce soir, Pierre et moi on sort ensemble.
B : Ah bon! **Amusez-vous bien.**
  A : 엄마! 저 오늘 저녁 삐에르랑 데이트해요.
  B : 아 그래! 재미있게들 보내렴.

▶▶ 재미있었어.

A : C'était comment ton voyage en Thaïlande?
B : **C'était vraiment magnifique.**
  A : 태국 여행 어땠어?
  B : 정말 기막히게 좋았어.

▶▶ 별로 재미없었어.

A : Comment était ton week-end?
B : **Ce n'était pas terrible[fameux]!**
  A : 주말을 어떻게 보냈어?
  B : 별로 신통치 않았어.

35 혼자 오시죠.

A : **Puis-je amener un(e) ami(e)?**
B : **Venez tout seul(e).**
  A : 친구랑 함께 가도 되겠습니까?
  B : 혼자 오시죠.

36 팁을 주다.

Donnez un pourboire au porteur. 짐꾼에게 팁을 주세요.

A : Bon, on se quitte maintenant?
B : D'accord. Et **n'oublie pas le garçon.**

A : Entendu!
    A : 그럼, 이제 우리 헤어질까?
    B : 그러자. 그런데 **팁**을 잊지 마.
    A : 알았어!

A : Il faut **laisser un pourboire**, mais combien?
B : Normalement, c'est 10%.
    A : 팁을 놔둬야겠는데, 얼마만큼 줘야 하나?
    B : 보통 10%야.

㊲ …을 방문하다.

Aujourd'hui, je vais **rendre visite à** mon oncle.
    난 오늘 삼촌을 방문할 거다.

▶▶ …에게 경의를 표하다.

Je **rends hommage à** Se-Ri Pak. Elle joue vraiment bien au golf.
    난 박세리에게 경의를 표한다. 그녀는 골프를 정말로 잘 친다.

㊳ 조의를 표합니다.

A : Mon père est mort la semaine dernière.
B : Oh, j'en suis désolée. **Agréez mes condoléances**.
    A : 아버지가 지난주에 돌아가셨어요.
    B : 오, 유감이군요. 애도의 뜻을 표합니다.

Toutes mes condoléances! J'ai entendu dire que votre grand-mère est décédée.
    조의를 표합니다! 조모님이 별세하셨다는 얘기를 들었습니다.

㊴ …해 주시니 고맙군요.

C'est bien gentil à vous de m'avoir invité chez vous.
    댁에 초대해 주셔서 대단히 고맙습니다.

C'est très aimable à vous de m'offrir ce cadeau.
    제게 이 선물을 주셔서 대단히 고맙습니다.

Vous êtez bien[très] gentil[aimable] de m'avoir appelé.
친절하게도 전화해 주셔서 감사합니다.

A : Bonne chance, Pierre! Tu me manqueras beaucoup.
B : **C'est bien gentil à toi de** me dire ainsi. Tu me manqueras beaucoup, toi aussi.
　A : 행운을 빌어, 삐에르! 네가 많이 보고 싶을 거야.
　B : 그렇게 말해 주니 정말로 고마워. 나도 널 많이 그리워할 거야.

---

40 (성 말고 이름으로) 부르셔도 됩니다. (*친근감을 갖기 위해)

A : Bonjour, Monsieur Legrand!
B : Bonjour, Mademoiselle Dubois! Mais **vous pouvez m'appeler** François.
A : Ah, bon! Dans ce cas, vous aussi, vous pouvez m'appeler Hélène.
B : D'accord.
　A : 안녕하세요, 르그랑 씨!
　B : 안녕하세요, 뒤브와 양! 그런데 저를 그냥 프랑스와라고 부르셔도 됩니다.
　A : 아, 그래요! 그러시다면, 당신도 저를 그냥 엘렌이라고 부르셔도 좋습니다.
　B : 좋습니다.

▶▶ 서로 반말하다.
Pierre et moi, nous **nous tutoyons**.　삐에르와 나는 서로 반말을 한다.

---

41 뵙게 되서 반가웠습니다. (*헤어질 때)

Très heureux(se)[content(e)] d'avoir fait votre connaissance.
당신을 알게 되서 반가웠습니다.

▶▶ 말씀 잘 나눴습니다. (*대화 종료 시)
Très heureux(se)[content(e)] d'avoir parlé avec vous.

---

42 낯익은 분인 것 같은데요.

A : Excusez-moi, mais on ne s'est pas vu avant? **Votre visage m'est familier.**

B : Non, je ne le crois pas.
  A : 실례합니다만, 우리가 전에 만난 적이 없나요? 낯이 익은 것 같은데요.
  B : 아니요, 아닌데요.

43 당신 얘기 많이 들었어요.

  A : Enchanté, Monsieur Dupont. **J'ai beaucoup entendu parler de vous.**
  B : **Seulement de bonne choses, j'espère.**
  A : 만나서 반갑습니다, 뒤뽕 씨. 말씀 많이 들었습니다.
  B : 좋은 얘기만이었으면 좋겠네요.

44 마침 당신 얘기하고 있는 중입니다.

  Justement on est en train de parler de vous.

45 그는 내가 생각한 그대로이다.

  Il est justement tel que je (me) l'ai imaginé.
  ▶▶ 난 그것[그 사람]을 실제 모습과는 아주 다르게 생각하고 있었다.
  Je me l'imaginais très différent de ce qu'il était.

46 만난 적이 있는 것 같은데요.

  A : André, voici mon amie Marie.
  B : **Je crois qu'on s'est déjà rencontré.** Je suis content de te revoir, Marie.
  A : 앙드레, 여기는 내 친구 마리야.
  B : 우리 전에 만난 적이 있는 것 같은데. 마리, 다시 만나게 되서 반가워.

  A : Bonjour! **On ne s'est pas vu avant?**
  B : Si. Je crois qu'on s'est vu chez Nicole le mois dernier.
  A : 안녕! 우리 전에 만난 적이 있었지?
  B : 응. 지난 달에 니꼴 집에서 만났던 것 같아.

47 저 모르시겠어요?

A : Bonjour, Mademoiselle! **Pourriez-vous me reconnaître?**

B : Oui, bien sûr. Vous êtes bien Monsieur Gérard Hugo, n'est-ce pas?
  A : 안녕하십니까, 마드므와젤! 저 알아보시겠어요?
  B : 네, 물론이죠. 제라르 위고 씨 아니세요?

A : **Vous ne me remettez pas?**

B : Non, je ne vous remets pas.
  A : 저 기억 못하시겠어요?
  B : 네, 기억 못하겠는데요.

▶▶ 혹시나 (*공손한 질문에)

Excusez-moi. Vous ne seriez pas Mademoiselle Legrand, **par hasard?**
실례합니다. 혹시 르그랑 양 아닌가요?

48 누구시더라?

Est-ce que je vous connais?

▶▶ …의 이름이 기억에 떠오르지 않는다.

Son nom m'échappe. 그의 이름이 기억에 떠오르지 않는다.

▶▶ …의 이름을 기억하지 못하다.

Je ne me rappelle pas son nom. 난 그의 이름을 기억하질 못한다.

49 …을 아십니까?

A : Hélène! **Est-ce que tu as déjà rencontré** Jacques?

B : Non, Paul. Bonjour, Jacques! Ravie de te connaître.
  A : 엘렌! 너 쟉끄를 아니?
  B : 아니, 뽈. 안녕, 쟉끄! 만나서 반가워.

50 내가 아는 사람인가요?

A : Hier soir, je suis allée au cinéma avec mon ami.

B : Ah bon! **Quelqu'un que je connais?**

A : 어제 저녁에 친구와 영화 보러 갔었어.
B : 아 그래! 내가 아는 사람이니?

51 다시 만나서 반가워요.

A : **Très heureux(se) de vous revoir.**
B : Moi aussi, je le suis. Comment allez-vous?
 A : 다시 만나서 반갑습니다.
 B : 저도 그렇습니다. 어떻게 지내시나요?

52 또 만났으면 좋겠습니다.

A : **Je souhaite vous revoir** à très bientôt.
B : De même! Voici ma carte de visite. Vous pouvez me contacter à ce numéro de téléphone.
 A : 곧 다시 만나 뵙길 바랍니다.
 B : 저도 그렇습니다! 여기 제 명함입니다. 이 전화번호로 연락하시면 됩니다.

A : J'étais très content d'avoir parlé avec toi.
B : Idem! **J'espère te revoir** un de ces jours.
 A : 얘기 할 수 있어서 기뻤어.
 B : 나도 그래! 근일 중으로 또 만나게 되길 바래.

53 조만간 또 하지요.

A : C'était une soirée inoubliable, pas vrai?
B : Oui. Tu as raison. **Tôt ou tard on fera ça encore.**
 A : 잊지 못할 멋진 저녁 파티였어, 그렇지?
 B : 그래. 네 말이 옳아. 조만간 또 하자.

54 미안[실례]합니다!

Je vous demande pardon!

Pardon! Je suis en retard. 죄송합니다! 늦었습니다.

Pardonnez-moi de vous avoir dérangé à l'heure du dîner.

저녁 식사 시간에 방해를 해서 죄송합니다.

Excusez-moi! Pouvez-vous me passer le sel?
실례합니다! 소금 좀 건네주시겠습니까?

Excusez-moi de prendre votre congé maintenant. Mon train part dans un quart d'heure.
실례지만 당신께 작별인사를 해야겠습니다. 제가 탈 기차가 15분 후에 떠나거든요.

---

55 폐를 끼쳐 대단히 죄송합니다.

A : **Je suis vraiment désolé[Je regrette infiniment]** de vous avoir créé des ennuis.
B : Pas du tout. Vous pouvez toujours compter sur moi.
  A : 폐를 끼쳐 대단히 죄송합니다.
  B : 전혀 아닙니다. 항상 절 믿으셔도 좋습니다.

---

56 기다리게 해서 정말 죄송합니다.

A : Philippe, **je suis vraiment désolée[navrée] de t'avoir fait attendre**.
B : Cela ne fait rien.
  A : 필립, 기다리게 해서 정말 미안해.
  B : 괜찮아.

---

57 행운이 있기를! (*헤어질 때의 인사)

Bonne chance!

▶▶ 행운을 빌어주세요!
Souhaitez-moi bonne chance!

▶▶ 운이 좋다.
A : Zut! J'ai raté mon train.
B : **Tu as de la chance**. Un autre train est en train d'arriver et il est presque vide.
  A : 이런! 기차를 놓쳐버렸어.
  B : 넌 운이 좋은 거야. 다른 기차가 바로 오는데 거의 텅 비었어.

58 또 만납시다. (*작별인사)

Adieu! 안녕히 가세요[계세요]!(*오랜 동안의 이별일 때)

Au revoir! 다시 만납시다!

À bientôt! (오래지 않아서) 또 봅시다!

À la prochiane! 가까운 장래에 또 만납시다!

À tout à l'heure! 잠시 후에 봅시다!

▶▶ 안녕! (*친한 사람끼리 만날 때 · 헤어질 때)

Salut!

Ciao!

---

59 이제 그만 가보겠습니다.

Merci beaucoup, mais **il faut que je file maintenant**.
　대단히 고마웠어, 이제 가봐야겠네.(속어)

Il se fait tard, **je me sauve**.
　시간이 늦어서 전 가보겠습니다.

A : **Il est temps que je parte**. Merci, je me suis bien amusée.

B : Merci d'être venue chez nous.
　A : 그만 가봐야겠습니다. 감사합니다, 즐거웠습니다.
　B : 저희 집에 와주셔서 감사했습니다.

A : Bon! **Je vous laisse**.

B : O.K. **Vous pouvez nous laisser**. On se revoit demain?

A : D'accord!
　A : 그럼! 여러분, 전 그만 가보겠습니다.
　B : 그러시죠. 먼저 가셔도 좋습니다. 그럼 내일 또 만날까요?
　A : 좋습니다!

▶▶ 마음대로 가셔도 됩니다.

Vous avez (la) faculté de vous retirer.

▶▶ 우리 이제 그만 가자!

Fichons le camp!

60 좋은 여행이 되시길!

A : Demain je pars pour Lyon.

B : **Bon voyage!**

    A : 내일 리용으로 떠납니다.
    B : 좋은 여행이 되시길 바랍니다!

A : Le mois prochain, je me metterai en voyage pour Rome.

B : **Faites un bon voyage**, et revenez-en sain et sauf.

    A : 다음 달, 저는 로마로 떠날 겁니다.
    B : 즐거운 여행이 되시길 바랍니다, 그리곤 몸 건강히 돌아오십쇼.

CHAPITRE 02
안부 · 의견 · 동의 · 희망

① **…에게 안부 전해 주세요.**

Mes compliments à vos parents. 당신 부모님께 문안드려 주십시오.
Transmettez-lui de ma part mes sincères salutations.
　제가 안부 여쭙더라고 그분께 전해 주십시오.
Bonjour[Le bonjour] à votre femme. 사모님께 안부 전해 주세요.
Dites(-lui) bonjour de ma part. 내 안부 전해 주시오.
Souhaitez[Donnez]-lui le bonjour de ma part. 내 안부 전해 주세요.

A : Au revoir, Monsieur Durand! **Dites-leur bien des choses de ma part.**
B : D'accord. Au revoir, Monsieur Legrand!
　A : 잘 가세요, 뒤랑 씨! 그들에게 제 안부 전해 주세요.
　B : 알겠습니다. 또 만나요, 르그랑 씨!

A : **Bien des choses de la part de mon père.**
B : Merci beaucoup. **Présentez-lui[Veuillez bien lui présenter] mes respects.**
　A : 아버님이 당신께 안부 전하라고 말씀하셨습니다.
　B : 감사합니다. 아버님께도 제 안부 전해 주세요.

A : Madame Durand m'a prié de la rappeler à votre bon souvenir.
B : C'est bien gentil à elle! **Veuillez me rappeler[Rappelez-moi] à son bon souvenir.**
　A : 뒤랑 부인이 당신께 안부 전해 달라고 했습니다.

B : 정말 고마운 분이시네요! 그분께 제 안부를 전해 주세요.

A : Cet après-midi, je vais rencontrer Catherine.

B : **Embrasse-la pour moi[Salue-la de ma part]**.

　　A : 오늘 오후에 꺄뜨린느를 만날 거야.

　　B : 그녀에게 내 안부 전해 주렴.

A : Je pars demain pour le rejoindre à Londres.

B : **Fais-lui mes amitiés**.

　　A : 나 내일 그를 만나러 런던에 간다.

　　B : 그에게 내 안부 전해 줘.

▶▶ …의 안부를 묻다.

Il **s'inquiète de la santé de** Gabriel.　그는 가브리엘의 안부를 묻는다.

---

② 어떻게 지내니?

　　A : Salut, Jacques! **Comment le monde te traite-t-il?**

　　B : Salut, Paul! **Pas mal**. Et toi?

　　　　A : 안녕, 쟈끄! 어떻게 지내니?

　　　　B : 안녕, 뽈! **별로 나쁘진 않아**. 너는 어때?

　　A : **Comment ça va?**

　　B : **Comme ci comme ça[Moitié-moitié/Clopin-clopant]**. Et toi?

　　　　A : 어떻게 지내니?

　　　　B : 그럭저럭. 그러는 너는?

　　A : **Comment vous portez-vous[Comment allez-vous]?**

　　B : **Pas si mal**. Merci! Et vous-même?

　　　　A : 안녕하신가요?

　　　　B : 그다지 나쁘지 않습니다. 감사합니다. 당신은요?

▶▶ 요즘 뭐하면서[어떻게] 지내시나요?

Que devenez-vous ces temps-ci?

---

③ 별고 없니?

　　A : Bonjour, Paul! **Quoi de neuf?**

　　B : **Rien de neuf.**

A : 안녕, 뽈! 별고 없냐?
B : 별일 없어.

▶▶ 잘돼 가요[잘 지내나요]?

A : Pierre, ça colle?
B : Oui, ça colle.
   A : 뻬에르, 잘돼 가니?(속어)
   B : 응, 별일 없어.
A : Ciao, Anne! **Est-ce que ça va[marche]**?
B : Ciao, Martin! **Tant bien que mal**. Et toi-même?
   A : 안녕, 안느! 잘돼 가니[잘 지내니]?
   B : 안녕, 마르땡! 그럭저럭. 넌 어때?
A : **Est-ce que vous allez bien?**
B : Oui, merci. Et vous?
   A : 잘 지내시나요?
   B : 네, 감사합니다. 당신은요?

④ 순조롭게 잘되어 가다.

A : Est-ce que ça marche, ton travail?
B : Oui, ça **marche comme sur des roulettes**.
   A : 네 일은 잘되어 가니?
   B : 응, 아주 순조롭게 잘되어 가고 있어.

▶▶ 만사 잘되어 간다.

Ça fait la rue Michel.(구어)

⑤ (진척이) 어느 정도인가?

A : **Où en êtes-vous** dans vos recherches?
B : Je les ai presque finies.
   A : 당신의 연구는 어떻게 되어 가나요?
   B : 거의 끝냈습니다.
A : **Comment vont** tes programmes de vacances?
B : Ils vont finir en beauté.

A : 네 방학 계획은 어떻게 진척이 되어 가니?
B : 성공적으로 끝날 거야.

6 (일이) 어떻게 됐나요?

A : **Comment la chose s'est-elle passée?**
B : Cela s'est mal pass?.
　A : 그 일은 어떻게 됐니?
　B : 잘못됐어.
A : **Comment le concert s'est-il passé?**
B : Cela s'est bien passé.
　A : 그 연주회는 어떻게 됐니?
　B : 잘됐어.

▶▶ (사람이) 어떻게 됐나요?

Qu'est-ce qu'elle est devenue ta soeur?　자네 누이는 어떻게 됐나?

7 당신 무슨 일이 있나요?

Qu'est-ce que vous avez[Qu'avez-vous]?
Qu'est-ce qu'il y a[Qu'y a-t-il]?
Qu'est-ce qui vous tourmente?
Qu'est-ce qui vous tracasse?
Qu'est-ce qui vous emmerde?(비어)
Qu'est-ce qu'il y a qui ne va pas?
A : Laisse-moi tranquille!
B : Allons, Paul. **Qu'est-ce qui te prend?**
　A : 나 좀 내버려 둬!
　B : 이봐, 뽈! 무슨 일로 그래?
A : Daniel a le cafard toute la journée. **Qu'est-ce qui le prend?**
B : Peut-être a-t-il fait une scène de ménage ce matin.
　A : 다니엘이 온종일 기분이 상해있는 걸. 무슨 일이지?
　B : 아마 오늘 아침에 부부 싸움을 한 게지.

8 무슨 일이 진행되고 있지?

Qu'est-ce qu'il se passe[Que se passe-t-il]?(비인칭)

A : Dans la rue, il y a terriblement de gens. **Qu'est-ce qui se passe?**
B : Il y a une manifestation.
    A : 거리에 사람들이 잔뜩 있는데 무슨 일 났나요?
    B : 데모가 있는 겁니다.

A : Aujourd'hui personne ne m'adresse la parole. **Qu'est-ce qu'on fricote[mijote/manigance] ici?**
B : Tout le monde est épuisé. C'est tout.
    A : 오늘 내게 말거는 사람이 하나도 없는데, 여기 무슨 일 있는 거야?(구어)
    B : 모두들 지쳐 있어. 그뿐이야.

9 (사람) …가 어떻게 된 거야?

A : J'ai décidé de me divorcer d'avec ma femme.
B : Mais quoi! C'est impossible! **Qu'est-ce qui t'arrive?**
    A : 아내하고 이혼하기로 했어.
    B : 아니 뭐라고! 그럴 수가! 자네 어떻게 된 거야?

Qu'est-ce qui lui est arrivé, à Paul? Il fait la cuisine et la vaisselle.
뽈이 어떻게 된 거지? 요리를 하고 설거지를 하잖아.

▶▶ …에게 …이 일어나다.
Il m'est arrivé une aventure. 내게 사건이 발생했다.(비인칭)

10 (사물) …이 어떻게 된 거야?

Qu'est-ce qu'on a fait de mon stylo? 내 만년필이 어떻게 된 거야?
Qu'est-ce qu'on a fait de tes cheveux? 머리를 어떻게 한 거니?

11 웬 야단법석!

Quel tohu-bohu!
Quel sabbat!

Quel tam-tam!
▶▶ 난장판이다.
C'est le sabbat déchaîné.
C'est un véritable sabbat.

---

12 그것은 그의 마음에 거슬린다.

Cela lui tient au[à] coeur.

---

13 마음에 걸리는 것이 있다.

J'ai un paquet sur la conscience.

---

14 …를 해보시죠.

Pourquoi vous ne lui téléphonez **pas** pour prendre rendez-vous avec lui?
그에게 전화해서 만날 약속을 해보시지요.
Pourquoi on ne prend **pas** la solution de paresse?
우리 그 제일 손쉬운 해결책을 택하는 게 어떨까?

---

15 (…에 대해) 어떻게 생각하시죠?

On peut se voir dans une heure. **Qu'en dites-vous?**
한 시간 후에 만날 수 있어요. (그것에 대해) 어떻게 생각하세요?
Je prends cette solution. **Qu'en penses-tu?**
난 이 해결책을 택하겠어. (그것에 대해) 어떻게 생각하니?
Elle a le talent des langues. **Que vous en semblez?**
그녀는 어학에 재주가 있습니다. (그것을) 어떻게 생각하시죠?

---

16 …하면 어떨까요?

A : **Si on** prenait juste un verre de cognac?
B : O.K. Si c'est juste un verre.

A : 우리 꼬냑을 딱 한 잔 하면 어떨까?
B : 좋았어. 딱 한 잔이라면 말이야.
A : **Si on all**ait au cinéma?
B : C'est une bonne idée!
    A : 영화 보러 갈까요?
    B : 좋은 생각이예요!

⑰ 그래도 괜찮으시겠어요?

Vous n'y voyez pas d'inconvénient?

A : En principe, votre travail commence lundi prochain. **Est-ce que cela vous convient?**
B : Oui. Il n'y a pas de problème.
    A : 원칙적으론 당신 일은 다음 주 월요일에 시작됩니다. 괜찮으시겠어요?
    B : 네. 문제없습니다.

A : Didier m'a demandé d'ajourner la réunion. **Est-ce que ça vous va?**
B : Oui, ça me va très bien.
    A : 디디에가 회합을 미루자고 했는데, 괜찮으시겠어요?
    B : 네, 아주 좋습니다.

⑱ …인 것 같다.

Il paraît que tout est en ordre ici.
이곳은 모든 것이 정돈되어 있는 것 같다.(비인칭)

Il semble qu'il fait plus chaud aujourd'hui qu'hier.
어제보다 오늘이 더 더운 것 같다.(비인칭)

A : Elle ne s'est pas rendue au rendez-vous.
B : **Il semble qu'**elle t'a eu.
    A: 그녀는 약속 장소에 나오지 않았어.
    B : 그녀가 널 골탕먹인 것 같구나.(비인칭)

▶▶ **그렇지 않은 것 같습니다.**

A : Tout le monde dit qu'il a fait des bêtises.
B : **Il paraît que non.**

A : 모두들 그가 어리석은 짓을 했다고 그래요.
B : 그렇지 않은 것 같은데요.(비인칭)

⑲ …일 것 같다.

A : J'ai peur qu'il ne me donne un savon.

B : **Il est probable que** tu reçoives un bon savon.
  A : 그가 날 심하게 꾸짖을까봐 겁이 나.
  B : 넌 꾸지람을 들을 것 같은 걸.(비인칭)

A : Que le temps est gris!

B : **Il y a des chances pour qu'**il pleuve.
  A : 웬 날씨가 이렇게 흐린지!
  B : 비가 올 것 같습니다.(비인칭)

⑳ 어림도 없어요.

A : Pensez-vous qu'il puisse le faire?

B : **Jamais de la vie!**
  A : 그가 그걸 할 수 있다고 생각합니까?
  B : 천만에[어림도 없어요]!

A : Est-ce que vous lui avez permis de venir?

B : **(Bien) loin de là!**
  A : 당신은 그에게 오도록 허락을 하셨나요?
  B : 어림도 없지! (*그것과는 정반대라는 뜻)

A : Tu me donnes ce cahier?

B : **Mon oeil!**
  A : 나한테 이 공책 줄 거니?
  B : 안될 말이지[천만에]!(구어)

㉑ 무슨 소리하는 거요? (*말도 안 된다는 의미)

A : Il va échouer à son examen.

B : **Qu'est-ce que vous racontez?** Il a beaucoup travaillé depuis un an.

A : 그는 시험에 떨어질 겁니다.
B : 무슨 소리 하시는 겁니까? 그는 1년 전부터 열심히 공부했어요.

▶▶ **당신 이야기는 믿기 어렵군.**
Votre histoire ne tient pas debout.

㉒ 결국 무슨 말을 하려는 거요?

Où[À quoi] voulez-vous en venir (exactement)?
Où[À quoi] voulez-vous en arriver (donc)?

㉓ 저는 …라고 봅니다.

Il me paraît nécessaire **que** vous veniez.
당신이 오셔야만 할 것 같습니다.(비인칭)

Il me paraît évident **que** Marie a raison.
제가 보기엔 분명히 마리가 옳은 것 같습니다.(비인칭)

A : Quel âge me donnez-vous?
B : **Il me semble que** vous avez vingt ans.
　A : 저를 몇 살로 보십니까?
　B : 스무 살인 것 같습니다.(비인칭)

㉔ 우리는 뜻이 잘 맞아!

A : Est-ce que tu t'entends bien avec Martin?
B : Oui. **On s'entend vachement bien.**
　A : 너 마르뗑하고 뜻이 잘 맞니?
　B : 네. 우리는 기가 막히게 뜻이 잘 맞아요.

A : Pourquoi t'attaches-tu toujours aux pas de Pierre?
B : Parce qu'**on a la même longeur d'onde**.
　A : 왜 넌 노상 삐에르를 쫓아다니니?
　B : 우리는 의기투합하거든요.(구어)

Ils **s'entendent du mieux qui soit**.
그들은 더할 나위 없이 뜻이 잘 맞는다.

▶▶ 훌륭한 사람들은 서로 의기가 상통한다.

Les grand esprits se rencontrent.
(*두 사람 의견이 우연히 일치했을 때 익살스럽게 하는 말)

▶▶ 바보끼리 칭찬한다.

L'âne frotte l'âne.

▶▶ 사이가 서로 좋지 않다.

Ils s'entendent comme chien et chat. 그들은 견원지간이다.

▶▶ 말이 안 통하는군!

On ne se parle pas sur la même longeur d'onde.

▶▶ 고집은 그만 부리시오.

Glissez, glissez.

---

25 내 말이 그 말이야!

C'est ce que j'allais dire!

---

26 동의해요!

A : Chacun paie son écot?

B : D'accord[D'acc]!

　A : 각자 돈 낼까?
　B : 좋았어!

▶▶ (사람) …와 동의하다.

A : Le mieux est de lui dire la vérité.

B : Je **suis d'accord avec** vous.

　A : 그에게 진실을 말하는 것이 최선의 길입니다.
　B : 저도 그렇게 생각합니다.

A : Il vaut mieux y mettre la main maintenant.

B : Je **marche avec** vous.

　A : 지금 그것에 착수하는 편이 좋아.
　B : 저도 당신과 의견이 같습니다.

A : Il semble que l'examinateur a favorisé ce candidat.

B : Je **suis du même avis que** vous.
　　A : 시험관이 이 수험자를 특별히 봐준 것 같아.
　　B : 저도 그렇게 생각합니다.
Ma soeur pense que c'est trop risqué et je **me mets d'accord avec** elle.
　　제 언니는 그것이 너무 위험하다고 생각하고 있는데 저도 동의해요.

▶▶ (사물) …에 동의하다.
Je **consens à** votre proposition.　당신의 제안에 동의합니다.

▶▶ 저도 당신 생각과 같습니다.
Je suis de votre avis.
Je suis de votre bord.(구어)

㉗ 틀림없다.
Il viendra ce soir. **J'en suis sûr**.
　　그는 오는 저녁에 올 겁니다. 틀림없어요[전 확신해요].
A : Es-tu bien sûr de m'avoir envoyé mes boîtes de livres?
B : **Tu peux en être certain**. Je te les ai envoyés conformément à tes instructions.
　　A : 정말로 내 책 상자들을 보낸 거야?
　　B : 믿어도 된다니까. 자네 지시대로 보냈어.

▶▶ 그것은 의심의 여지가 없습니다.
Il a gagné la course. **Cela ne fait aucun doute**.
　　그는 경주에 이겼습니다. 그것은 의심의 여지가 없습니다.

▶▶ 틀림없이
Il viendra **à coup sûr**.　그는 틀림없이 올 것이다.
Elle partira demain **sans nul doute**.　그녀는 확실히 내일 떠날 것이다.
Je le ferai **sans faute**.　나는 틀림없이 그것을 할 것이다.

㉘ …와 언쟁하다.
Il **se chamaille avec** tout le monde.
　　그는 아무하고나 다툰다.

Arrêtez donc de **vous quereller**!
  이제 좀 서로 언쟁을 그만 두시오!

Je ne veux pas **me disputer avec** vous **sur** cette affaire.
  나는 이 문제에 대해 당신과 언쟁하고 싶지 않습니다.

▶▶ 그 점에 관해서 길게 이야기 하지 맙시다.
  Glissons là-dessus.

㉙ 나도 그래.

A : J'en ai marre de ce travail.

B : **De même[Idem]**.
  A : 난 이 일에 진저리가 나.
  B : 나도 마찬가지야.

A : J'ai voté pour Nicolas Sarkozy.

B : Et **moi aussi[moi de même]**.
  A : 난 니꼴라 싸르꼬지를 찍었어.
  B : 나도 그랬어.

A : Il exagère toujours. Je ne l'aime pas.

B : **Moi non plus**.
  A : 그는 항상 과장된 말[행동]을 해. 난 그를 좋아하지 않아.
  B : 나도 그를 좋아하지 않아.

㉚ 당신도요.

A : Je vous souhaite une bonne année!

B : **À vous de même[À vous pareillement]**!
  A : 새해 복 많이 받으세요!
  B : 당신도요!

㉛ 정말 그래요!

A : Je pense que tu as besoin d'un peu de repos.

B : **Vous l'avez dit!**

A : 넌 약간의 휴식이 필요한 것 같구나.
B : 정말 그래요.

A : Il a le nez de travers.
B : **(Cela est) bien vrai!**
 A : 그는 코가 비뚤어졌군.
 B : 그러게 말씀입니다.

㉜ 전[제겐] 좋습니다.

A : On part à 9 heures du matin.
B : **Cela me va bien**.
 A : 아침 9시에 떠납니다.
 B : 전 좋습니다.

A : Si on déménageait?
B : **Cela m'arrange (à bien des égards)**.
 A : 이사를 하면 어떨까?
 B : 내겐 (여러모로) 좋지.

A : Je vous l'enverrai en lettre recommandée.
B : **Cela ferait mon affaire**.
 A : 등기 우편으로 보내드리겠습니다.
 B : 제겐 좋습니다.

㉝ …일까 염려되다.

J'ai bien peur que nous n'arrivions en retard.
 우리가 늦게 도착하게 될까봐 무척 염려됩니다.

A : Viendras-tu demain?
B : **J'ai bien peur que non**. Je serai en voyage d'affaires.
 A : 자네 내일 올 건가?
 B : 좀 무리일 것 같아. 출장으로 없을 테니까 말이야.

A : **Je crains qu'**il y ait une erreur.
B : C'est bien dommage! On n'a que très peu de temps.
 A : 뭔가 착오가 있는 것 같아.

B : 참 유감이로군! 시간이 거의 없다시피 한데 말이야.

▶▶ …를 두려워하다.

Tout le monde **a peur de** lui. 모든 사람이 그를 무서워한다.

---

34 …라는 게 사실입니까?

A : **Est-il vrai que** tu as trouvé un boulot?
B : Mais oui!
　A : 자네 일을 구했다는 게 사실이야?(비인칭)
　B : 그렇다네!

---

35 …을 장담합니다.

Je vous parie que Se-Ri Pak gagne. 박세리가 꼭 이길 겁니다.
Je vous affirme que c'est vrai. 그게 사실이라고 장담합니다.
A : Il m'a promis de venir à l'heure.
B : Mais **je te jure qu'**il ne viendra pas.
　A : 그가 제 시간에 오겠다고 약속했어.
　B : 하지만 그는 절대로 안 올 거야.

---

36 그렇게 해도 지장없다.

Il n'y a pas de mal à cela.

---

37 …하기 어렵다.

Il est difficile de se détromper. 잘못을 깨닫는 것은 어렵다.(비인칭)
Il est difficile que je vous suive. Vous parlez trop vite.
　나는 당신 말을 알아들을[이해할] 수가 없습니다. 말을 너무 빨리 하십니다.(비인칭)
J'ai **du mal**[**de la peine**] à répondre à cette question.
　난 이 질문에 대답하기가 어렵다.

---

38 …이 필요하다.

J'ai besoin de gagner beaucoup d'argent.
  나는 돈을 많이 벌 필요가 있다.

Il me faut[J'ai besoin de] deux ouvriers pour ce travail.
  이 일을 하기 위해 두 사람의 일꾼이 필요합니다.

Elle a besoin que vous l'aidiez. 그녀는 당신의 도움이 필요합니다.

Il est besoin[nécessaire] de travailler même ce dimanche.
  이번 일요일에도 일을 할 필요가 있다.(비인칭)

Il est besoin[nécessaire] que vous preniez du repos.
  당신은 좀 쉬셔야 할 필요가 있습니다.(비인칭)

㊴ …이 필요가 없다.

Il n'est pas besoin[nécessaire] de lui offrir un cadeau.
  그에게 선물을 할 필요가 없다.(비인칭)

Il n'est pas besoin[nécessaire] que vous veniez en personne.
  당신이 직접 오실 필요가 없습니다.(비인칭)

Il est inutile de m'attendre. 날 기다릴 필요가 없습니다.(비인칭)

Il est inutile que tu te moques de lui. 자네는 그를 놀릴 필요가 없네.(비인칭)

㊵ 그런데는 전혀 관심이 없어요.

C'est le cadet de mes soucis.

▶▶ 난 아무것에도 관심이 없다.

Je n'ai le coeur à rien.

㊶ 잘되어 가다.

A : Son projet a échoué.
B : Pourquoi n'a t-il pas **marché**?
  A : 그의 계획이 성공하지 못했어.
  B : 왜 잘 안 됐지?

Le terrorisme ne **marche** pas dans notre pays.
  우리 나라에서는 테러가 성공하지 못한다.

▶▶ 그렇게 할래?

A : Et puis après, on va se partager la rançon. **Tu marches?**

B : Non, **je ne marche pas**!

   A : 그리고 나선 몸값을 서로 나누는 거야. 어때 그렇게 할래?

   B : 아니, 난 싫어!

▶▶ 효력이 있다.

Ce médicament ne **marche** pas. J'ai toujours mal à l'estomac.

   이 약은 효력이 없어. 여전히 위가 아픈 걸.

㊷ 이러시면 안 되는데.

A : Monsieur Durand. C'est un cadeau pour vous!

B : **Vous n'auriez pas dû**. Merci beaucoup.

   A : 뒤랑 씨. 당신께 드리는 선물입니다!

   B : 이러시면 안 되는데. 대단히 감사합니다.

A : Bonne Anniversaire, Isabelle! Tiens!

B : Une bague d'or! **Tu n'aurais pas dû**! Merci de tout mon coeur.

   A : 이자벨, 생일을 축하해! 자 이것 받으렴!

   B : 금반지네! 이러지 않아도 되는데 말이야! 진심으로 고마워!

▶▶ 진작 …했어야 하는데

C'est un hyopcrite. **J'aurais dû** lui prendre garde.

   그는 위선자야. 진작 그를 경계했어야 하는데.

㊸ 그건 아무래도 상관없습니다.

A : Nous avons manqué le train!

B : **Cela ne fait rien**. Il y en aura un autre dans cinq minutes.

   A : 기차를 놓쳤네!

   B : 상관없어요. 5분 있으면 다른 기차가 있을 거니까.

A : Il a répondu par un non bien sec.

B : **Peu importe[Qu'importe]**! On peut bien s'amuser sans lui.

   A : 그는 아주 쌀쌀하게 거절했어.

   B : 괜찮아! 그 없이도 우리끼리 즐겁게 보낼 수 있어.

A : Dois-je garder ce papier peint ou non?

B : **Cela n'a pas la moindre importance.**

  A : 이 벽지를 보관해둬야 할까, 말까?
  B : 그건 아무래도 상관없어.

▶▶ 그건 마찬가지다.

C'est tout comme.(구어)

C'est du pareil au même. 그것은 완전히 꼭 같은 것이다.(속어)

Cela revient au même. 그것은 결국 마찬가지 이야기가 된다.

㊹ 그게 …와 무슨 상관이죠?

A : Dans un mois, il y aura une foire aux chevaux.

B : **Qu'est-ce que cela vous fait[Est-ce que ça vous regarde]?**

  A : 한 달 후에 말 시장이 있을 거래.
  B : 그것이 당신과 무슨 상관이죠?

A : Quelle heure est-il maintenant?

B : **Qu'est-ce que ça te fiche?**

  A : 지금 몇 시니?
  B : 그게 너한테 무슨 상관이냐?(속어)

A : Il compte se divorcer d'avec sa femme.

B : **Qu'est-ce que cela me fait[Que m'importe]?**

  A : 그는 자기 아내랑 이혼할 작정이야.
  B : 그게 내게 무슨 상관이지?

㊺ 제겐 상관없어요.

Je n'y vois pas d'inconvénient.

A : Il n'y a plus de café. On prend du thé?

B : **Cela m'est bien[parfaitement] égal.**

  A : 커피가 없네요. 홍차를 마실까요?
  B : 어느 쪽이든 전 전혀 상관 없어요.

A : Où va-on maintenant - au café ou au restaurant?

B : **Peu m'importe!** Je te laisse le choix.

A : 이제 우리 어디로 갈까? 까페에 갈까 아니면 레스또랑에 갈까?
B : 난 아무래도 상관없어! 네게 그 선택을 맡길게.

A : Est-ce que la fumée de ma cigarette vous dérange[gêne]?
B : Non. **Cela ne me dérange[gêne] pas.**
   A : 제 담배 연기가 싫으신가요?
   B : 아뇨, 제겐 상관없는데요.

㊻ 난 전혀 개의치 않아!

Je m'en soucie comme de l'an quarante!

Je m'en soucie comme de ma première chemise!

A : Elle est très fâchée que tu n'aies pas tenu ta parole.
B : **Je m'en fous[Je m'en fiche]!**
   A : 네가 약속을 안 지켜서 그녀가 몹시 화났어.
   B : 내가 알 게 뭐야!(속어)

▶▶ …에 개의치 않는다.

Elle **ne se soucie pas qu'**on la regarde ou non.
   그녀는 사람들이 자기를 보건 말건 개의치 않는다.

Je **me fous complètement de** ce qu'il pense.
   난 그가 무엇을 생각하든 전혀 개의치 않아.(속어)

Il **se fiche de** ce qu'elle a fait avant de le rencontrer.
   그는 그녀가 자기를 만나기 전에 무엇을 했든 전혀 개의치 않는다.(속어)

㊼ 참견하다.

Sa soeur **se mêle** toujours **de** ses affaires.
   그녀의 언니는 그녀의 일에 노상 참견한다.

Il **fourre[met] son nez dans** les affaires d'autrui.
   그는 남의 일에 함부로 참견한다.

▶▶ 그는 무엇에든지 주책없이 끼어들려고 한다.

Il se fourre partout.

Il fourre son nez[le doigt] partout.

Il est de tous écots.

Il ne trouve rien de trop chaud ni de trop froid.

▶▶ 남의 일에 관여 마시오!

Parlez à votre écot!

Je ne vous demande pas l'heure.

Je ne t'ai pas demandé ton âge! (속어)

---

(48) 내가 나설 계제가 아니다.

Ce n'est pas à moi de m'en mêler.

---

(49) 쓸데없이 참견하네!

A : Combien touchez-vous par mois?

B : **De quoi vous mêlez-vous?**
　A : 한 달에 월급을 얼마나 받으십니까?
　B : 쓸데없이 참견하시지 마시오.

A : Je pense que vous devez vous marier avec elle.

B : **Mêlez-vous de vos affaires[de ce qui vous regarde]!**
　A : 나는 당신이 그녀와 결혼을 해야 한다고 생각합니다.
　B : 당신 걱정이나 하시오!

▶▶ 네 걱정이나 해라!

Occupe-toi de ce qui te regarde!

▶▶ 상관[걱정] 마라!

(Ne) t'occupe pas! (속어)

---

(50) 네가 알 바 아니다.

Pourquoi ne vient-il pas? **Cela ne te regarde pas.**
　왜 그가 안 오느냐고? 그건 네가 알 바 아니다.

Ceci ne te concerne pas.　이건 자네가 알 바 아니야.

Cela ne te touche en rien.　그건 자네와 전혀 무관한 일이다.

Ceci n'est pas ton affaire. 이건 자네가 참견할 일이 아니야.
Ça, c'est mon affaire. 그건 자네가 참견할 일이 아니야.

---

51 그래서 어떻다는 거지?

A : J'ai entendu dire que tu as acheté une nouvelle voiture.
B : Oui. **Mais qu'est-ce que cela fait?**
    A : 자네 새 차를 구입했다고 들었네.
    B : 그래. 그런데 그게 어떻다는 거야?

A : Demain, c'est dimanche.
B : **Eh bien, et puis après?** Nous devons travailler quand même.
    A : 내일은 일요일이야.
    B : 그래, 그게 어쨌단 말이지? 어쨌든 우린 일을 해야 되는 걸.

A : Je n'ai plus d'argent.
B : **Et alors[Alors quoi]?**
    A : 난 더 이상 돈이 없어.
    B : 그래서 어떻다는 거지?

---

52 더 이상 뭘 어쩌란 말이야?

A : Est-elle encore fâchée contre toi?
B : Oui. Je lui ai déjà présenté mes excuses. **Que puis-je faire de plus?**
    A : 아직도 그녀는 네게 화가 나 있니?
    B : 응. 이미 사과를 했는데 더 이상 뭘 어쩌란 말이야?

---

53 …할 수 있다면 좋으련만!

Je voudrais bien retourner chez moi!
    고국에 돌아갈 수 있다면 얼마나 좋을까!

▶▶ **…했더라면 좋았을 것을!**

J'aurais bien voulu voir cela!
    그걸 볼 수 있었더라면 좋았을 것을!

CHAPITRE 03
생각 · 충고 · 습관 · 집착

① 생각하다.

Je **pense à** elle maintenant. 나는 지금 그녀를 생각하고 있어.
Elle **songe à** ce que son amie lui a dit.
　그녀는 자기 친구가 한 말을 생각해 보고 있다.
Je **pense[crois/trouve/estime/juge] qu'**elle en a besoin.
　난 그녀가 그것을 필요로 한다고 생각한다.

② …을 …으로 생각[간주]하다.

Je **considère** Philippe **comme** mon ami. 나는 필립을 내 친구로 생각한다.
Je **tiens** cette réponse **pour** son refus.
　나는 이 대답을 그의 거절로 간주한다.
Il **prend** son frère **pour** un imbécile. 그는 자기 동생을 바보로 여긴다.

③ …할 생각[작정]이다.

Je **pense[compte/songe à]** partir demain. 나는 내일 떠날 생각이다.

④ (…에 대해) 어떻게 생각하세요?

A : **Que dites[pensez]-vous de** ce tableau?
B : Je le trouve superbe.

A : 이 그림 어떻게 생각하세요?
B : 멋지다고 생각해.

A : Je trouve qu'il joue très mal. **Qu'en dites[pensez]-vous?**
B : Terrible!
    A : 난 그가 연주를 굉장히 못한다고 생각해요. 어떻게 생각하세요?
    B : 끔찍해요!

---

5 소감은요?

A : **Quelle impression vous a-t-il faite?**
B : J'ai eu l'impression qu'il était sincère.
    A : 그에 대한 당신의 소감은 어떠신가요?
    B : 그가 성실하다는 인상을 받았습니다.

A : **Quelle est votre impression sur** ce projet?
B : Magnifique! C'est vraiment épatant!
    A : 이 계획에 대한 당신의 소감은요?
    B : 훌륭합니다! 정말로 멋져요!

---

6 왜 그렇게 생각하죠?

A : Il doit être très riche.
B : **Pourquoi dites-vous cela?**
A : Sa voiture est une Rolls-Royce.
    A : 그는 부자임에 틀림없어요.
    B : 왜 그렇게 생각하시죠?
    A : 그의 차가 롤스로이스거든요.

A : Je ne pense pas qu'il puisse le faire.
B : **Qu'est-ce qui vous fait penser cela?**
A : Il est paresseux.
    A : 나는 그가 그것을 할 수 있다고 생각지 않습니다.
    B : 왜 그렇게 생각하시죠?
    A : 그는 게으르거든요.

❼ …에 대해 생각[숙고]하다.

A : Est-ce que vous avez décidé de nous rejoindre?
B : Non, pas encore. **J'y réfléchirai** un peu plus.
A : Bon! **Réfléchissez-y bien!**

    A : 우리와 합류하기로 결정하셨나요?
    B : 아니요, 아직 못했습니다. 조금 더 생각해 보겠습니다.
    A : 좋습니다! 잘 생각해 보십시오!

Je vais **réfléchir à[sur]** ce qu'il m'a proposé.
    나는 그가 내게 제안한 것에 대해 숙고해 볼 것이다.

Elle est en train de **songer au** conseil qu'on lui a donné.
    그녀는 사람들이 자기에게 충고한 것에 대해 숙고하고 있는 중이다.

Nous devons **aviser à** notre avenir.   우리의 미래를 생각해 봐야 한다.

Elle **délibère sur** sa proposition.
    그녀는 그의 제안에 대해 숙고하고 있다.

Il **pèse** chaque chose à la balance.   그는 매양 심사숙고한다.

▶▶ **잘 생각해 봤는데**

  (Toute) réflexion faite, je ne viendrai pas chez lui.
    잘 생각해 봤는데, 난 그의 집에 가지 않을 것이다.

▶▶ **생각할 시간을 주시오.**

  A : Il est temps de vous décider. Quelle solution voulez-vous prendre?
  B : **Laissez-moi le temps de réfléchir**, s'il vous plaît.
  A : Entendu! **Songez-y bien!**

    A : 결정을 할 시간입니다. 어떤 해결책을 택하실 겁니까?
    B : 생각할 시간을 주십시오.
    A : 좋습니다! 잘 생각해 보십시오!

▶▶ **생각을 좀 해 보세요!**

  Réfléchissez un peu!

▶▶ **한번 더 생각해 보십쇼.**

  Regardez-y à deux fois avant d'accepter ce travail.
    그 일을 받아들이기 전에 한 번 더 잘 생각해 보십쇼.

8 …을 검토하다.

Vous devez **examiner[étudier]** cette question sur toutes ses faces.
당신은 이 문제를 모든 국면에서 검토해야만 합니다.

9 …을 참작[고려]하다.

Tu dois **tenir compte de** sa situation de famille.
넌 그의 가족 상황을 고려해야만 해.

On doit **prendre** le frais d'entretien **en considération**.
우리는 유지비를 고려해야만 해.

10 …하느라 골 싸매고 생각하다.

Elle **se casse la tête à** se rappeler son nom.
그녀는 그의 이름을 기억하느라고 골 싸매고 생각하는 중이다.

11 말이 났으니 말인데

A : On l'a désigné pour diriger cette mission.
B : **À ce propos[À propos]**, qu'est-ce qu'on peut faire pour l'assister?
　A : 이 사절단을 인솔하도록 그가 선임되었다네.
　B : 말이 났으니 말인데요, 그를 보좌하기 위해서 저희가 무엇을 할 수 있을까요?

12 …에게 …을 생각나게 하다.

Les photos **lui ont rappelé** son passé.
그 사진들이 그에게 지난 날을 생각나게 했다.

Cet enfant **me rappelle** son grand-père.
그 애를 보면 그 애 할아버지 생각이 난다[할아버지를 닮았다].

A : Il y a une montre. **Est-ce que cela vous rappelle[dit]** quelque chose?
B : Oui. C'est la montre de mon mari.
　A : 여기 시계가 있습니다. 그걸 보니 뭐 생각나는 것 있으신가요?
　B : 네. 그것은 제 남편의 시계입니다.

⑬ …을 생각해내다.

Si vous **trouverez** une bonne idée, faites-moi le savoir.
좋은 생각이 나시면, 내게 알려 주시오.

Je n'ai pas encore **trouvé** une bonne solution pour ce problème.
나는 이 문제에 대한 좋은 해결책을 아직 생각해내지 못했다.

Il cherche à **rencontrer** un mot juste.
그는 정확한 말을 생각해 내려고 애쓴다.

⑭ …이 생각난다.

Il me vient l'idée que sa femme lui a téléphoné.
그의 아내가 그에게 전화했던 것이 생각난다.(비인칭)

Il me vient à l'esprit que j'ai un rendez-vous à 2 heures.
2시에 약속이 있는 것이 생각난다.(비인칭)

L'idée m'est venue de l'acheter.
그것을 살 생각이 들었다[사고 싶어졌다].

L'idée m'est venue que son père habitait près d'ici.
그의 아버지가 이 근처에 살았다는 것이 생각났다.

▶▶ 설마 …이라곤 생각 못했다.

L'idée ne m'est jamais venue à l'esprit qu'elle me jouerait un bon tour.
나는 그녀가 내게 골탕을 먹일 거라곤 전혀 생각지도 못했다.

⑮ …라고 생각되다.

Il me paraît que vous avez raison.
당신이 옳다고 생각되는군요.(비인칭)

Il me semble que vous vous trompez d'heure.
당신이 시간을 잘못 알고 있다고 생각됩니다.(비인칭)

J'ai l'impression qu'il fera beau cet après-midi.
오늘 오후에 날씨가 좋을 거라고 생각되는군요.

16 …을 기억하다.

Je **me rappelle[me souviens de]** son nom.
나는 그의 이름을 기억한다.

Il **s'est rappelé[s'est souvenu d']** avoir lu le livre.
그는 그 책을 읽었던 것을 기억했다.

Je **me rappelle[me souviens] que** vous avez dit cela.
나는 당신이 그런 말을 한 것을 기억합니다.

---

17 (이름·날짜·제목 등이) 생각나지 않다.

A : Je sais que tu l'as déjà rencontré!
B : Mais son nom **m'échappe**.
  A : 네가 이미 그를 만난 적이 있다는 걸 알아!
  B : 그런데 그의 이름이 생각나지 않네.

▶▶ …이 입에서 나올 듯 나올 듯하면서도 안 나오다.

J'ai le titre de ce film **sur le bout de la langue**.
이 영화 제목이 생각이 날 듯 말 듯 입에서 뱅뱅 도는데.

J'ai le mot **sur les lèvres**.
그 말이 입에서 맴돈다.

J'ai son nom **sur le[au] bord des lèvres**.
그의 이름이 입에서 나올 듯 말 듯 하다.(구어)

---

18 뭘 얘기하려고 했는지 잊어버렸습니다.

A : Pardon! C'était le facteur.
B : Je t'en prie. Mais où en étions-nous? Oh! **J'ai perdu ma chaîne d'idées**.
  A : 미안해! 우체부였어.
  B : 괜찮아. 그런데 무슨 말을 하고 있었더라? 아! 뭘 얘기하려고 했는지 그만 잊어 버렸네.

▶▶ 중단했던 대화를 다시 계속하다.

Nous **avons repris** le fil de la conversation.
우리는 중단했던 대화를 다시 계속했다.

---

19 외우다.

Elle **sait** son numéro de téléphone **par coeur**.
그녀는 그의 전화번호를 외우고 있다.

Je **connais** le texte **par coeur**.   난 그 텍스트를 외어서 알고 있다.

J'ai **appris** une poèsie de Verlaine **par coeur**.
난 베를렌느의 시를 한 수 외웠다.

---

20 기억력이 좋다(나쁘다).

Elle **a une bonne (mauvaise) mémoire**.
그녀는 기억력이 좋습(나쁩)니다.

---

21 …을 잊어버리다.

J'ai déjà **oublié** son nom.
난 그녀의 이름을 이미 잊어버렸다.

Pourquoi **as**-tu **oublié de** lui donner cette lettre?
왜 너 그에게 이 편지 주는 걸 잊어버렸니?

J'**oublie** souvent qu'il n'y est plus là.
난 그가 더 이상 그곳에 없다는 사실을 종종 잊어버린다.

J'**en ai perdu le souvenir**.
난 그것을 잊어버렸다.

▶▶ 깜박 잊어버리다.

Quel est le nom de cette fleur? **Je l'ai complètement oublié**.
이 꽃 이름이 뭐더라? 그 이름을 깜빡 잊어버렸어.

Il m'a averti du danger mais **je n'y ai plus pensé**.
그는 내게 위험을 경고했었는데 난 그만 깜빡 잊고 있었어.

▶▶ 난 그 일을 까맣게 잊었다.

Cela m'est sorti de l'idée[la tête].

22 (물건을 놓고) 잊어버리다.

Il **a oublié** son parapluie dans le métro.
그는 지하철 속에 우산을 놓고 잊어버렸다.

23 도저히 …을 잊을 수가 없다.

Je **ne peux éffacer** son nom de ma mémoire.
난 그의 이름을 잊을 수가 없어요.

Je **n'arrive pas à chasser** Henri de mon esprit.
난 앙리를 잊을 수가 없어요.

24 그런 기억일랑 싹 잊어 버렸습니다!

C'est passé pour moi!

J'ai tourné la page!

J'en ai rejeté le souvenir!

▶▶ 신경[마음] 쓰지 마세요!

N'y pensez plus! C'est déjà fini.
그런 건 잊어버리시오! 이미 끝난 일이오.

25 …을 명심하시오!

N'oubliez pas que vous êtes étudiants.
여러분이 학생이라는 사실을 명심하시오.

Faites attention qu'il n'a que dix ans.
그가 열 살밖에 안됐다는 사실을 명심하시오.

Prenez bonne note de ce que je vous dis.
내가 말하는 것을 명심하시오.

Ayez[Prenez] à coeur toutes ces instructions.
이 모든 지시사항을 깊이 명심하시오.

▶▶ (교훈으로 삼아) 이것을 잊지 마라!

Mettez ça sur votre calepin. (구어)

26 (잊지 말고) 꼭 …하세요.

N'oubliez pas de fermer une porte à double tour.
문단속을 엄중히 하는 걸 꼭 잊지 마세요.

Ne manquez pas de la réveiller à 8 heures.
잊지 말고 그녀를 8시에 깨워 주세요.

Assurez-vous de réserver une place dans le train.
기차 좌석을 하나 꼭 예약하도록 하세요.

Quand tu sors, **assure-toi que** la porte est bien fermée.
나갈 때 문을 꼭 잘 잠그도록 해.

27 생각을 바꾸다.

Qu'est-ce qui vous a fait changer d'avis? 무엇 때문에 마음을 바꾸셨죠?

A : J'ai entendu dire que tu partirais pour Dijon. **As-tu changé d'avis?**
B : Je regrette! J'ai décidé d'y aller voir mes cousins.
   A : 디종으로 떠난다면서? 너 마음이 변했니?
   B : 미안해! 내 사촌들 보러 거기에 가려고 결정했어.

28 기분전환으로

Si on allait à la discothèque **pour changer**?
기분전환으로 디스코텍에 갈까?

Quand elle a le cafard, elle dévalise les magasins **pour changer**.
그녀는 울적할 때면 기분전환으로 상점에서 물건을 듬뿍 쇼핑한다.

29 …을 상기시켜야 되겠어요?

A : Madame Séguin, **dois-je vous rappeler que** le travail commence à 9 heures pile?
B : Excusez-moi, Monsieur Mittérand. J'étais prise dans un embouteillage.
   A : 세갱 부인, 9시 정각에 일이 시작된다는 걸 모르시는 겁니까?
   B : 죄송합니다, 미떼랑 씨. 교통체증으로 꼼짝달싹할 수가 없었습니다.

30 누가 그런 생각을 했겠어요?

Qui aurait pu penser qu'elle finirait par devenir une actrice?
그녀가 마침내 여배우가 되리라고 그 누가 알았겠어요?

A : Il y a un distributeur automatique qui sert du cocktail dans un verre!

B : **Qui l'aurait dit?**

　　A : 유리컵에 칵테일을 넣어주는 새로운 자판기가 나온 거 있지!
　　B : 전혀 믿을 수가 없네.

31 생각할 수 없는 일이다.

C'est inconcevable[impensable]!
그건 도저히 생각조차 할 수 없는 일이야!

Il est inconcevable[impensable] de le choisir pour[comme] président.
그를 의장으로 뽑는다는 것은 생각할 수도 없는 일이다. (비인칭)

32 결심하다.

Je ne **me suis** pas encore **décidé**.
난 아직 결정을 하지 못했다.

A : De quel côté je dois aller? Je ne peux pas me décider.

B : **Décidez-vous donc!** Je suis à bout de patience.

　　A : 어느 쪽으로 가야 하나? 결단을 내릴 수가 없네.
　　B : 결정을 좀 하시죠! 전 더 이상 참을 수가 없습니다.

▶▶ …하기로 결심하다.

A : Elle **a décidé de** prendre l'avion. Et vous?

B : J'ai enfin **décidé de** prendre le bateau.

　　A : 그녀는 비행기를 타기로 결심했어요. 당신은요?
　　B : 저는 마침내 배를 타기로 결심했습니다.

Elle **a résolu de** lutter contre la famine.
그녀는 기아에 대항해 싸울 각오를 했다.

Je **me suis résolu à** perdre du poids.　난 체중을 줄일 결심을 했다.

Ce n'est pas facile de **prendre la résolution** d'aller vivre à l'étranger.
외국에 가서 살 결심을 하는 건 쉬운 일이 아니다.

㉝ …하도록 무슨 짓이라도 할 거다.

A : Elle ne veut plus de toi, j'en suis sûr!
B : Mais **je ferais tout pour** la faire me revenir.
  A : 그녀는 널 더 이상 원치 않아, 틀림없다니까!
  B : 하지만 난 무슨 짓을 해서라도 그녀가 내게 돌아오게 만들 거야.

▶▶ **(목적을 위해) 무슨 짓이라도 한다.**

Il **est prêt à tout**. 그는 무슨 짓이라도 할 판이다.
Il **emploie le vert et le sec**. 그는 온갖 수단을 다 쓴다.(구어)
Il **vend ses père et mère**. 그는 어떤 일도 꺼리지 않는다.

㉞ 조심하세요!

Attention!
Faites attention!
Prenez garde!

▶▶ **조심해!**

Fais gaffe!(속어)
Pet!
Casse-cou!(*술래잡기에서)

▶▶ **…을 조심하세요!**

Attention[Faites attention/Gare] à la peinture! 페인트칠 주의!

▶▶ **…않도록 조심[유의]하세요!**

Attention[Faites attention/Gare] **à ne pas** recommencer une telle sottise! 난 그런 바보짓을 다시 하지 않도록 조심해요!
Prenez garde de ne pas tomber. 넘어지지 않게 조심하세요.
Ayez[Prenez] soin de ne pas tacher votre veste blanche.
  당신의 흰색 상의를 더럽히지 않게 유의하세요.
Veillez à ne pas brûler le feu rouge. 붉은 신호등을 위반하지 않도록 유의하세요.

▶▶ 위험하다고 소리치다.
Il a crié gare[casse-cou]. 그는 위험하다고 소리쳤다.

㉟ 말조심하세요!

Surveillez votre langage!

A : Il y a trop d'étrangers chez nous. C'est à cause d'eux qu'on n'a plus de boulot!

B : **Surveille ta langage!** Tu es de l'extrême droite ou quoi?

   A : 우리 나라엔 외국인들이 너무 많아. 더 이상 우리 일자리가 없는 게 바로 그들 때문이야!

   B : 말조심해! 너 극우파야 뭐야?

▶▶ 말을 삼가서 해!
Pèse bien tes mots!

㊱ 조용히 하세요!

Taisez-vous!

(Faites) silence!

Du silence!

▶▶ 시끄러워[닥쳐]!(속어)

Ferme-la!

La ferme!

(Ferme) ta geule!

(Ferme) ta boîte!

(Mets-y) un bouchon!

Ta bouche!

Ta bouche, bébé, tu auras une frite!

Paix!

La paix!

Fiche-moi la paix!

Fous-moi la paix!(비어)

▶▶ …을 침묵시키다.

Il **a imposé silence à** ses élèves. 그는 학생들을 침묵시켰다.

Elle **a mis un bouchon à** son mari. 그녀는 남편의 입을 다물게 했다.(속어)

---

37 말을 참다.

Il m'a demandé de glisser un mot à son oreille, mais j'**ai tenu ma langue**.
   그는 자기에게 살며시 귀띔해달라고 했지만, 난 말을 하지 않았다.

C'est un homme très discret. Il sait **tenir sa langue**.
   그는 비밀을 잘 지키는 사람이다. 그는 (해선 안 될) 말을 참을 줄 안다.

J'avais envie de lui dire que je l'aimais. Mais je **me suis mordu la langue**. 난 그에게 사랑한다고 말하고 싶었지만, (하고 싶은) 말을 참고 말았다.

▶▶ 지껄이고 싶어 못 견디다.

La langue lui démange. 그는 지껄이고 싶어 못 견딘다.(구어)

---

38 뒤를 조심해!

A : Olivier, **gare derrière**!
B : Merci. Ce vélo-là a failli me heurter.
   A : 올리비에, 뒤를 조심해!
   B : 고마워. 저 자전거가 하마터면 나랑 부딪칠 뻔했네.

---

39 …하곤 했다.

Autrefois je fumais, mais je ne fume plus.
   저는 예전엔 담배를 피웠는데, 이젠 피우지 않습니다.

Voici le parc où je jou**ais autrefois**.
   여기가 바로 제가 예전에 놀던 그 공원입니다.

---

40 …에 습관이 되다[익숙해지다].

Je **suis habitué**[**accoutumé**] **à** travailler la nuit.
   난 밤에 공부하는 것에 익숙하다.

Il **s'est habitué[s'est accoutumé] à** sa méchanceté.
그는 그녀의 심술궂음에 익숙해져 있다.

Ma secrétaire n'est pas encore **rodée à** son travail.
내 여비서는 아직 자기 일에 익숙해져 있지 않다.

Il n'y a pas de quoi t'inquiéter. Tu **te feras à** la culture japonaise à la longue. 걱정할 것 없어. 넌 결국 일본 문화에 익숙해지게 될 거야.

㊶ …하는 습관이 있다.

Il **a l'habitude de** se ronger les ongles.
그는 손톱을 깨무는 습관이 있다.

Elle **se fait une habitude de** faire la lessive le soir.
그녀는 빨래를 저녁에 하는 버릇이 있다.

Mon ami **a coutume de** dire que tout est bien qui finit bien.
내 친구는 끝이 좋으면 모든 것이 좋다라고 말하는 습관이 있다.

▶▶ 자신의 …하는 습관을 고치다.

Tu dois **te corriger[te défaire] d'une habitude de** mentir.
너는 거짓말 하는 버릇을 고쳐야만 한다.

㊷ …하는 것을 자기의 규칙으로 삼다.

Elle **se fait une règle de** se coucher de bonne heure.
그녀는 일찍 잠자리에 드는 것을 자기의 방침으로 삼고 있다.

Je **me fais une loi de** ne pas graisser la patte à quiconque.
난 어느 누구에게건 뇌물을 주지 않는 것을 규칙으로 삼고 있다.

▶▶ …하는 것이 규정으로[관례가] 되어 있다.

Il est de règle de n'accepter que le liquide dans notre magasin.
우리 상점에서는 현금만을 받는 것이 규정으로 되어 있습니다.(비인칭)

㊸ …을 길들이다.

Il a essayé d'**habituer[accoutumer]** ses enfants **à** se lever tôt.
그는 자기 아이들을 일찍 일어나게 길들이려고 노력했다.

Elle a l'étoffe d'une actrice. Je vais l'**entraîner**.
그녀는 여배우가 될 소질이 있어. 내가 잘 길들여 볼게.

J'ai acheté une nouvelle voiture, et je vais la **roder**.
난 새 자동차를 샀는데, 길을 들이려고 해.

Il **dresse[apprivoise/entraîne]** les animaux de cirque.
그는 서커스의 동물들을 길들인다.

㊹ …하는 것에 집착하다.

Elle **s'attache à** garder sa forme.
그녀는 몸매 유지에 집착[전념]한다.

▶▶ **…에 애착을 가지다.**

Il **s'attache** surtout **à** son ordinateur.
그는 특히 자기 컴퓨터에 애착을 가지고 있다.

A : Est-ce que tu n'en as pas marre de ce truc-là?
B : Je **suis** très **attachée à** cette blouse, je ne peux pas la rejeter.
  A : 넌 이놈의 물건이 지겹지도 않니?
  B : 난 이 블라우스에 너무 정이 들어서, 그걸 버릴 수가 없어.

▶▶ **…에 달라붙다.**

Sa robe mouillée **s'attache à[se colle sur]** sa peau.
그녀의 젖은 원피스가 그녀의 피부에 달라붙는다.

㊺ …하는데 골몰하다.

Son mari **se préoccupe de** gagner beaucoup d'argent.
그녀의 남편은 돈 많이 버는 것에 몰두하고 있다.

▶▶ **…에 골몰하다.**

Il **s'est absorbé dans** la lecture de son journal.
그는 신문을 읽기에 여념이 없다.

Elle **s'est emportée à[jusqu'à]** son travail.
그녀는 자기 일에 골몰해 있다.

46 당신의 주된 관심사가 뭔가요?

Quelle est votre préoccupation principale?

Ma seule et unique **préoccupation** est de trouver une bonne situation.
나의 유일무이한 관심사는 좋은 직장을 찾아내는 겁니다.

---

47 (사람) …에게 관심을 가지다.

Il **s'intéresse** trop à elle.
그는 그녀에게 지나치게 관심이 많다.

Quoi? Christophe **porte intérêt à** Nicole? C'est un scandale!
뭐라고? 크리스토프가 니꼴에게 관심을 가진다고? 그건 정말 말도 안 돼!

▶▶ (사물) …에 흥미를 느끼다.

Je **m'intéresse à** tous ses ouvrages.
나는 그의 모든 작품에 흥미를 느낀다.

Il **prend de l'intérêt à** ce qu'elle fait.
그는 그녀가 하는 것에 흥미를 느낀다.

▶▶ (사람이나 사물이) …의 관심을[흥미를] 끌다.

Cet ouvrage **m'intéresse**.
나는 이 작품에 관심이 있다.

Elle **m'intéresse** peu.
그녀에 대해서 나는 별 관심이 없다.

Il ne **me dit** pas grand-chose.
나는 그에게 별로 관심이 없다.

Ces chose-là ne **me disent** rien.
나는 이것들에 아무런 흥미가 없다.

CHAPITRE 04
인식 · 감각 · 추측

1 알아듣겠어요?

A : Ne me ripostez jamais plus. **Vous y êtes?**

B : Oui, **j'y suis**.
    A : 두 번 다시 나한테 말대꾸하지 마시오. 알겠소?
    B : 네, 알겠습니다.

A : Tu dois y être à l'heure. **Est-ce clair?**

B : **Voilà qui est clair!**
    A : 자네 제 시간에 와야 하네. 알겠나?
    B : 잘 알았어!

A : Il ne faut pas fumer ici. **Est-ce bien compris[entendu]?**

B : Oui. **Compris[Entendu]!**
    A : 여기서는 담배를 피워서는 안 됩니다. 잘 알겠죠?
    B : 예. 잘 알겠어요!

A : C'est comme ça qu'il s'est passé. **Vous comprenez?**

B : Oui, **je comprends!** Ah, non! **Je ne (vous) comprend pas.** Qu'avez-vous dit?
    A : 그렇게 된 것입니다. 제 말 아시겠어요?
    B : 네, 알겠습니다! 아니, 아니요! 모르겠습니다. 죄송하지만 뭐라고 말씀하셨나요?

A : Vous n'êtes plus mon supérieur. **Vous vous en rendez compte?**

B : Et alors? Où veux-tu en venir exactement?

A : 당신은 더 이상 내 상사가 아닙니다. 아시겠어요?

B : 그래서? 그래서 대체 어쩌겠다는 거야?

---

② 내 말 알아듣고 계세요?

A : Il vous faut marcher tout droit. **Est-ce que vous me suivez?**

B : Oui, **je vous suis**.

    A : 곧장 걸어가셔야 합니다. 알아들으시겠어요?

    B : 네, 알겠습니다.

---

③ 딴생각을 하다.

Il a **l'esprit ailleurs**.   그는 딴생각을 한다.

Sa pensée était ailleurs.   그는 딴생각을 하고 있었다.

Elle **est dans la lune** maintenant.   그녀는 지금 멍하니 딴생각에 잠겨 있다.

▶▶ 그걸 모르다니 무슨 생각을 하고 있었소[도대체 어디서 온 사람이오]?

D'où sortez-vous?(구어)

---

④ 그럴 줄 알았어.

A : Est-ce que tu te rappelles la date de mon anniversaire?

B : Non.

A : **Je m'en doutais (bien)**.

    A : 내 생일 기억하니?

    B : 아니.

    A : 내 그럴 줄 알았어.

▶▶ 그럴 줄 몰랐어.

A : Elle va se marier avec un homme agé de 65 ans.

B : **Je ne m'en doutais pas du tout**.

    A : 그녀는 65살난 남자와 결혼할 거래.

    B : 전혀 그럴 줄 몰랐어.

▶▶ 난 꿈에도 생각하지 않았다.

Je ne me doutais de rien.

5 (취지를) 알겠어?

A : Il vient de New York ce soir. **Tu me comprends?**
B : Oui. Il me faut donc tout préparer pour bien l'accueillir.
  A : 그는 오늘 저녁 뉴욕에서 와. 무슨 말인지 알겠어?
  B : 응. 그러니까 난 그를 잘 맞이하도록 모든 준비를 해야겠지.
A : Pour cet emploi, il faut quelqu'un d'expérimenté. **Piges-tu ce que je dis?**
B : Mais certainement. C'est pourquoi qu'on doit le choisir.
  A : 이 직책에는 노련한 사람이 필요하네. 내 말 알아듣겠나?
  B : 암 물론이지. 바로 그래서 우리는 그를 선택해야만 하는 거지.

6 …라는 느낌[인상]을 받다.

J'ai l'impression qu'on n'est pas bienvenu ici.
난 우리가 여기서 환영받지 못하는 느낌을 받아.

7 …에 대해 잘 알고 있다.

Il **est calé sur[en]** l'automobile.
  그는 자동차에 대해 통달하고 있다.
Il **est au courant de** tout ce qui se passe dans cette ville.
  그는 이 도시에서 일어나는 일에 대해서 잘 알고 있다.
Elle **est bien informée de** ta situation de famille.
  그녀는 네 가족상황에 대해 잘 알고 있다.
Il **est au fait de** ce quartier.
  그는 이 구역에 대해서는 잘 알고 있다.
Elle **s'y entend[s'y connaît]**.   그녀는 그것에 정통하다.
Il **sait[connaît]** son métier.   그는 자기의 일을 잘 알고 있다.
Il **sait[connaît]** cette matière **sur le bout du doigt**.
  그는 그 주제를 속속들이 알고 있다.
Il **sait le court et le long de** cette affaire.
  그는 그 사건의 자초지종을 자세히 알고 있다.

▶▶ 속속들이 잘 알고 있다.

Mr. Cardin **est à la page**. 까르뎅 씨는 사정에 정통하다.

Elle **la connaît (dans les coins)**. 그녀는 속속들이 알고 있다.(속어)

▶▶ 그 사람(그것)이라면 난 잘 알고 있다.

Je ne connais que lui(cela).

▶▶ 그것은 내가 잘 알고 있다.

Ça me connaît.

▶▶ …의 경과를 그때그때 잘 알다.

Elle **se met[se tient] au courant de** la dernière mode.
그녀는 그때그때 최신 유행을 잘 알고 있다.

8 나도 안다고!

A : Loin des yeux, loin du coeur!

B : **À qui le dis-tu!**

　A : 눈에서 멀어지면 마음에서도 멀어져!
　B : 나도 안다고!

9 누군들 알겠어?

A : Qu'est-ce qu'il va nous donner?

B : **Qui sait?**

　A : 그가 우리에게 뭘 줄까?
　B : 누군들 알겠어?

A : Réussira-elle à l'examen?

B : **Dieu seul le sait!**

　A : 그녀는 시험에 합격할까?
　B : 누군들 알겠어?

10 더 이상 말하지 마세요.

A : N'oubliez pas de finir ce travail avant lundi.

B : **Arrêtez donc!** Je sais ce que je dois faire.

A : 월요일 전까지 이 일을 꼭 끝내셔야 해요.
B : 더 이상 말하지 마시오! 내 할 일 내가 안단 말입니다.
A : Tu ne dois plus jamais lui écrire.
B : **Ça suffit!** Laisse-moi tranquille.
A : 너 그에게 다시는 편지 써서는 안 돼.
B : 더 이상 말하지 마! 날 좀 내버려 둬.

---

⑪ 설마 …하려는 건 아니겠죠.

Ne me dites pas que vous sortez à cette heure-ci.
이런 시각에 외출하려는 건 아니겠죠.

---

⑫ 그게 내가 하고픈 말이야.

A : Il est injuste qu'on le traite de menteur.
B : **C'est justement ce que je dis!**
A : 그를 거짓말쟁이라고 하는 건 부당한 일이야.
B : 정말 그래요!

▶▶ 내가 원했던 바가 바로 그것이었소.
C'est là que[C'est où] je voulais en venir.

---

⑬ 납득이 안가다.

Il est incompréhensible que son fils ne veuille plus jamais le voir.
그의 아들이 그를 두 번 다시 안 보려고 하다니 납득이 안가. (비인칭)

---

⑭ 내가 알 리가 없지요.

A : Est-ce que les Français ont déjà adopté ce système?
B : **Je ne saurais dire.** Pourquoi ne le demandes-tu pas à Paul?
A : 프랑스인들은 이미 이 시스템을 채택했을까?
B : 내가 알 리가 없지. 뽈에게 물어보지 그러니?

⑮ 그것은 …라는 것을 보여주는 거야.

A : Il a gaspillé tout son argent pour cette femme.

B : **Ce qui prouve qu'**il est tellement bête.
   A : 그는 그 여자를 위해 돈을 몽땅 탕진했어.
   B : 그가 너무나도 어리석다는 걸 보여주는 거지.

Et puis après, il a pris tous ses biens. **Ce qui prouve que** vous ne devez jamais faire confiance à un étranger.
   그리고 나서 그는 그녀의 전 재산을 빼앗았는데, 그건 절대로 낯선 사람은 믿어서는 안 된다는 걸 보여주는 것이지.

⑯ (사람을) 알다.

Je **connais** cette tête-là. 나 저 사람 알아.

Elle **le connaît de nom**. 그녀는 그를 이름만 알고 있다.

Il **la connaît de vue**. 그는 그녀를 안면만 알고 있다.

A : Est-ce que vous connaissez Bernadette?

B : **Je ne la connais que de nom**.
   A : 베르나데뜨를 아시나요?
   B : 이름만 들어서 알고 있습니다.

▶▶ 어디서 들어본 이름인데.

Il me semble reconnaître son nom.
   그의 이름은 어디서 들어본 것 같은데.(비인칭)

⑰ 제대로 못 들었어요.

A : Il m'a promis de me donner un coup de main. Mais il a trahi sa promesse.

B : Pardon! **Je n'ai pas entendu ce que vous disiez**.
   A : 그는 내게 도와주겠다고 약속했죠. 그리고선 약속을 어겼어요.
   B : 죄송합니다! 뭐라고 말씀하셨는지요.

▶▶ 뭐라고 말씀하셨습니까?

Plaît-il?(*되풀이해서 말해 주기를 바랄 때)

⑱ …을 알아차리다.

A : Est-ce qu'il **s'est rendu compte de** mon évasion?

B : Pas du tout. Je te dis qu'il n'y a pas de quoi t'inquiéter.

   A : 그가 나의 도주를 눈치챘어?

   B : 전혀 아니야. 걱정할 것 없다니까.

---

⑲ 전혀 모르겠다.

A : Où diable est-elle allée?

B : **Je n'en sais rien!**

   A : 도대체 그 여잔 어딜 갔지?

   B : 전혀 모르겠어!

A : Avez-vous trouvé une bonne solution?

B : Mais non. **Cela me dépasse!**

   A : 좋은 해결책을 찾았나요?

   B : 아니요. 전혀 모르겠어요!

A : As-tu une idée de ce qu'il va faire?

B : Non. **Je n'en ai pas la moindre idée[Je n'en ai aucune idée]!**

   A : 그가 무슨 일을 하려는지 감이 잡히니?

   B : 아니. 전혀 모르겠어!

---

⑳ 글쎄올시다.

A : Il est très compètent en matière de finance.

B : Eh bien, **je n'en suis pas sûr**.

   A : 그는 재정문제에 정통하답니다.

   B : 아, 글쎄올시다.

㉑ 이렇게 하죠.

Il ne peut se déplacer maintenant. Et **je vais vous dire[écoutez]**. Vous partez sans lui.

그는 지금 움직일 수가 없답니다. 그럼 이렇게 하죠. 당신들만 떠나시오.

㉒ 깨달은 바가 있겠지.

A : Il a perdu sa situation.
B : **Cela lui apprendra!** Il n'aurait pas dû passer son temps aux bêtises.
　A : 그는 직업을 잃었어.
　B : 깨달은 바가 있겠지. 그는 하찮은 일로 허송세월하지 말았어야 했어.

㉓ 어디 두고 보자.

Je vous retiens! 두고 보자[이 원한 잊지 않겠다]!
Vous aurez de mes nouvelles! 어디 두고 보자!
Vous ne perdez rien pour attendre.
　당신은 응분의 보수를 받고야 말거요.(*위협적)
Qu'est-ce que tu vas prendre! 너 혼난다!(구어)
Son compte est bon. 두고 봐 그를 혼내줄 테니까.
Ça ne se passera pas ainsi[comme ça]!
　이대로 있지는 않을 걸[톡톡히 본때를 보여 줄 테다]!

▶▶ …을 혼내 줘야겠다.

Quoi? Il a dit du mal de moi? Je **lui en dois**.
　뭐라고? 그가 나에 대해 나쁘게 말했다고? 그를 혼내 줘야겠군.

㉔ …의 요령을 알고 있다.

Il **a le coup pour[de]** sauver la face.
　그는 체면을 세우는 요령을 알고 있다.
Elle **est à la coule.** 그녀는 요령을 알고 있다.(속어)
A : Je ne pourrai jamais **avoir le truc[le chic] pour** faire marcher cette machine.
B : Ne sois pas si pessimiste. Du courage!
　A : 난 절대로 이 기계를 다루는 요령을 익히지 못할 거야.

B : 그렇게 비관적이 되어선 안 돼. 용기를 내!

▶▶ …의 요령을 터득하다.

Je voudrais **attraper le coup pour** tailler des arbres frutiers.
난 과수를 전지하는 요령을 터득하고 싶다.

▶▶ …의 비결을 알아내다.

J'ai touvé **le secret de** faire une bonne choucroute.
난 맛있는 슈우크루트를 만드는 비결을 알아냈다.

▶▶ 그는 여러 가지 술책을 알고 있다[능수능란하다].

Il a **plus d'un tour dans son sac**[bissac].
Il en connaît bien d'autres.

▶▶ 그는 수완이 좋다. 처세술이 능하다.

Il connaît la musique.(구어)

---

25 의심의 여지가 없다.

Il n'y a pas de doute là-dessus. 그것은 의심의 여지가 없다.
Il nous espionne. **Cela ne fait aucun doute.**
그가 우리를 염탐하고 있어. 그것은 의심의 여지가 없어.

▶▶ 틀림없어!

A : L'année prochaine, l'économie ne marchera pas bien.
B : **Sans aucun[nul] doute!**
　A : 내년엔 경제가 원활하게 돌아가지 않을 거야.
　B : 확실해!

---

26 무슨 뜻이오?

Que voulez-vous dire?
Qu'entendez-vous par là?
A : Ce n'est pas bon de finir ce travail très tôt.
B : **Qu'est-ce que ça veut dire?**
　A : 이 일을 너무 일찍 끝내는 것은 좋지 않아.
　B : 그게 무슨 뜻이죠?

▶▶ 내 말 뜻은 그게 아니었소.
Ce n'est pas cela que je voulais dire.

㉗ …할 의도가 전혀 없다.

Je n'ai aucune intention de le blâmer de son attitude.
난 그의 태도를 비난할 의도는 전혀 없어.
Je n'ai jamais eu l'intention d'y aller.   나는 거기에 갈 의도가 전혀 없었다.

▶▶ 본의 아니게

Je lui ai fait du mal sans le vouloir[sans intention].
나는 그에게 본의 아니게 해를 끼쳤다.

▶▶ 고의로

Il ne l'a pas fait expès.   그는 고의로 그것을 하진 않았다.

㉘ …을 해롭게 할 생각이 없다.

Je ne lui veux pas le mal.   나는 그를 해칠 생각이 없다.
Elle ne t'a jamais voulu le mal.   그녀는 너를 해칠 생각이 전혀 없었다.

㉙ 악의는 없었습니다.

Je ne voulais offenser personne.

㉚ 실례가 될지 모릅니다만

Soit dit sans vouloir vous offenser, ce fromage sent mauvais.
실례가 될지 모릅니다만, 이 치즈는 냄새가 나쁜데요.
Permettez!(*남의 말을 가로막거나 부정할 때)

㉛ …을 의미하다.

A : Que signifie ce mot?
B : Cela ne signifie rien.
　A : 이 말의 뜻이 뭐죠?

B : 별 의미가 없는 겁니다.
Je serais curieux de savoir ce que **veut dire** son retard.
　　난 그의 지각이 의미하는 바를 알고 싶은 걸.

㉜ …에게 …을 암시하다[넌지시 말하다].

J'ai bien saisi ce qu'il **m'a suggéré**.　난 그가 암시하는 바를 잘 이해했다.
Que voulez-vous **m'insinuer** avec ça?　그걸로 내게 뭘 암시하려는 거죠?

㉝ …을 추측하다.

Devinez qui l'a fait!　누가 그걸 했는지 알아맞혀 보세요.

▶▶ 짐작이 안 가세요?
Vous ne **devinez** pas?

▶▶ 어디 알아맞혀 봐요.
Je vous le donne à **deviner**.

▶▶ 추측에 맡기겠소.
Je vous le laisse à **deviner**.

㉞ 대충 어림잡아

Cela va vous coûter **à peu près**[**à vue de nez**] trois mille euros.
　　대략 삼천유로가 들 겁니다.
Approximativement, j'ai besoin d'une semaine pour rédiger cet article.
　　대충 어림잡아 그 기사를 작성하려면 일주일이 필요합니다.
Il est mort il y a **environ** vingt ans.　그가 죽은 지 대략 20여 년 됐다.

㉟ 거의 알아맞히다[찾아내다]. (*퀴즈 · 수수께끼에서)

Vous **brûlez**!　당신은 거의 다 알아맞혀 갑니다!

㊱ …을 알아보다.

Il la **reconnaît** à sa voix.　그는 그녀의 목소리로 그녀를 알아본다.

J'ai reconnu Pierre à sa démarche.
나는 삐에르를 그의 걸음걸이를 보고 알아보았다.

㉗ ⋯을 알아채다. 간파하다.

Heureusemet j'ai pu **déchiffrer** ses intentions.
다행스럽게도 난 그의 속셈을 알아챌 수 있었다.

▶▶ (자기의 속셈이 남에게) 간파되다.

Faut pas **te laisser deviner**. 네 속셈이 남에게 간파되지 않게 해.

▶▶ ⋯을 판독하다.

C'est une écriture difficile à **déchiffrer**. 그건 알아보기 힘든 필체다.

㊳ ⋯임을 확인하다.

C'est la troisième fois que je regarde ces photos. Mais je n'arrive pas à **identifier** le voleur qui m'a chipé mon portefeuille.
이 사진들을 보는 게 세 번째이지만, 내 지갑을 훔친 도둑을 도무지 확인해 내지 못하겠다.

㊴ ⋯와 ⋯을 비교하다.

Mes parents me **comparent** toujours **avec** elle.
내 양친은 항상 나를 그녀와 비교한다.

Ces choses ne sauraient **se comparer**.
이것들은 도저히 서로 비교될 수 있는 물건이 아니다.

On ne peut **faire la comparaison de** celui-ci **avec** celui-là.
이것과 저것을 비교할 수는 없다.

▶▶ ⋯와 비교하여

En comparaison de[Par comparaison à] la semaine dernière, il y a beaucoup de clients.
지난 주에 비교해 볼 때, 손님들이 많습니다.

Par rapport à[À côté de] ce que tu m'as donné, c'est la moindre chose.
네가 나한테 준 것에 비하면, 이건 별것 아니야.

㊵ …임에 틀림없다.

Elle **doit** être très malade. 그녀는 매우 아픈 것이 틀림없다.

Vous **devez** être végétarienne. 당신은 틀림없이 채식주의자이시죠.

㊶ …을 믿다.

A : J'ai besoin de votre aide. Vous pouvez m'aider?

B : Bien sûr! Vous pouvez **compter sur** moi.
  A : 당신 도움이 필요합니다. 저를 도와 주실 수 있나요?
  B : 물론이죠! 저를 믿으셔도 됩니다.

Tu ne peux **compter sur** sa ponctualité. Il est toujours en retard.
  넌 그가 시간엄수하는 걸 기대 할 수가 없어. 그는 항상 늦거든.

▶▶ 중요하다.

Tout ce qu'il te dit ne **compte** point. 그가 네가 하는 말은 전혀 중요치 않아.

㊷ 틀림없다니까요.

A : Est-il vraiment gentil?

B : Mais oui! **Je vous en donne ma parole**.
  A : 그는 정말로 친절한가요?
  B : 그렇고말고요! 틀림없다니까요.

A : Es-tu sûr qu'il se trompe?

B : Ma parole! **Je vous en réponds[assure]**.
  A : 그가 잘못 생각하고 있는 게 틀림없나요?
  B : 맹세코 그래요! 틀림없다니까요.

A : Tu dis donc qu'il n'est plus là?

B : **Je vous en jurerais**.
  A : 그럼 이젠 그가 거기에 없다는 거냐?
  B : 틀림없다니까요.

▶▶ 확실해요!

Assurément!

Certainement!

43 내 말 믿어보세요!

A : Comment? Il lui a flanqué une gifle?

B : Je vous jure que c'est vrai. **Croyez-moi!**
   A : 뭐라고? 그가 그녀의 뺨을 때렸다고?
   B : 그게 정말이라고 맹세해요! 내 말 믿으세요!

Philippe tiendra bien son poste. **Crois-moi!**
필립은 직무를 잘 감당해 낼 거야. 내 말 믿으라니까!

▶▶ 당신을 믿습니다.

Je vous crois sur parole.

Je m'en rapporte à vous.

▶▶ 그런 건 믿지 마세요!

N'en croyez rien! 그런 것을 정말로 생각해선 안 됩니다!

---

44 못 믿겠는 걸! (*놀라움)

A : Je viens de croiser Alain Delon près de la Notre-Dame.

B : **C'est pas vrai!**
   A : 나 방금 노트르담 대성당 옆에서 알랭 들롱과 마주쳐 지났어.
   B : 말도 안 돼[못 믿겠는 걸]!

A : Maintenant il gagne sa vie.

B : **Pas possible!**
   A : 이제 그는 제 밥벌이를 한다네.
   B : 그럴 리가[못 믿겠는 걸]!

---

45 정말이야?

A : Pierre et Marie se sont quittés.

B : **C'est vrai[Vraiment]?**
   A : 삐에르와 마리는 서로 헤어졌어.
   B : 정말이니?

A : Tous les jours je me lève à cinq heures.

B : **Tu plaisantes?**

A : 난 매일 5시에 일어나.
B : 농담하는 거니[정말이야]?

46. 그건 뻔한 일이다.

Cela se devine. 그것은 명백하다.(구어)

Cela saute aux yeux. 그것은 명백하다. 일목요연하다.

Cela se voit (comme le nez au milieu du visage). 그것은 명백하다.

C'est connu. 그것은 주지의 사실이다.

47. 그럼 결정된 거다!

C'est convenu!

C'est marché fait!

Marché conclu!

48. 절 오해하신 겁니다.

Vous m'avez mal compris.

49. 당신이 뭔데 그러쇼?

A : Si vous faites ainsi, ce film ne réussira pas.

B : **Pour qui vous prenez-vous?**

　A : 그렇게 하시면 이 영화는 성공 못할 겁니다.
　B : 당신이 뭔데 그러쇼?

A : Tu dois faire la queue. Tu ne vois pas tous ces gens-là?

B : **Pour qui te prends-tu?**

　A : 줄을 서란 말이야. 여기 이 사람들이 안 보여?
　B : 넌 뭔데 그래?

▶▶ 날 뭘로 보는 거요?

Pour qui me prenez-vous? Vous me prenez pour un imbécile?
　사람 어떻게 보고 그러는 거요? 날 바보로 아는 거요?

Pour qui me prends-tu? N'oublie pas que je suis ton frère aîné.

너 날 뭘로 보는 거야? 내가 네 형이란 걸 잊지 마.

▶▶ **나를 누구로[뭘로] 아는가!**
Vous ne m'avez pas regardé!(*위협 · 도전 · 거절할 때)

---

50 …을 …라고 간주하다.

Je **considère** Geneviève **comme[pour]** ma meilleure amie.
난 쥬느비에브를 나의 가장 좋은 친구로 여긴다.
Elle **regarde** ce garçon **comme[pour]** son fils.
그녀는 그 소년을 자기 아들로 여기고 있다.
On le **crois** riche. 사람들은 그를 부자로 생각한다.

▶▶ 자신을 …이라고 생각하다.
Il **se prend pour** un peintre de génie.
그는 자신이 천재적인 화가라고 생각한다.
Pour qui **se prend**-t-il? 그는 자신을 뭘로 아는 거지?

▶▶ …로 알려져 있다.
Laurent **est connu pour** menteur.
로랑은 거짓말쟁이로 통한다.

---

51 …을 당연하게 여기다.

Il a une tendance à **considérer** l'amour de ses parents **comme admis[convenu]**.
그는 자기 부모의 사랑을 당연시하는 경향이 있다.
Paulette **trouve normal[naturel] que** tous ses amis viennent à son aide.
뽈레뜨는 모든 친구들이 늘 자기를 도와주는 걸 당연시한다.

---

52 그런 생각 마!

A : Je n'arriverai jamais à résoudre ce problème.
B : **Ne sois pas si bête!** Tu peux le faire!
　　A : 난 이 문제를 결코 해결하지 못할 거야.
　　B : 그런 바보 같은 생각 마! 넌 그것을 할 수 있어.

53 …에 대해 매우 감사하게 생각하다.

Je vous suis très reconnaissant d'avoir fait cela pour moi.
저를 위해 그것을 해 주셔서 대단히 감사하게 생각합니다.

Je suis très sensible à votre gentillesse.
당신의 친절에 대단히 감사하게 생각합니다.

▶▶ 감사한 말씀 이루 다 할 수 없습니다.

Comment vous prouver ma reconnaissance?

---

54 그건 당신 상상일 뿐이에요!

A : Je crois avoir vu Agnès tout à l'heure.

B : **Vous l'avez rêvé!** Elle est à Rome maintenant.

A : 방금 전에 아네스를 본 것 같은데.
B : 어떻게 그런 일을 생각할 수 있겠어요! 그녀는 지금 로마에 있다고요.

A : Je crois avoir entendu la voix de Thierry.

B : **Tu as rêvé cela!**

A : 띠에리의 목소리를 들은 것 같은데.
B : 공연한 상상이야!

▶▶ 꼭 꿈만 같다. (*놀라움)

On coit rêver.

Il me semble que je rêve.

CHAPITRE 05
인과 · 논증 · 단정

① 그런 수에 안 넘어가!
A : Si tu nous attends ici, on reviendra au bout de cinq minutes.
B : **On ne m'a pas comme ça!**
　　A : 우리를 여기서 기다리면, 5분 후에 돌아올게.
　　B : 그런 수에 넘어갈 내가 아니야!(속어)

② 내 생각에는
À[Selon] mon avis, il est très intelligent.　내 생각엔 그는 매우 똑똑하다.

③ 관점
C'est votre **point de vue**. Mais le mien en est différent.
　그건 당신의 관점이죠. 하지만 제 관점은 그것과는 다릅니다.
Cette **perspective** est très intéressante.
　그 관점은 아주 흥미롭다.

④ 닮다.
Il **se ressemble à** son père.　그는 그의 아버지를 닮았다.
Elles **se ressemblent comme deux gouttes d'eau**.
　그녀들은 서로 꼭 닮았다.

Nous **nous touchons** par tant de points.   우리는 많은 점에서 서로 닮았다.

⑤ 다르다

A : C'est justement ce que nous avons cherché.
B : Je pense que non. C'**est** un peu **différent de** celle-ci.
  A : 이게 바로 우리가 찾고 있던 거야.
  B : 그렇게 생각하지 않는데. 그것은 이것과 약간 달라.
Sa manière de travailler **est** tout à fait **différente de** la mienne.
  그의 일하는 방식은 내 방식과는 전혀 다르다.

▶▶ 그것은 전혀 다른 것[일]이다.
C'est tout autre chose.

▶▶ 그건 마찬가지다.
Cela ne fait pas de différence.

⑥ …와 반대다.

A : **Seriez**-vous **opposé au** concubinage avant le mariage?
B : **Je n'ai rien à y opposer**.
  A : 혼전 동거에 대해 당신은 반대하시나요?
  B : 전 그것에 반대할 이유가 없습니다.
Leurs opinions **sont** diamétralement **opposées** l'une à l'autre.
  그들의 의견들은 서로 정반대이다.

▶▶ 난 그것을 나쁘게 생각하지 않는다.
Je ne vois pas mal à cela.

⑦ …에 반대하다.

Je ne **m'oppose** pas à ce qu'il le fasse.
  나는 그가 그것을 하는 것에 반대하지 않는다.

⑧ …하는 것을 거부하다.

Georges n'est pas coopératif. Il **refuse de** nous coopérer.
조르쥬는 비협조적이다. 그는 우리에게 협조할 것을 거절한다.

Nathalie **se refuse à** me dire la vérité.
나딸리는 내게 진실을 말할 것을 거부한다.

---

9 (제안을) 거절하다.

Pierre **a repoussé** mes offres.   삐에르는 내 제안을 거절했다.

Il **a rejetté** ma proposition.   그는 나의 제안을 거부했다.

Je n'ai pas pu **écarter** cette proposition.   난 그 제안을 뿌리칠 수가 없었다.

▶▶ …에게 …을 주지 않다.

Ils **ont refusé** une augmentation **à** ces ouvriers.
그들은 이 노동자들에게 임금 인상을 해 주지 않았다.

---

10 (제안을) 받아들이다.

A : Ce travail est très rentable.
B : O.K. **J'accepte** ton offre.
  A : 이 일은 꽤 돈이 되는 거야.
  B : 좋았어. 자네 제안을 받아들이겠네.

J'accepte votre projet.   나는 당신의 계획에 찬성해요.

---

11 다음 기회로 미루지.

A : On prend un pot? Je t'offre un verre.
B : Impossible, mais **invitez-moi pour une autre fois**.
  A : 우리 술 마시러 갈까? 한 잔 살게.
  B : 안 되겠는데, 하지만 다음 기회에 하지.

---

12 …가 …을 못하게 하다.

Elle **m'empêche de** lui donner cet argent.
그녀는 내가 이 돈을 그에게 주지 못하게 한다.

13 (생각을 머리 속에서) 이리저리 궁리하다.

J'ai **tourné et retourné** ses offres et les ai rejetées.
난 그의 제안을 이리저리 궁리해 본 끝에 거절했다.

▶▶ 잠자리에서 이리저리 뒤척거리다.

Elle **se tourne et se retourne dans le lit**. Elle se soucie de son avenir.
그녀는 잠자리에서 이리저리 뒤척거린다. 그녀는 자신의 앞날을 염려하고 있다.

14 …에서 결론을 끌어내다.

Il faut **tirer une conclusion de** ce qu'on a accumulé comme des preuves. 증거로 수집한 것들로부터 결론을 끌어내야만 한다.

▶▶ 당신이 판단하세요.

À vous d'en juger.

15 속단하지 마시오.

N'arrivez pas prématurément[immédiatement] à une conclusion.

▶▶ 한 이야기에서 다른 이야기로 건너뛰다.

Prenez garde de ne pas **sauter d'un sujet à l'autre**.
한 이야기에서 다른 이야기로 건너뛰지 않도록 주의하시오.

16 …에게 …을 허용하다.

Il ne **me permet** pas **de** me coucher très tard.
그는 내가 아주 늦게 잠자리에 드는 것을 허용하지 않는다.

Personne ne **t'a autorisé à** arranger ces papiers.
아무도 네게 그 서류들을 정리하라고 허용하지 않았다.

17 죽은 자도 인정 못한다.

S'il connaissait ce que tu fais maintenant, **il devrait frémir dans sa tombe**.
만일 그가 네가 지금 뭘 하고 있는지 안다면, 그는 무덤에서 벌떡 일어날 거다.

18 솔직히 …을 인정합니다.

Je dois reconnaître ma faute. 내 잘못을 인정해야겠습니다.
J'ai eu tort, **j'en conviens**. 내가 잘못했어, 나도 그걸 시인해.
J'admets[avoue/concède/consens] que j'ai eu tort.
　　내가 잘못했다는 것을 인정해.

19 당신의 그 제의를 받아들이겠어요.

A : Si vous désirez, je peux vous apprendre la langue coréenne.

B : C'est superbe! **Je vous prendrai au mot sur cela.**
　　A : 원하신다면, 한국어를 가르쳐 드릴게요.
　　B : 기막히게 좋은데요! 그 제의를 받아들이겠어요.

20 다른 사람의 의견을 물어 보다.

Je ne suis pas sûre de ma décision. Je vais **demander l'avis de** Gérard.
　　난 내 결정에 확신이 안 서. 제라르에게 물어 봐야겠어.
Mon médecin me dit que je dois subir une opération. Mais je devrais **consulter** un autre médecin.
　　내 의사는 수술을 해야 한다고 하지만 나는 다른 의사에게 물어 봐야겠어.

21 글쎄요, 조금 두고 봅시다.

A : Après le déjeuner, on sort?

B : Je ne sais pas. Je suis un peu fatigué. **Je verrai[Nous verrons].**
　　A : 점심식사 후에 우리 외출할까?
　　B : 잘 모르겠어. 좀 피곤하거든. 좀 두고 보자.

▶▶ 두고 볼 일이야.

C'est ce que nous verrons!

Il faudra voir.

▶▶ 어떻게 되는지 두고 보시오.

Attendez voir.(구어)

▶▶ 잘 생각해 봐야 할 일이다.
C'est à voir.

㉒ 요점을 말하다.

Allez droit au fait, s'il vous plaît.
제발 요점만 말해 주시오.

Je ne vois pas où votre histoire veut en venir. **Allez droit au but**.
도대체 당신이 무슨 얘기를 하려는지 모르겠소. 단도직입적으로 말해 보시오.

Au fait! 본론을 이야기하시오!

▶▶ 빙빙 돌려 말하지 마세요.
Ne tournez pas autour du pot.
N'y vas pas par quatre chemins.

㉓ 요점만 말하자면

Pour dire la chose en deux mots, je n'y manquerai pas.
요점만 말하자면, 꼭 그렇게 하겠어요.

▶▶ 간단히 요점만 말하세요!
Soyez bref!

㉔ 요컨대

(En) bref, Mathieu et moi nous avons passé une très bonne soirée.
요컨대 마띠외와 나는 아주 멋진 저녁시간을 보냈단다.

Ce que tu m'as dit jusqu'ici, c'est quoi **en un mot**?
자네가 지금까지 내게 한 말은, 요컨대 뭔가?

En résumé, il a décidé de vous donner une autre chance.
요컨대, 그는 당신에게 또 다른 기회를 주기로 결정했어요.

Il est parti ce matin. **En somme[Au fait]**, il n'est plus là.
그는 오늘 아침에 떠났습니다. 요컨대, 그는 이젠 거기에 없습니다.

En conclusion, il mérite d'en être récompensé.
요컨대, 그는 그것에 대해 보상을 받아 마땅하다.

25 요점이 그거야.

Cela coûte cher, mais ça durera beaucoup plus longtemps. **C'est là le point!** 비싸긴 하지만 훨씬 오래 갈 거야. 그게 요점이야!

A : Vous voulez dire qu'il n'est pas qualifié?
B : **Justement!** Il n'est pas compétent en matière de finance.
    A : 당신 말씀은 그러니까 그가 자격이 없다는 건가요?
    B : 바로 그거요! 그는 재정문제에 정통하지 못해요.

26 그것은 문제 외야.

A : Hélène est beaucoup plus rapide que Cécile.
B : **C'est à côté de la question.** Nous voulons la précision, non la rapidité.
    A : 엘렌은 쎄실보다 훨씬 빨라.
    B : 그것은 문제 외야. 우리가 원하는 건 스피드가 아니라 정확성이야.

▶▶ 문제는 그것이 아니다.

Tu penses qu'on parle de ton devoir? Mais non! **Il ne s'agit pas de cela.** Maintenant on parle de ton droit.
우리가 네 의무에 대해 얘기한다고 생각하니? 천만의 말씀! 그것이 문제가 아냐. 지금 우리는 네 권리에 대해 말하고 있어.

▶▶ 그것은 문제도 되지 않는다.

Il viendra ou il ne viendra pas? **Cela ne compte pas.**
그는 올까 안 올까? 그건 문제도 되지 않아[중요치 않다].

27 (…의 의견·생각이) 일리가 있다.

Cécile pense que l'avion est plus confortable que le train, et je trouve qu'elle **a raison**. 쎄실은 비행기가 기차보다 더 안락하다고 생각하는데, 난 그녀가 일리가 있다고 생각해.

▶▶ …한다는 것은 지당한 일이다.

C'est bien la raison que tu te fâches contre lui.

당신이 그에게 화를 내는 것은 지당한 일이오.

㉘ 핵심을 찌르다.

Quand tu parles, il faut **en venir au fond du** problème.
말할 때에는, 문제의 핵심을 찔러야 한다.

Avant d'**en venir au tréfonds de** cette affaire, dites-moi la quantité dont on parle.
이 일의 핵심으로 들어가기 전에, 우리가 이야기하는 양이 얼마인지 말해 주시오.

▶▶ (어떤 일을) 속속들이 알다.

Il **connaît[sait] le fonds et le tréfonds de** cette affaire.
그는 그 일을 속속들이 안다.

㉙ 적중하다.

Sa prédiction sur l'élection **a mis dans le mille**.
선거에 대한 그의 예측은 적중했다.(구어)

㉚ …을 속여 넘기다.

François **t'a fait une attrape**.   프랑스와가 너를 한탕 속여 넘긴 거야.
Il **vous a monté un coup**.   그가 당신을 속여 넘긴 거요.
On **vous a eu**!   당신이 걸려든 거요!
Elle **lui a joué des tours[un petit[bon] tour]**.   그녀는 그를 속여 넘겼다.
Il **m'a dupé**.   그는 나를 속였다.

㉛ 뭘 노리는 거지?

A : Puisque vous me téléphonez sans cesse, je ne peux travailler. **Où voulez-vous en venir?**
B : C'est là que je voulais en venir.
　　A : 끊임없이 내게 전화하는 바람에 일을 할 수가 없어요. 뭘 노리는 거죠?
　　B : 내가 목적했던 바가 바로 그거요.

CHAPITRE 05 인과 · 논증 · 단정

▶▶ 내게 뭘 원하는 거지?

Pourquoi tu me dis ça? **Qu'est-ce que tu veux de moi?**
왜 내게 그걸 말하는 거지? 내게 뭘 기대하는 거니?

---

32 그러므로 …이 된다. (*결과)

Tu n'as pas tenu ta parole. **Cela fait que** tu ne peux plus réclamer ton droit.
너는 약속을 지키지 않았어. 그러므로 넌 더 이상 너의 권리를 주장할 수가 없어.

Il se déplace toujours en voiture. **Il en résulte qu'**il partira en voiture cette fois-ci.
그는 항상 자동차로 여행한다. 그러므로 그는 이번에도 자동차로 떠날 것이다.(비인칭)

Il s'ensuit qu'elle va avoir beaucoup de problèmes.
그녀는 많은 문제를 갖게 될 것이다.(비인칭)

---

33 …은 어찌된 까닭인가?

A : **D'où vient que** tu ne t'en sois pas aperçu?
B : **Cela vient de ce que** je n'y ai pas fait attention.
　A : 네가 그걸 못 알아차린 건 어찌된 일이지?
　B : 그건 내가 그것에 주의를 하지 않은 까닭이지.

---

34 중요한 건 성의다.

A : Le cadeau qu'elle m'a donné n'est pas grand-chose.
B : Mais **c'est le geste qui compte!**
　A : 그녀가 내게 준 선물은 하찮은 거야.
　B : 하지만 중요한 건 성의야!

---

35 …는 문제가 안 된다.

Il nous faut y aller coûte que coûte. La longeur du trajet **importe peu**.
우리는 기필코 그곳에 가야 한다. 여정이 긴 것은 문제가 안 된다.

▶▶ …은 중요하지 않다.

Il importe peu que[Peu importe que] tu le veuilles ou non.
네가 그걸 원하는지 아닌지는 중요하지 않다.(비인칭)

▶▶ 비용 따위는 아무리 들어도 좋다.

Ça coûtera ce que ça coûtera!(구어)

㊱ 우선적인 일

Avant de se mettre au travail, il faut bien savoir **ce qui est prioritaire**.
일에 착수하기 전에, 우선적인 일이 무엇인지 결정해야만 한다.

▶▶ …보다 우선권을 갖다.

Dans cette affaire, **j'ai la priorité sur** lui.
이 일에 있어서, 나는 그보다 우선권이 있다.

▶▶ 우선적으로

Ce sont les femmes et les enfants qui ont été évacués **en priorité**.
우선적으로 철수됐던 것은 여자들과 아이들이다.

㊲ 그건 …해 볼 만한 가치가 있다.

Cela vaut le coup. 그것은 해 볼 만한 가치가 있다.
Cela vaut la peine d'être vu. 그것은 구경해 볼 만한 가치가 있다.
C'est bon à savoir(se rappler). 그것은 알아둘(기억해 둘) 만한 가치가 있다.

▶▶ 그건 별로 가치가 없다.

Cela ne vaut pas quatre sous.
Cela ne vaut pas grand-chose.

▶▶ …하는 건 소용없다.

Cela ne sert à rien de lui parler.
그에게 말해 봤자 아무 소용없다.

Il ne serte à rien[Rien ne sert] de pleurer comme un veau.
목놓아 울어 봤자 아무 소용없다.(비인칭)

▶▶ 득[이익]이 되다.

Le détournement de fonds publics ne **rapporterait** pas.

공금횡령은 득 될 것이 없다.

Ce n'est pas dans votre intérêt de lui briser le coeur.
그를 상심케 하는 것은 당신에게 득이 못 된다.

Elle **a intérêt à** lui écrire une lettre.
그에게 편지를 쓰는 것이 그녀에게 득이 된다.

▶▶ …하는 것은 바람직한 일이다.

Il y a intérêt à le traiter en frère.
그를 형제로 대우하는 것은 바람직한 일이다.(비인칭)

---

38 (…의 금전적) 가치가 있다.

Cette étoffe **vaut** cent euros le mètre. 이 옷감은 1미터에 백유로다.

---

39 그럴 필요까진 없습니다.

Ne faites pas le gentil. **Cela n'en vaut pas la peine.**
상냥한 체하지 마세요. 그럴 필요까진 없어요.

---

40 쓸모가 있을지 모르겠지만 말씀드립니다.

Je vous le dis sans y attribuer grande valeur.

---

41 …가 …하게 하다.

Cette chanson **me fait** oublier tous mes chagrins.
이 노래는 나로 하여금 모든 내 슬픔을 잊도록 만든다.

C'est la chaleur qui **l'a fait** tomber dans les pommes.
그를 실신하게 만들었던 건 바로 더위다.

▶▶ …가 …하게 부추기다.

Julien **le pousse** à travailler ardemment.
쥴리앙은 그가 공부를 열심히 하도록 부추긴다.

Un démagogue **les incite[excite]** à se révolter contre le gouvernement.
선동정치가는 그들을 정부에 대항하도록 부추긴다.

Des voyous **l'entraînent à** désobéir à ses parents.
불량배들이 그가 부모 말에 거역하도록 부추긴다.

▶▶ …가 …하게 격려하다.

Mon père **m'encourage à** faire de mon mieux.
내 아버지는 내가 최선을 다하도록 격려하신다.

Elle **l'a exhorté à** aider son ami à surmonter des difficultés financières.
그녀는 그가 그의 친구로 하여금 경제적 난관을 극복하도록 도와주게 격려했다.

▶▶ …가 …하게 강요하다.

Il **m'a forcé à** te mentir. 그는 내가 너한테 거짓말을 하도록 강요했다.

La nécessité **l'a obligée à** accepter ce travail.
궁핍함이 그녀로 하여금 그 일을 맡지 않을 수 없게끔 강요했다[그녀는 돈이 필요해서 그 일을 맡지 않을 수가 없었다].

㊷ …에 기인한다.

Cette erreur **résulte de** la précipitation.
이 실수는 너무 서두른 데에서 기인한다.

Tout ce malheur **povient de** la faute que tu as commise.
이 모든 불행이 네가 저지른 잘못에서 기인한다.

Sa perte de vue **vient de** sa maladie héréditaire.
그의 시력 상실은 그의 유전병에 기인한다.

▶▶ …에서 …라는 결과가 생긴다.

Il **découle de** cette pollution **que** les animaux ne peuvent plus vivre ici.
그 오염으로부터 동물들이 더 이상 이곳에 살 수 없다는 결과가 생긴다.(비인칭)

㊸ …때문에

Elle est absente **à cause de** la grippe. 그녀는 독감 때문에 결석했다.

Le délai est **dû à** ce mauvais temps. 그 지연은 이 나쁜 날씨 때문이다.

L'accident s'est produit **par suite de** son imprudence.
사고는 그의 무분별함 때문에 일어났다.

Ce scandale est **causé par** ton mauvais caractère.

이 추문은 너의 못된 성격 때문이다.

▶▶ …덕택에

Elle réussit en tout **grâce à** votre appui.
그녀는 당신의 후원 덕분에 무엇에건 성공한다.

44 왜죠?

A : La porte ne se ferme pas à clef.
B : **Pourquoi cela?**
  A : 그 문은 열쇠로 잠기지 않아요.
  B : 왜죠?
A : Elle veux te voir.
B : **Pourquoi faire?**
  A : 그녀는 널 만나고 싶어해.
  B : 뭐하러?

▶▶ 그것이 …한 이유다.

Je ne veux pas faire ton malheur. **C'est la raison pour laquelle** je suis venue ici.
나는 너를 불행하게 만들고 싶지 않아. 그것이 내가 여기에 온 이유야.

45 무슨 이유에선지

Pour une raison ou pour une autre, mes enfants ne l'aiment pas.
무슨 이유에선지 내 아이들이 그를 좋아하지 않는다.

▶▶ …의 이유로

Il a quitté son travail **pour raison de** sa santé.
그는 건강상의 이유로 일을 그만 두었다.

46 이유

A : Aujourd'hui, c'est un jour spécial.
B : Je sais **pourquoi**.
  A : 오늘은 특별한 날이야.

B : 난 왜 그런지 알아.

J'aime à savoir **le pourquoi et le comment** d'une affaire.
  난 어떤 일의 자세한 이유를 아는 걸 좋아한다.

▶▶ 그게 이유야!

A : Pourquoi n'as-tu pas posté cette carte postale?

B : Parce que je ne suis pas allé à la poste. **Volà pourquoi!**
  A : 너 왜 이 우편엽서 우송하지 않았지?
  B : 우체국에 안 갔거든. 그게 이유야!

▶▶ 그게 더더욱 …해야 하는 이유다.

A : Elle part en vacances aujourd'hui.

B : **Raison de plus pour** lui téléphoner tout de suite.
  A : 그녀는 오늘 휴가를 떠나요.
  B : 그게 더더욱 네가 당장에 그녀에게 전화해야 하는 이유야.

A : Je ne sais pas comment lui présenter mes excuses.

B : **Raison de plus pour** aller le voir maintenant.
  A : 그에게 어떻게 사과해야 할지 모르겠어.
  B : 그게 더더욱 네가 지금 그를 만나러 가야 하는 이유야.

---

47 비난하다.

Elle est très chic. Je ne peux **le blâmer de** l'aimer.
  그녀는 정말로 멋져. 난 그가 그녀를 좋아하는 걸 비난할 수가 없어.

Ils **la blâment de[pour]** son attitude arrogante.
  그들은 그녀의 거만한 태도를 비난한다.

On **lui reproche** son ingratitude.
  사람들은 그에게 배은망덕함을 비난한다.

Vous ne pouvez **lui reprocher** d'être irrésolu.
  당신은 그에게 우유부단하다고 비난할 수 없다.

Il **jette[fait tomber] le blâme de** l'irresponsabilité **sur** moi.
  그는 나에게 무책임하다고 비난한다.

Tu ne peux **jeter des reproches à la tête de** Sylvie.
  너는 씰비를 힐난할 수는 없다.

▶▶ …을 …의 탓이라고 하다.

Personne ne peut **lui attribuer** cet accident.
그 누구도 이 사고가 그의 탓이라고 할 수 없다.

48 …은 놀라운 일이 아니다.

Il n'est guère étonnant que le projet n'ait pas réussi.
그 계획이 성공하지 못한 것은 전혀 놀라운 일이 아니다.(비인칭)

Elle est très aimable. **Rien d'étonnant que** tout le monde l'aime.
그녀는 매우 상냥하다. 모든 사람이 그녀를 좋아하는 것은 전혀 놀라운 일이 아니다.

▶▶ …은 지당한 일이다.

André est très fâché contre toi. **C'est bien la raison qu'**il ne vienne pas ce soir.
앙드레는 네게 매우 화가 나 있다. 그가 오늘 저녁에 오지 않는 것은 지당한 일이다.

49 …이 궁금하다.

Je **me demamde si** Jacques viendra le mois prochain.
쟉끄가 다음 달에 올지 궁금하단 말이야.

Je **suis curieux de savoir** qui a inventé cela.
누가 그걸 발명했는지 궁금해.

Je **voudrais bien savoir** pourquoi! 그 이유가 뭔지 정말 궁금해!

50 어쩔 수가 없어.

A : Tu manges tout cela?
B : **Je n'y peux rien**. C'est vraiment déliceux.
　A : 너 이걸 다 먹는 거야?
　B : 어쩔 수가 없어. 정말 맛있거든.

A : Pourquoi tu m'embrasses soudainement?
B : **C'est plus fort que moi**. Tu es très belle.
　A : 너 왜 날 갑자기 포옹하는 거지?
　B : 어쩔 수가 없어. 넌 너무나 아름다워.

▶▶ …하지 않을 수가 없다.

Je ne peux pas m'empêcher de rire. 난 웃지 않을 수가 없다.

---

51 어쩔 수 없는 일이지[있을 수 있는 일이지].

C'est la faute de personne. **Ce sont des choses qui arrivent.**
그건 그 누구의 잘못도 아니야. 어쩔 수 없는 일이지[있을 수 있는 일이지].

A : Marie et Thierry se sont quittés.

B : **Ce sont des choses qui arrivent.**

A : 마리와 띠에리가 헤어졌어.
B : 어쩔 수 없는 일이지[있을 수 있는 일이지].

---

52 세상[인생]은 다 그런 거야!

A : Quelle pluie! Nous sommes gâtés. On ne peut faire un pique-nique aujourd'hui.

B : **C'est la vie!** Viens regarder la télévision.

A : 웬 놈의 비야! 억수로 복도 많구만. 오늘 피크닉 못 가겠어.
B : 인생이란 그런 거야! 와서 텔레비전이나 봐.

A : Il a mangé ses quatre sous, et elle l'a quitté.

B : **Ainsi va la vie!**

A : 그는 얼마 안 되는 재산을 다 탕진해 버렸고, 그러자 그녀는 그를 떠났어.
B : 세상이란 게 다 그런 거야!

---

53 …은 끝장났다.

Son rêve **est fichu.** 그의 꿈은 결단이 났다.

Tout **est foutu.** 모든 것이 끝장났다.(속어)

Il **est fichu.** 그는 볼장 다 본 사람이다.

---

54 선택의 여지가 없다.

A : Je ne veux pas lui faire un procès.

B : Mais **vous n'avez pas le choix.**

A : 난 그에 대해 소송을 제기하고 싶지 않습니다.

B : 하지만 당신은 선택의 여지가 없습니다.

A : Ton patron veut que tu travailles demain.

B : **Ai-je le choix?**

A : 사장은 자네가 내일 일하길 바래.

B : 별 수 없지.

▶▶ …할 수밖에 없다.

Nous **n'avons pas d'autre choix que de** la prévenir de sa mort.

우리는 그녀에게 그의 죽음을 알리는 수밖에 없다.

▶▶ 선택을 하시죠.

Faites votre choix.

▶▶ 당신이 선택하세요.

Je vous laisse[offre] le choix.

---

55 책임이다.

Tu **es résponsable de** tout ce qui lui est arrivé.

너는 그에게 일어난 일에 대해 책임이 있다.

Je **me sens résponsable de** son malheur.

나는 그의 불행에 책임을 느낀다.

▶▶ 그건 내 탓이다.

C'est (de) ma faute.

▶▶ 책임을 전가하다.

Il ne faut pas **jeter la responsabilité de** cet accident **sur** quelqu'un d'autre. 이 사고의 책임을 다른 누군가에게 전가하려고 해서는 안 된다.

C'est toi qui t'es chargé de lui envoyer ce document. **N'en jette pas la responsabilité sur** moi.

이 서류를 그에게 보낼 책임이 있던 건 바로 너였어. 그 책임을 나에게 전가하지 마.

---

56 …에 달려있다.

Le succès **dépend de** votre tenacité.

성공은 당신의 끈질김에 달려있다.

A : Combien de temps il vous faut?

B : Cela **dépend des** conditions.

　A : 당신한테 시간이 얼마나 필요하겠소?

　B : 그건 조건 나름입니다.

▶▶ 형편에 달려 있다.

A : Tu pourras venir à la réunion vendredi soir?

B : **Ça dépend**.

　A : 자네 금요일 저녁 회합에 올 수 있겠나?

　B : 형편 봐서 결정하겠어.

57 네 마음대로 해.

A : Doit-on lui fixer un rendez-vous maintenant?

B : **Cela ne tient qu'à toi**.

　A : 지금 그와 만날 약속을 해야 되는 거야?

　B : 전적으로 네 마음대로 해.

58 제 눈에 안경이다.

A : Je ne sais pas pourquoi elle est amoureuse de ce mec-là.

B : **Il n'y a point de laides amours**.

　A : 그녀가 왜 저런 녀석을 사랑하는지 모르겠어.

　B : 제 눈에 안경이지.

59 자업자득이야!

A : Il m'a cassé la figure.

B : **Tu n'as que ce que tu mérites!** Tu as cassé du sucre sur son dos.

　A : 그가 내 면상을 쳤어.

　B : 그래 싸다! 그가 없는 자리에서 그의 욕을 했으니.

A : Elle a raté sa vie.

B : Elle **ne l'a pas volé**! Elle suivait toujours sa fantaisie.

A : 그녀는 뜻을 이루지 못했어.

B : 당연한 결과지!(구어) 그녀는 항상 자기 기분에 따랐거든.

A : Son maître d'école l'a grondé d'avoir fait du bruit.

B : Il **l'a bien cherché**!

    A : 그의 학교 선생님이 그가 떠들었다고 꾸짖으셨어.

    B : 자업자득이지!

C'est tout à fait naturel d'**être puni par où l'on a péché**.

자업자득하는 건 너무나도 당연한 거다.

Personne n'a pitié d'elle. Elle **cuit dans son propre jus**.

아무도 그녀를 동정하지 않아. 그녀는 자업자득의 고통을 겪는 거야.(구어)

▶▶ …하여 마땅하다.

Vous **méritez d'**être puni.

귀하는 벌을 받아 마땅하오.

▶▶ 참 잘 되셨군!

(Je vous fais) mes compliments!(반어)

▶▶ 그것 꼴좋다[잘됐다].

C'est bien fait.(*비꼼)

La belle affaire!(반어)

▶▶ 그는 그래 싸다.

C'est bien fait pour lui.

---

60 정말 너무하구만!

    A : Ce disque est complètement gâché.

    B : **Ça c'est le comble[le bouquet**(반어)**]**! Que faire maintenant?

        A : 이 디스크는 완전히 망가졌어.

        B : 거 정말 너무하구만! 이제 우리 어쩌지?

▶▶ 정말 최고다!

    A : Voici son tableau.

    B : **Ça c'est le bouquet**! Je t'ai dit qu'il n'avait point d'égal.

        A : 여기 그의 그림이 있습니다.

B : 이것 정말 최고군! 그는 필적할 사람이 없다니까.

61 매우 근거 있는

C'est une croyance **bien fondée**.
그건 아주 근거 있는 믿음이다.

▶▶ **제대로 된 근거 없는**

C'est une rumeur **mal fondée**. 그건 근거가 별로 없는 뜬소문이다.

▶▶ **전혀 근거 없는**

C'est un soupçon **sans fondement**. 그건 근거 없는 의심이다.

62 뭔가 의심스러운 것이 있다.

Il y a quelque chose de louche dans cette affaire.
이 사건에는 뭔가 의심스러운[수상스러운] 것이 있다.

63 보기보다 복잡하다.

Personne ne connaît tous les détails de cette affaire. **C'est plus compliqué que cela n'en a l'air**.
그 누구도 이 사건의 모든 세부사항을 모른다. 그건 보기보다 복잡하다.

64 그게 전부다.

Je lui ai refusé d'y aller avec lui. **Voilà tout**.
난 그가 함께 가자는 걸 거절했고 그게 전부야.

Elle ne veut plus de lui et **un point, c'est tout**.
그녀는 더 이상 그를 원치 않아 그뿐이야.

▶▶ **그것으로 끝났어.**

J'ai insisté auprès de lui pour son témoignage. Mais il n'a voulu rien dire. **Et voilà!**
난 그에게 증언을 간청했지만 그는 아무 말도 안 하려고 했고, 그것으로 끝났어.

Il m'a payé deux mois de salaire. **Alors voilà qui est fini!**

그는 내게 두 달치 월급을 지불했는데, 그것으로 끝났어.

---

65 됐어!

Ça y est! J'en ai assez de ce boulot. Je le laisse tomber.
됐어! 이놈의 일 지겨워. 관두겠어.

Ça y est! Pas d'histoires! Brisons là.
됐으니 그만 좀 하시오! 여러 말 할 것 없소. 얘기를 여기서 그만 둡시다.

Ça y est! Cela suffit. Je ne veux plus boire.
됐어! 그것으로 충분해. 더 이상 마시지 않을래.

Ça y est! J'ai enfin trouvé une bonne idée.
좋았어! 마침내 좋은 생각이 났어.

Ça y est[C'est cela]! Voilà ce dont je me doutais bien.
그렇지! 바로 내가 예상하던 바야.

---

66 …하는 것이 좋다.

Vous **ferez[feriez] bien de** rester.
당신은 남아 있는 것이 좋겠소.

---

67 …하는 게 더 좋다[낫다].

Vous **ferez[feriez] mieux de** prendre la douche d'abord.
당신은 우선 샤워를 하는 게 더 좋을 겁니다.

Tu **feras[ferais] mieux de** te reposer chez toi.
넌 집에서 쉬는 게 더 나을 거다.

A : Allons, dépêche-toi! C'est bon pour ta santé de faire un tour.
B : Non. **J'aime[aimerais] mieux** rester ici.
　A : 자 어서 서둘러! 산책하는 것이 네 건강에 좋단 말이야.
　B : 싫어요. 전 여기에 있는 게 더 좋아요.

▶▶ …하는 것 보다 …하는 편이 더 좋다.

Mieux vaut rester **que de** partir.
떠나는 것보다 남아 있는 편이 더 낫다.

68 더 이상 바랄 게 없다[최상이다].

A : Salut, Irène! Tu vas bien?

B : **Je ne demande pas mieux.**

   A : 안녕, 이렌느! 잘 지내니?
   B : 최상이야.

Ce manuscrit me plaît beaucoup. **Je ne demande pas mieux.**
   이 원고 내 맘에 쏙 들어. 내가 바란 게 바로 그거야.

Cette sculpture est parfaite. **C'est on ne peut mieux.**
   이 조각품은 완벽해. 최고야.

69 불행 중 다행이다.

C'est très dommage que vous soyez blessé dans un accident d'automobile. Mais **il n'y a que demi-mal.**
   자동차 사고로 부상당하게 되셔서 정말 유감입니다. 하지만 (부상으로 끝난 것은) 불행 중 다행입니다.

70 없는 것보다 낫지.

A : Juste un bout de pain avec un express? C'est tout ce que tu prends?

B : Mais **c'est mieux que rien.**

   A : 겨우 엑스프레쏘 한 잔과 빵 한 조각이라니? 그게 네가 먹는 것 전부란 말이야?
   B : 하지만 아무 것도 없는 것보다는 낫지 뭐.

CHAPITRE 06
처지 · 상황 · 결과

1 …와 관련이[관계가] 있다.

Je ne vois pas comment la philosophie antique **a relation à** notre vie moderne. 난 고대 철학이 우리의 현대 생활과 무슨 관련이 있는지를 모르겠다.

Le crime **a rapport à** la pauvreté.
범죄는 빈곤과 관련이 있다.

Cette question **a un rapport très étroit avec** une autre.
이 문제는 다른 문제와 아주 밀접한 관련이 있다.

Tout cela ne **me concerne** pas. 이 모든 것은 나와 관계가 없다.
Ce qu'il a fait ne **la regarde** pas. 그가 한 짓은 그녀와 상관이 없다.
Cela ne **me touche** en rien. 그것은 나와 전혀 무관한 것이다.

▶▶ 그는 그것에 뭔가 관련이 있다.
Il y est pour quelque chose.

▶▶ 나는 그것과 전혀 관련이 없다.
Je n'y suis pour rien.
Je n'ai rien à faire[voir] avec ça.

▶▶ …에 관해서[관한]
Je n'ai rien à dire **en ce qui concerne** sa vie privée.
난 그의 사생활에 관해서 아무 할 말이 없다.
En ce qui me regarde, je désapprouve qu'il vienne.

나에 관한한[나로서는], 난 그가 오는 것에 반대한다.

Il est hors de pair **en ce qui touche** la musique.
그는 음악에 관해서는 견줄 사람이 없다.

J'ai acheté des livres **concernant** le tiers-monde.
난 제3세계에 관한 책들을 샀다.

Il m'a beaucoup parlé **au sujet de** son mémoire.
그는 자기의 논문에 대해서 내게 많은 얘기를 했다.

Tu n'as qu'à tout dire **à l'égard de** cette affaire.
넌 이 사건에 관한 모든 것을 얘기하기만 하면 된다.

Je voudrais vous dire une chose **à propos de** ça.
난 그것에 관해서 당신에게 한 가지 말을 하고자 한다.

Je n'ai rien appris **touchant** cette affaire.
난 그 일에 관해서는 전혀 아는 바가 없다.

Quant à mon exposé, je l'ai déjà fini.
내 보고서에 관해 얘기하자면, 난 이미 그걸 끝냈다.

J'aimerais discuter **sur** ce point avec vous tous.
난 이 문제점에 대해서 여러분 모두와 논의하고 싶습니다.

---

❷ 우연히도[마침] …한 일이 있다.

Il se trouve par hasard qu'on trouve un portefeuille dans la rue.
우연히도 길에서 지갑을 줍는 일이 있다.(비인칭)

Il advint que Gabriel arrêta sa voiture devant la boutique.
마침 가브리엘이 차를 가게 앞에 세우는 일이 일어났다.(비인칭)

▶▶ 혹시 …한 일이 일어난다면

S'il arrive que vous le trouviez, gardez-le pour vous.
혹시라도 그걸 발견하면, 당신이 가지세요.(비인칭)

▶▶ …하는 수가 있다.

Il arrive qu'il vienne. 그가 오는 수가 있다.(비인칭)

▶▶ …이 돌발하다.

Il survint une tempête. 폭풍우가 돌발했다.(비인칭)

3 우연히 …을 만나다.

Elle **tomba sur** Pierre devant le supermarché.
그녀는 수퍼마켓 앞에서 삐에르를 우연히 만났다.

4 혹시 …인지 알고 계신가요?

Sauriez-vous par hasard s'il viendra demain?
혹시 그가 내일 올는지 알고 계신가요?

5 흔히 있는 일이다.

Il pleut tous les jours, mais **c'est rien d'inhabituel**. En été, c'est tout à fait normal.
비가 매일 내리는데 그건 흔한 일이지. 여름엔 아주 정상적인 거야.

Il n'est pas rare de le voir s'attirer des ennuis.
그가 문제를 일으키는 걸 보는 건 흔한 일이지.(비인칭)

Il n'est pas rare qu'on entende la fausse alarme. C'est au moins une fois par jour.
잘못된 경보를 듣는 일은 흔한 일이다. 최소한 하루에 한 번은 그런다.(비인칭)

Tu es tombé en faillite? **Cela peut arriver à tout le monde**. Ne te fais pas de bile.
자네 파산했다며? 그건 흔한 일이네. 걱정 말게나.

J'ai fait la grasse matinée et raté le train. **Cela m'advient très souvent**.
난 늦잠을 자서 기차를 놓쳤어. 이런 일이 내겐 자주 있어.

6 두고 볼 일이다.

Reste à savoir si l'opération est bien faite.
수술이 잘 됐는지 아닌지는 두고 볼 일이다.

Personne ne sait comment il va se débrouiller. **C'est ce que nous verrons**.
아무도 어떻게 그가 문제를 해결해 낼지 모른다. 두고 볼 일이다.

▶▶ 좀 더 두고 보렵니다.
Je me réserve.(구어)

▶▶ 잘 생각해 볼 일이다.
C'est à voir.

▶▶ 생각해 봅시다.
Je verrai[Nous verrons].

---

7 막 …하려던 참이다.

Je **suis sur le point de** sortir. Veux-tu m'appeler plus tard?
나 막 나가려던 참이야. 나중에 전화해 줄래?

Lorsqu'il est arrivé, elle **était sur le point de** me dire quelque chose.
그가 도착했을 때, 그녀는 내게 뭔가를 말하려던 참이었다.

---

8 거기에 있다.

Chaque fois que j'avais besoin de lui, il **était** toujours **là** pour moi. C'est pourquoi je l'aime.
내가 그를 필요로 할 때마다 그는 날 위해 항상 거기에 있었어. 그래서 난 그를 사랑해.

---

9 쉽지가 않았어.

A : Il me semble que tu as souffert mille morts.
B : Oui, **ce n'était pas facile**. Mais tout est fini maintenant.
　A : 자네 심한 고통을 겪은 것 같구먼.
　B : 응, 쉽지는 않았어. 하지만 이젠 모두 다 끝났네.

---

10 …와 타협하다.

De temps en temps il te faut **passer un compromis avec** des gens. Personne ne peut vivre tout seul.
때때로 넌 사람들과 타협을 할 필요가 있어. 그 누구도 혼자서 살 수는 없거든.

⑪ 모든 걸 다 가질 수는 없어!

A : L'appartement est spacieux et bien meublé, mais c'est loin de mon bureau.

B : **Tu ne peux tout avoir!**

  A : 그 아파트가 넓기도 하고 가구도 잘 갖춰져 있는데, 내 사무실에서 멀어.
  B : 모든 걸 다 가질 수는 없어!

⑫ 상황[실상]이 그렇다.

A : Est-ce à dire que je dois choisir entre un concert et un match du football?

B : **C'est à peu près cela.**

  A : 그럼 내가 음악회와 축구 시합 둘 중에서 선택을 해야 한다는 말이야?
  B : 실은 그래.

A : On doit travailler soit aujourd'hui soit demain. **C'est à peu près cela.**

B : Soit! Dans ce cas, je travaille aujourd'hui.

  A : 오늘이나 내일 일을 해야만 해. 상황이 대충 그래.
  B : 좋아! 그렇다면, 난 오늘 일하겠어.

⑬ 그건 아무것도 아니다.

A : Il a rudement bien joué en première mi-temps.

B : **Tu n'as rien vu encore!** Il fera mieux en seconde mi-temps.

  A : 그는 전반전에 정말로 잘했어.
  B : 그건 아무것도 아니야! 후반전엔 더 잘할 거야.

▶▶ 그건 별것 아니다.
Ça ne casse rien.(속어)

⑭ 대단한 일입니다.

A : Il a gagné le grand prix. **C'est vraiment quelque chose!**

B : Oui, c'est cela même.
　A : 그가 특상을 받았어요. 정말 대단한 일이예요!
　B : 네, 정말 그래요.
De diriger une entreprise à l'age de 27 ans, **c'est vraiment quelque chose**. 스물입곱 살의 나이로 한 기업을 운영한다는 건 정말 대단한 일이다.

▶▶ 대단한 일이죠?

A : Il y a trois semaines qu'il est embauché, et il a déjà obtenu de l'avancement.
B : **N'est-ce pas quelque chose?** Il a de la chance.
　A : 그는 고용된 지 3주 만에 벌써 승진을 했어.
　B : 대단한 거 아녜요? 그는 운이 좋아요.

▶▶ 대단한 사람

Napoléon renouvela la face de l'Europe. Il est vraiment **quelque chose**. 나뽈레옹은 유럽의 양상을 일변시켰다. 그는 정말 대단한 사람이다.

▶▶ 대단한 것

Cette machine est très sophistiquée. N'est-ce pas **quelque chose**?
이 기계 아주 최고 수준이야. 기가 막히게 만들었지?

---

⑮ 별 희한한 일 다 보겠군!

Je n'ai jamais vu une chose pareille!

▶▶ 별 희한한 일 다 듣겠군!

A-t-on jamais entendu une chose pareille!

---

⑯ 좋았어! 바로 그거야!

Veine, alors! 좋았어! 됐어!

A : Le temps s'annonce très beau.
B : **À la bonne heure!** On va faire une excursion.
　A : 날씨가 아주 좋을 것 같아.
　B : 잘됐어! 우리 소풍 가자.

A : J'ai décidé de ne pas me venger de lui.

B : **Voilà qui fera l'affaire!** Tu auras l'esprit tranquille.
　　A : 난 그에게 원수를 갚지 않기로 결심했어.
　　B : 좋았어! 넌 마음이 평온할 거야.
A : Quand je finis ce bricolage, je passerai cette chambre à l'aspirateur.
B : **Voilà ce qu'il faut!** Il faut la garder toujours propre.
　　A : 이 공작을 끝내면, 이 방을 진공청소기로 청소할게.
　　B : 좋았어! 방을 항상 깨끗이 유지해야만 해.

⑰ …하기로 되어 있다.

Je **suis censé** les rejoindre à trois heures.
　나는 3시에 그들과 합류하기로 되어 있다.
Tu **n'es pas censé** commettre une action blâmable.
　넌 비난받을 행동을 저질러서는 안 돼.
Elle **est censée** ne pas boire. Le médecin lui en a interdi.
　그녀는 술을 마셔선 안 돼. 의사가 그녀에게 그걸 금했거든.

⑱ …인 듯하다.

On dirait qu'il a mal choisi son temps.　그가 시기를 잘못 선택한 듯하다.

▶▶ …라는 소문이다.

On dit qu'il y aura une exposition de sculpture.
　조각 전시회가 있을 거라는 소문이다.

⑲ …라고 가정하자.

Supposons que vous ayez raison. Je n'approuve pas ce que vous dites quand même.
　당신이 옳다고 가정합시다. 그렇다 해도 난 당신의 말에 동의하지 않소.
Mettons que tu sois malade. Mais il n'aura aucune pitié de toi.
　네가 아프다고 가정해 보자. 하지만 그는 널 전혀 동정하지 않을 거야.

▶▶ 그저 …하기만 한다면 (*소망·아쉬움 따위)

Si seulement j'étais à Paris!　그저 내가 지금 빠리에 있다면!

20 …한다는 조건으로

Il va les laisser entrer **pourvu qu**'ils ne fassent pas trop de bruit.
그는 그들이 너무 떠들어대지만 않는다면 들어가게 할 것이다.

Je vous ferai confiance **à condition que** vous fassiez votre devoir.
당신이 의무를 수행한다면 난 당신을 신뢰할 것이오.

J'ai accepté sa proposition **sous (la) réserve qu**'il ne revienne jamais.
그가 다시는 돌아오지 않는다는 조건으로 난 그의 제안을 수락했다.

21 …의 처지[입장]에 있다.

A : Ainsi va le monde!
B : Cela est bon à dire. Tu n'**es** pas **à ma place**.
　A : 세상이란 그런 거야!
　B : 말하긴 쉽지. 넌 내 처지가[입장이] 아니니까.

▶▶ …의 처지가[입장이] 되다.

Mets-toi à ma place.　네가 내 처지가[입장이] 되어 봐.

▶▶ 똑같은 상황[입장]이다.

Tout le monde veut avoir une bonne note. Nous **sommes** tous **dans le même cas**.　모두 좋은 성적을 얻고 싶어해. 우리 모두 같은 상황[입장]이야.

▶▶ 내 처지가 뭔지를 모르겠다.

J'ignore quelle est ma position[ma situation].

▶▶ 그에 대해 당신은 어떤 입장[생각]인가요?

Quelle est votre position vis-à-vis de lui?

22 내가 당신이라면

Si j'étais à votre place, je ne m'indignerais pas de sa conduite.
내가 당신이라면, 난 그의 행동에 분개하지 않을 거요.

▶▶ 내가 당신이었더라면

Si j'avais été à votre place, je ne l'aurais pas giflée.
내가 당신의 입장이었더라면, 그녀의 따귀를 치지 않았을 거요.

CHAPITRE 06 처지·상황·결과

㉓ 그는 곤경에 처해 있다.

Il est dans de beaux[jolis/mauvais/vilains] draps.(구어)

Il s'est mis dans le pétrin.(구어)

㉔ 그는 곤경에서 헤어났다.

Il s'en est sorti.(구어)

Il s'en est tiré.(구어)

Il s'est tiré d'affaire[d'un mauvais pas/du pétrin].(구어)

Il a tombé debout.

㉕ (사람·장소·시간의) 우연한 일치

A : Mon nom de famille, c'est Mittérand.

B : Le mien aussi! **Quelle coïncidence!**

   A : 내 성은 미떼랑이야.

   B : 내 성도 그래! 정말 우연의 일치네!

▶▶ 세상 참 좁군요.

(Que) le monde est petit!

Comme on se retrouve!

▶▶ 행운, 요행

C'est une veine[une chance/un bonheur] de vous rencontrer ici.

   당신을 여기서 만나다니 운이 좋군.

▶▶ 요행수

coup de veine (m.)(구어)

coup de bonheur (m.)

▶▶ 비상한 행운, 큰 횡재

une veine de pendu[de cocu](구어)

▶▶ 우연

C'est un hasard qu'il ait réussi. 그가 성공을 한 것은 우연이다.

▶▶ 우연한 일

coup de hasard (m.)

26 금시초문인데!

A : Le musée sera fermé à partir de ce lundi.

B : **Ça, c'est du nouveau!** Merci de m'en avoir informé.

　　A : 박물관이 이번 월요일부터 문 닫어.
　　B : 거 금시초문이네! 알려줘서 고마워.

A : Tu sais que Vincent a peur du cafard?

B : **C'est tout nouveau pour moi!** Un homme costaud comme lui? C'est incroyable!

　　A : 너 벵쌍이 바퀴벌레를 무서워하는 것 아니?
　　B : 금시초문인데! 그렇게 건장한 남자가 말이야? 못 믿겠어!

▶▶ 전혀 새삼스러울 것 없네!

A : Beaucoup de manifestants sont blessés au cours des bagarres avec la police.

B : **Rien de nouveau à cela!**

　　A : 많은 시위군중들이 경찰과의 난투극 도중에 부상당했어.
　　B : 뭐 새삼스러운 일이야?

27 …와 같은 가치가 있다[대등하다].

Ce machin **équivaut au** cerf-volant chez moi.
　이 물건은 우리 나라의 연에 해당된다.

Notre riz **est équivalent à** votre pain.
　우리들의 쌀은 당신들의 빵과 같은 것이다.

28 쉬운 일인 걸요.

C'est facile comme tout!

Il n'y a pas de difficulté!

A : Sébastien, peux-tu m'indiquer où se trouve la pharmacie?

B : Bien sûr! **C'est simple comme bonjour!**
　　　　　A : 쎄바스띠앙, 약국이 어디에 있는지 가르쳐 줄래?
　　　　　B : 물론이지! 간단한 일이야!
　　A : Tu sais faire fonctionner cette machine?
　　　B : Mais oui. **C'est du gâteau!**
　　　　　A : 너 이 기계 작동시킬 줄 아니?
　　　　　B : 그렇고말고. 누워서 떡먹기야!
　　A : Est-ce difficile d'apprendre ce programme?
　　　B : Pas du tout. **C'est un jeu d'enfant!**
　　　　　A : 이 프로그램 배우기 어렵나요?
　　　　　B : 전혀요. 땅 짚고 헤엄치기죠!

▶▶ 말하긴 쉽다.

Cela est bon à dire.(구어)

▶▶ …하는 것은 쉬운 일이 아니다.

Ce n'est pas une petite affaire de réparer une voiture.
　　차를 수선하는 것은 쉬운 일이 아니다.

---

29 동정심 좀 가지세요!

Ayez un peu de coeur!

▶▶ 상식 좀 가지세요!

Ayez un peu de bon sens!

---

30 손해 볼 것 없다.

Cette fois-ci je vais tenter ma chance. Je **n'ai rien à perdre**.
　　난 이번에 운명을 걸고 해 볼 테야. 손해 볼 게 전혀 없거든.
Pourquoi tu n'acceptes pas ses offres? Tu **n'as rien à perdre**.
　　왜 그의 제안을 수락하지 않니? 넌 손해 볼 게 전혀 없잖아.

---

31 공평하지가 않아요.

　　A : C'est le temps de préparer le déjeuner. Et toi, tu fais la cuisine.

B : **Ce n'est pas juste!** Pourquoi ne fais-tu jamais la cuisine?
A : 점심식사를 준비할 시간이네. 너 말이야, 네가 요리해라.
B : 공평하지 않잖아! 왜 넌 한 번도 요리를 안 하니?

---

32 호랑이도 제 말하면 온다.

Quand on parle du loup, on en voit la queue.《속담》

A : Je ne sais pas exactement si Marc participera au festival.
B : Bonjour mes enfants!
C : **Quand on parle du loup!**
 A : 마르끄가 페스티발에 참가할는지 정확히 모르겠는 걸.
 B : 얘들아 안녕!
 C : 호랑이도 제 말하면 온다더니!

---

33 남 말하시네!

A : Tu dois bosser ton examen au lieu d'aller t'amuser.
B : **La pelle se moque du fourgon!** Je ne t'ai jamais vu travailler.
 A : 너 놀러 가는 대신에 시험공부 열심히 해야 돼.
 B : 똥 묻은 개가 겨 묻은 개를 나무라네!《격언》 난 네가 공부하는 걸 본 적이 없어.

---

34 일어나다.

Un certain changement **s'est produit** en lui.
 그 어떤 변화가 그에게 일어났다.
La cérémonie de son mariage **a eu lieu** à une église catholique.
 그의 결혼식은 어느 한 성당에서 거행됐다.
Le festival ne **se fera** pas cette année.
 올해는 축제가 거행되지 않을 것이다.
Quelque chose **s'est passée** dans cette grange.
 이 헛간에서 무슨 일인가가 일어났다.
Les changements **sont survenus** dans la société.
 사회 안에 변화가 갑자기 일어났다.

Il lui **est arrivé** une aventure.   그에게 사건이 발생했다.(비인칭)

Je ne sais ce qui en **adviendra**.   무슨 일이 일어날지 난 모르겠다.

㉟ 제대로 안 되어가다.

A : Il ne veut rien dire sur son procès.

B : Il y a quelque chose qui **cloche**. J'en suis sûr.

　　A : 그는 소송에 대해서 내게 전혀 말을 안 하려고 해.

　　B : 뭔가가 탈이 있는 거야.(구어) 틀림없어.

㊱ 돈이 뭐 쓸게 있어야지.

J'ai fait des courses avec cent euros, mais le frigo est toujours vide. **On ne va pas loin avec un livre de nos jours.**

백유로로 장을 봤는데, 냉장고는 여전히 비어 있어. 요즘 어디 돈이 힘이 있어야 말이지.

▶▶ **돈이면 다 된다.**

L'argent est un bon passe-partout.

Je lui ai donné mille euros, et il a passé les défauts de mes papiers. **L'argent veut tout dire.**   그에게 천유로를 줬더니 내 서류의 결함을 눈 감아 주더구만. 돈이면 다 된다니까.

㊲ 시간이 말해줄 거다.

A : Je ne sais pas si elle a fait son meilleur choix.

B : **Qui vivra verra**.

　　A : 난 그녀가 최선의 선택을 한 건지 모르겠어.

　　B : 시간이 지나면 알겠지.

CHAPITRE 07
설득 · 부탁 · 명령 · 권유

① **먼저 …라고 말씀드리죠. (*설명 · 해명의 서두에서)**

Maintenant que vous êtes tous ici, **il faut vous dire que** je vous suis très reconnaissante de votre collaboration apportée à la publication de ce livre.
여기 모두 모이셨으니, 우선 여러분께 이 책의 출판을 위해 협력해 주신 것에 대해 매우 감사하고 있음을 말씀드려야겠습니다.

▶▶ 제 말씀은 이것으로 끝났습니다. (*연설을 끝맺는 말)
J'ai dit.

② **이래라 저래라 하다.**

Elle **mène** son mari **par le bout du nez[à la baguette]**.
그의 아내는 자기 남편을 제 마음대로 이래라 저래라 한다.

Elle **a[tient]** son fils **sous sa coupe**.
그녀는 아들을 자기 재량 하에 두고 있다.(속어)

Il **se laisse mener par le bout du nez[à la baguette]**.
그는 남이 시키는 대로 고분고분 따른다.

Il **est sous la coupe de** son père. 그는 아버지의 재량 하에 있다.(속어)

▶▶ 뒤에서 조종하다.

C'est sa mère qui **tire[tient] les ficelles**.
뒤에서 조종하는 사람은 바로 그의 어머니이다.

3 이래라 저래라 하지 마!

A : Cet achat a englouti presque toutes tes économies. N'oublie pas de mettre de l'argent de côté.

B : **Ne me dis pas ce que je dois faire!**

　A : 넌 그걸 사느라고 저금을 다 써 버렸어. 저축하는 걸 잊지 마.
　B : 이래라 저래라 마!

4 설마 …는 아니겠지.

A : Je suis désolé d'être en retard.

B : **Ne me dis pas que** ta voiture était encore en panne.

　A : 늦어서 미안해요.
　B : 설마 차가 또 고장났었다는 말은 아니겠지.

5 …에게 …을 권하다.

Je **vous suggère de** faire des investigations sur cette affaire.
　이 사건에 대해 조사할 것을 당신께 권합니다.

Je **te recommande de** lui faire le meilleur accueil.
　그를 극진히 대접할 것을 자네에게 권하네.

Je **lui conseille de** prendre cet itinéraire.
　이 여정을 택할 것을 그에게 권한다.

A : **Qu'est-ce que tu me recommandes?**

B : Je **te recommande** une omelette aux champignons.

　A : 자넨 내게 무슨 음식을 권하나?
　B : 버섯이 든 오믈렛을 권하네.

6 …에 대해 자세히 설명해 주시죠.

Pouvez-vous me donner quelques précisions[détails] sur ce qui s'est passé hier?
　어제 일어난 일에 대해 제게 자세히 설명해 주실 수 있겠어요?

7 …에게 해명을 하다[…에게서 해명을 듣다].

Je voudrais **m'expliquer avec lui**.
나는 그에게 해명을 하고 싶다[그에게서 해명을 듣고 싶다].

▶▶ 해명해 보시죠!
Explquez-vous donc!

8 관둬 버려!

A : Je l'aime de tout mon coeur. Mais il ne veut plus de moi.

B : **Laisse**-le **tomber**. Un jour il regrettera son imprudence.
    A : 난 그를 진심으로 사랑하는데 그는 더 이상 날 원치 않아.
    B : 그깐 녀석 떼 버려! 그 녀석 언젠가 자기의 경솔함을 후회할 날이 올 거야.

Il **a laissé tomber** sa fiancée. 그는 자기의 약혼녀를 저버렸다.

Après s'être blessé le pied, il **a laissé tomber** le football.
발을 다친 후에, 그는 축구와 손을 끊었다[관뒀다].

9 제게 맡기세요.

C'est une affaire faite!
염려 마(세요), 내가 맡을게(요)[다 된 거나 다름없어(요)]!

A : Pourriez-vous classer tous ces dossiers?

B : **Remettez-vous-en à moi**. Je peux le finir au bout d'une heure.
    A : 이 모든 서류들을 분류하실 수 있겠어요?
    B : 제게 맡기세요. 한 시간 후면 끝낼 수 있어요.

A : Quel gâchis! Tout est en désordre.

B : **Je m'en charge(rai)**. Toi, tu te reposes entre temps.
    A : 웬 뒤죽박죽! 온통 엉망진창이잖아.
    B : 내게 맡겨. 넌 그동안 쉬기나 해.

A : La boîte ne s'ouvre pas bien.

B : **Je m'en occupe(rai)**. Je sais comment utiliser cet ouvre-boîte.
    A : 이 통조림 잘 열리질 않아.
    B : 내게 맡겨. 이 깡통따개 사용하는 법을 내가 알거든.

▶▶ 당신에게 맡기겠어요.

Je m'en remet à vous.

Je m'en rapporte à vous.

▶▶ 제가 수습해 보겠습니다.

Je vais essayer d'arranger les choses.

---

⑩ 그걸로 하든지 말든지 하세요.

A : Qu'est-ce qu'on dînne aujourd'hui?

B : Il n'y a que de la choucroute. **C'est à prendre ou à laisser.**

   A : 오늘 저녁은 뭔가?

   B : 슈크루뜨뿐이야. 싫으면 관두고.

A : Cette jupe est la dernière. **C'est à prendre ou à laisser.**

B : La couleur ne me plaît pas. Je la prends quand même.

   A : 이 스커트가 마지막 남은 겁니다. 이걸로 하시든지요.

   B : 색깔이 마음에 안 들어요. 하지만 그걸 사겠어요.

---

⑪ 제 말씀대로 하세요.

Maintenant, vous rentrez chez vous. **Vous m'entendez?**
   자, 집으로 돌아가세요. 알아들으셨나요?

▶▶ 제 말씀 잘 들어 보세요.

Écoutez-moi bien.

Suivez-moi bien.

Ouvrez bien vos oreilles.

Écoutez de toutes vos oreilles.

▶▶ 내 말 좀 들어 보라구!

Écoute voyons!

▶▶ 말씀해 보시죠!

Dites voyons!

▶▶ 귀기울여 듣고 있습니다.

Je suis tout oreilles.

12 …에게 마음을 털어놓다.

Henri a déchargé[dégonflé] son coeur à Catherine.
앙리는 꺄뜨린느에게 비밀을 토로했다.

Tu peux me dire ce que tu as sur le coeur.
마음속에 있는 걸 내게 털어놓으렴.

Il a ouvert son coeur à sa femme. 그는 자기 아내에게 속마음을 털어놓았다.
Il fait bon de se débourrer le coeur. 마음에 쌓인 것을 털어놓는 것은 좋다.
Elle me fait une confidence. 그녀는 내게 속이야기를 한다.

▶▶ 자 털어놔 봐!

Mais accouche donc!(속어)

---

13 하고 싶은 말을 다 하다.

Anne lui a dévidé son chapelet[son écheveau].
안느는 그에게 하고 싶은 말을 다 해버렸다.

Il lui a dit (toutes) ses vérités[ses quatre vérités].
그는 그에게 하고 싶은 말을 다 해버렸다.

---

14 솔직히 말해서

A : Tu t'intéresses à cet appartement?
B : Oui. Mais franchement parlant, le loyer est au-dessus de mes moyens.

A : 자네 이 아파트에 관심이 있나?
B : 응. 그런데 솔직히 말해서, 집세가 내 힘에 버겁다네.

▶▶ 솔직하게, 단도직입적으로

Dis-le-moi franco. 내게 그것을 솔직하게 말해줘.(속어)

▶▶ 주저 말고 하시오.

Allez-y franco.

---

15 의중을 털어놓다.

Pourquoi est-ce que tu ne **mets** pas **cartes sur table**?
왜 의중을 털어놓지 않니?

▶▶ 터놓고 말하다.

Pourquoi vous ne me **parlez** pas **à coeur ouvert[coeur à coeur]**?
왜 제게 터놓고 말하지 않으시죠?

---

16 본색을 드러내다.

Tôt ou tard le candidat va **se révéler tel qu'il est**.
조만간 그 후보는 자기의 본색을 드러낼 것이다.

---

17 노코멘트하는 것이 낫다.

A : Pourquoi n'as-tu pas mentionné l'augmentation de salaire à la réunion?

B : Pour le moment, **mieux vaut ne rien dire**.

A : 왜 자네 회의에서 급료 인상에 대해 언급하지 않았나?

B : 지금으로서는 아무 말 않는 것이 낫다네.

---

18 …을 불문에 부치다.

A : Il nous a causé pas mal d'ennuis. Il faut absolument le punir.

B : Oui. Mais elle veut **passer** ses fautes **sous silence**.

A : 그는 우리에게 꽤 많은 걱정거리를 안겨 줬어. 기필코 그를 벌 줘야해.

B : 그래. 하지만 그녀는 그의 잘못을 묵과하기를 원해.

---

19 어디까지 했죠?

A : Voyons! **Où en sommes-nous restés (de notre lecture)**?

B : Nous étions à la page 36.

A : 자아! 우리 어디까지 읽었더라?

B : 36쪽이었지요.

Où en sommes-nous restés? Ah! Nous parlions de son cousin?
우리 무슨 얘기까지 했더라? 아, 그의 사촌에 대한 얘기를 하고 있었지?

20 뭐라고 하셨죠?

A : Avez-vous reçu mon fax?
B : **Comment (dites-vous)?** Je n'ai pas entendu ce que vous disiez.
A : Je vous ai demandé si vous aviez reçu mon fax.
  A : 제 팩스 받으셨나요?
  B : 뭐라고 하셨죠? 뭐라고 하시는 지 못들었습니다.
  A : 제 팩스 받으셨냐고 물었어요.

▶▶ 한 번 더 말씀해 주세요.

Plaît-il? 뭐라고 말씀하셨습니까?(*되풀이해서 말해 주기를 바랄 때)
A : Mon numéro de téléphone est 315-0202.
B : **Encore une fois[Une fois de plus], s'il vous plaît.**
  A : 제 전화번호는 315-0202 입니다.
  B : 죄송하지만, 한 번 더 말씀해 주세요.

21 …에게 …을 요구하다.

Ils **m'ont demandé** de l'argent. 그들은 내게 돈을 요구했다.
Elle **te demande** toujours **de** venir à son aide.
  그녀는 항상 너에게 자기를 도와달라고 한다.
Vous **exigez** trop de qualités **de** cette femme.
  당신은 그녀에게 너무나 많은 자질을 요구하고 있소.

▶▶ …에게 …할 것을 강경히 요구하다.

Ils **exigent de** moi **que** je leur apporte à manger.
  그들은 내게 먹을 것을 가져오라고 강경히 요구한다.

▶▶ …에게 …을 간청하다.

Christine **le sollicite de** son aide. 크리스띤느는 그에게 도움을 간청한다.

22 뭐든지요.

A : Quel sport aimes-tu?
B : Eh, bien! J'aime le football, le base-ball, le volley-ball, **tout ce**

qu'on peut imaginer.
A : 어떤 스포츠를 원하니?
B : 글쎄! 축구, 야구, 배구, 뭐든지.

A : Quelle sorte de salade y a-t-il?
B : Salade mêlée, salade russe, salade de thon, salade verte, **tout ce qu'on peut imaginer**.
A : 어떤 종류의 샐러드가 있나요?
B : 믹스트 샐러드, 러시안 샐러드, 참치 샐러드, 그린 샐러드, 뭐든지요.

㉓ 가격을 불러 보시죠.

A : Je trouve ce magasin très cher.
B : Voulez-vous marchander sur le prix de ça? Bon! **Fixez le prix que vous voudrez**.
A : 이 가게는 물건값이 비싼 것 같아요.
B : 이 물건 값을 깎으시려는 건가요? 좋습니다! 당신이 값을 정해 보시죠.

㉔ 큰소리로 말씀해 주세요.

A : Je compte partir vendredi soir.
B : **Parlez plus fort[haut]**. Je vous entends à peine.
A : 금요일 저녁에 떠날 작정입니다.
B : 큰소리로 말씀해 주세요. 가까스로 들을 수 있습니다.

▶▶ 큰 목소리로

Qui est ce gars-là qui parle **à haute voix[à voix haute]**?
큰 소리로 말하고 있는 저 젊은이는 누군가?

▶▶ 낮은 목소리로

Claire parle toujours **à voix basse[à mi-voix/à demi-voix]**.
끌레르는 항상 낮은 목소리로 말을 한다.

▶▶ 목소리를 높이다(낮추다).

Il **a haussé(baissé) la voix**. 그는 목소리를 높였다(낮췄다).

㉕ 고함을 지르다.

Un blessé **a poussé un cri**. 한 부상자가 고함을 질렀다.

▶▶ …라고 외치다.

En l'apercevant, il **s'est écrié que** c'était une injustice.
그녀를 얼핏 보자마자, 그는 그것이 부당하다고 외쳤다.

㉖ 어떻게 말[표현]해야 할지 모르겠다.

Je ne sais pas comment dire.

▶▶ 그렇게 말하진 않았어요.

A : Vous voulez dire qu'il est faible en français?
B : Non. **Je ne me suis pas exprimé ainsi**. J'ai dit qu'il aurait besoin de pratique.
   A : 당신 말씀은 그가 불어에 약하다는 건가요?
   B : 아니요. 그렇게 말하진 않았어요. 연습이 필요하리라고 했을 뿐입니다.

▶▶ 달리 말해서

Pour m'exprimer autrement, ils ne savent comment se tenir.
바꿔 말하면, 그들은 어떻게 처신해야 하는지를 모르고 있다.
En d'autres mots[termes], elle est très exigeante.
달리 말해, 그녀는 성격이 매우 까다로워.
Autrement dit, tout le monde est content.
다시 말하면, 모두가 만족해한다.

㉗ 제 말 뜻은 그게 아닙니다.

Vous m'avez mal compris. J'ai dit qu'il était un peu avare de louanges. C'est tout! 제 말씀을 잘못 이해하신 겁니다. 전 그가 칭찬에 좀 인색하다고 말했습니다. 그뿐이에요!

㉘ …하려는 의도가 전혀 없다.

Sa mère **n'a aucune intention de** le rendre malheureux.

그의 어머니는 그를 불행하게 만들려는 의도가 전혀 없다.

Je n'ai jamais eu l'intention d'y aller. 난 그곳에 가려는 의도가 결코 없었다.

▶▶ 의도 없이

Il l'a fait **sans le vouloir**[**sans intention**]. 그는 무심코 그것을 했다.

▶▶ 의도적으로

Elle ne l'a pas fait **exprès**[**avec intention**]. 그녀는 고의로 그걸 하지 않았다.

---

29 잘 새겨들어 둬.

Si tu ne t'habilles pas cette veste, tu vas prendre un rhume. **Te voilà averti!** 이 웃옷을 입지 않으면, 감기에 걸릴 거야. 잘 새겨들어 둬!

Il ne faut jamais faire le difficile. **Tenez-vous-le pour dit!** 절대로 까다롭게 굴어서는 안 돼요. 잘 새겨들어 두세요!

---

30 그런 건 기대하지 마세요!

Rayez cela de vos papiers[**tablettes**]!

---

31 한마디 해 두겠는데

Je veux te dire une chose. Tu es ici pour travailler, mais non pour t'amuser. 한마디하겠는데, 자넨 여기에 놀러 온 것이 아니라 일하러 온 거네.

---

32 그것이 당신에게 교훈이 되기를!

Que cela vous serve de leçon[**d'exemple**/**d'avertissement**]!

▶▶ 그것으로 그는 제 잘못을 뼈아프게 느끼게 될 거다.

Ça le lui apprendra!

Cela lui fera des pieds.

Cela lui coûtera chaud.

Cela lui donnera une bonne leçon.

▶▶ 호되게 당하다.

Cette fois-ci, il **a reçu une bonne leçon**. 이번에 그는 호되게 당했다.(반어)

Cela **lui a coûté chaud**. 그는 그것 때문에 혼이 났다.

㉝ 그렇게 말하긴 일러.

A : Enfin, je me suis libéré de cette besogne.

B : **Il est trop tôt pour dire ainsi**. Il y en a encore d'autres à faire.

   A : 마침내 난 이 일에서 해방됐어.

   B : 그렇게 말하긴 너무 일러.(비인칭) 아직도 다른 할 일들이 있거든.

㉞ 주제넘을지 모르겠지만

Sans indiscrétion, puis-je vous demander votre âge?
주제넘을지 모르겠지만, 댁의 나이를 물어도 될까요?

▶▶ 주제넘게[계제 나쁘게] (끼어들어) 말하다.

A : Excusez-moi! **J'ai parlé mal à propos**.

B : J'accepte vos excuses.

   A : 죄송합니다! 제가 주제넘었어요.

   B : 알았어요.

Tu **interviens intempestivement** dans notre conversation.
넌 우리의 대화에 주제넘게[계제 나쁘게] 끼어들고 있는 거야.

Vous **parlez de corde dans la maison d'un pendu**.
당신은 섣불리 말하지 말아야 할 일에 대해 언급하고 있어요.

㉟ 실언을 하다.

A : Comment a-t-elle pu lui dire ainsi?

B : **La langue lui a fouché.**

   A : 어떻게 그녀는 그에게 그렇게 말할 수 있었지?

   B : 그녀는 실언을 했지.

㊱ 유발하다.

Tu **as provoqué** tous ces dangers. 너는 이 모든 위험을 유발했다.

Elle **a causé** un scandale. 그녀는 스캔들을 일으켰다.

Il **a prêté à** la critique. 그는 비난을 샀다.

▶▶ …에게 …을 초래하다.

Cela **lui a attiré** la critique. 그것은 그에게 비난을 초래했다.

Il **s'est attiré** des ennuis[des affaires].
　그는 사고[문제]를 일으켰다.

㊲ 글쎄 그렇다니까! 내가 그렇다고 하지 않았소!

Je vous le disais bien!

Quand je vous le disais!

Je vous l'avais dit!

Je l'avais bien dit!

Puisque je vous le dis!

▶▶ 내 말이 틀림없소!

Pour sûr, alors!
　확실하다니까[그렇다니까]!(*강조)

Il a encore retardé son départ de quelques jours. **Je te l'avais bien dit!** 그는 또 다시 출발을 며칠 늦췄어. 내가 뭐랬어!

▶▶ 몇 번이나 말해야 알겠어?

A : Ne fais pas beaucoup de bruit pour rien. **Combien de fois dois-je te dire?**

B : Je vous demande pardon.
　A : 하찮은 일 가지고 떠들어대지 마. 몇 번이나 얘기해야 알겠어?
　B : 죄송합니다.

▶▶ 두말없이 당장 실행하겠습니다.

Je ne me le ferai pas répéter.

㊳ 그건 재론할 것 없소.

Il n'y a pas à y revenir.

▶▶ 다시는 그런 짓 마시오.
N'y revenez pas.
Il ne faut pas y revenir.

▶▶ 본론으로 되돌아갑시다.
Revenons à nos moutons.

㊴ 꼭 말을 더 해야 되겠어?

A : Qu'est-ce qu'il va se passer si je ne passe pas un contrat avec lui?
B : **Faut-t-il que je te l'explique davantage?** Tu peux perdre ton emploi.
   A : 제가 그와 계약을 맺지 못하면 어떻게 되죠?
   B : 꼭 더 말을 해야겠어? 실직할 수도 있어.

A : Pourquoi ont-ils menacé l'équipage?
B : **Faut-t-il que je mette les points sur les i?** C'était un détournement d'avion!
   A : 왜 그들은 승무원을 위협한 거지?
   B : 꼭 말을 더 해야겠니? 비행기 납치사건이었단 말이야!

㊵ 잠깐 말씀드릴 수 있을까요?

A : **Puis-je vous parler un instant?**
B : Bien sûr! Je viens de finir cet emballage.
   A : 잠깐 말씀 드릴 수 있을까요?
   B : 물론이죠! 방금 이 포장을 끝내서 괜찮습니다.

㊶ 잠깐 시간을 내 주시겠어요?

A : Excusez-moi de vous déranger. **Voulez-vous m'accorder quelques minutes?**
B : D'accord! Venez dans une demi-heure.
   A : 방해해서 죄송합니다. 잠깐 시간 좀 내 주실래요?
   B : 좋습니다! 30분 후에 오세요.

㊷ 대화에 끼어들다.

J'étais obligé d'**intervenir dans votre conversation**.
당신들의 대화에 끼어들 수밖에 없었습니다.

▶▶ 대화를 중단시키다.

Il **a interrompu leur conversation**. 그는 그들의 대화를 중단시켰다.

㊸ 설마 농담이시겠죠!

A : Je vous donne cent mille euros.
B : **Vous plaisantez!**
   A : 십만유로를 드리겠습니다.
   B : 설마 농담이시겠죠!

A : **Vous voulez rire!**
B : Je ne ris pas, c'est sérieux.
   A : 농담이시겠죠!
   B : 농담이 아니라 진정이오.

A : **Tout ça c'est une blague!**
B : Je ne plaisante pas. Je ne dis que la vérité.
   A : 그거 전부 농담이겠지!
   B : 농담이 아니야. 난 진실만을 말한다니까.

A : **Tu blagues!**
B : Je ne blague pas. Je suis sérieux.
   A : 농담하네!
   B : 농담하는 거 아냐. 진지하게 하는 말이야.

A : **Tu rigoles!**
B : Oui, c'est vrai. C'est de la rigolade.
   A : 농담하네!
   B : 그래 맞아. 그건 농담이야.

▶▶ 난 농담할 기분이 아니다.

Je ne suis pas en humeur de plaisanter[blaguer/rigoler].

▶▶ 농담은 그만두게!

Arrière la raillerie!
▶▶ 내 말이 우스워?
Ce que j'ai dit, ça te fait rire?
▶▶ 장난삼아
Il a dit ça **pour rire[rigoler]**.　그는 농담삼아 그걸 말했다.
Je ne dis pas ça **histoire de rire**.　난 그저 농담삼아 그걸 말하는 게 아니다.
Il fait ça **par plaisanterie**.　그는 장난삼아 그것을 한다.

㊹ …을 놀리다.

Tout le monde **se moque de** lui.　모두가 그를 놀린다.
Il **rit de** ces gens naïfs.　그는 그 순진한 사람들을 비웃는다.
Ses amis **le met en boîte**.　그의 친구들은 그를 조롱한다.(속어)
Ils **se paient la tête de** Jacques.　그들은 쟈끄를 놀린다.(속어)
Je ne sais pas pourquoi on **raille** Michel.
　난 왜 사람들이 미셸을 비웃는지 모르겠다.
Il **blague** les gens sans les fâcher.
　그는 사람들을 화나게 하지 않으면서 놀려댄다.

▶▶ …에게 조롱당하다.
Si tu agis mal envers des gens, tu **te feras montrer du doigt**.
　네가 사람들을 나쁘게 대해 주면, 남에게 조롱당한다.

㊺ …을 속여 넘기다.

Il prend plaisir à **duper[tromper]** ses frères.
　그는 형제들을 속이는 것에 기쁨을 느낀다.
Quelquefois il **fait marcher** ses amis.
　가끔 그는 그의 친구들을 속여 넘긴다.(속어)
On **vous a eu[roulé]**!　속아 넘어가셨군요!
On ne **me la[le] fait** pas!　날 속이진 못해!(구어)
Il **a joué un tour à** son copin.　그가 단짝 친구를 속여 넘겼다.
Ils **lui ont bourré le crâne[la caisse/le mou]**.　그들은 그를 속였다.(구어)

Tu **lui as monté le coup**. 넌 그를 속였다.(구어)
Il **a doublé** tous ses amis. 그는 그의 모든 친구들을 속였다.(구어)
Il a voulu **me blouser**. 그는 날 속이려고 했다.(속어)
Elle **t'en a fait voir**. 그녀는 널 크게 골탕먹였다.(구어)
Mon ami **m'a fourré dedans**. 내 친구가 날 속였다.
Il ne faut pas **le défaire**. 그를 속여서는 안 된다.(구어)
Je sais que tu ne **le referas** pas.
  난 네가 그를 속이지 않으리라는 걸 안다.(구어)
Il **m'a bien attrapé**. 그는 날 보기 좋게 속였다.
Il aime **faire du chiqué**[**la faire au chiqué**]. 그는 속이는 걸 좋아한다.
Elle **a surpris** ma bonne foi. 그녀는 나의 신용을 악용하여 속였다.
Son collègue **lui en conte**(**de belles**/**de fortes**).
  그의 동료는 그를 속이려고 애쓴다.
Ils **l'ont flouée**. 그들은 그녀를 속였다.

▶▶ 속아 넘어가다.
Il **s'est laissé duper**[**tromper**]. 그는 속았다.
Je ne **m'en laisserai** pas **imposer par** lui. 난 그에게 속지 않을 거다.
Je **suis refait**! 난 속았다!
Je **me suis laissé attraper par** elle. 난 그녀에게 속았다.
Il **s'est laissé surprendre par** des promesses.
  그는 그 약속에 그만 속아 넘어갔다.
Cet imbécile **s'en est laissé conter**. 그 멍청이는 속아 넘어갔다.

---

46 웃기는 얘기 해줄까?

Veux-tu avoir le fou rire?

---

47 …을 욕하다.

Ses voisins **la injuriaient**. 그의 이웃들은 그녀에게 욕을 했다.
Un ivrogne **invectivait** des passants.
  한 주정뱅이가 행인들에게 욕을 퍼부었다.

▶▶ …에 대해 험담을 하다.

Elle n'a pas cessé de **dire du mal de** son mari.
그녀는 끊임없이 자기 남편의 험담을 했다.

Ses collègues **ont médit de** lui. 그의 동료들이 그에 대해 험담했다.

▶▶ …을 중상[비방]하다.

Son rival **le calomnie** avec acharnement.
그의 경쟁자는 필사적으로 그를 중상[비방]한다.

Il **diffame** tous les autres candidats.
그는 다른 모든 후보자들을 중상[비방]한다.

▶▶ …을 비난하다.

Je ne sais pas pourquoi tu **la critiques**.
난 왜 네가 그녀를 비난하는지 모르겠어.

Tu n'as pas le droit de **le blâmer**. 넌 그를 비난할 권리가 없어.

Ce n'est pas juste d'**attaquer** les gens sans raison.
아무 이유 없이 사람들을 비난하는 것은 옳지 않아.

Elle **lui a reproché** son ingratitude. 그녀는 그에게 배은망덕을 비난했다.

---

48 그렇게 하지 않으면 재미없어! (*강한 명령)

Tâchez que cela ne se reproduise pas. **Vous ferez cela ou vous me direz pourquoi!** 그런 일이 다시는 일어나지 않도록 노력하시오. 그렇게 하지 않으면 재미없을 거요!(구어)

---

49 이제 그만 좀 해줘!

C'est une[la] barbe!(속어)

A : Je ne l'aime plus. Je le déteste. C'est un vrai monstre!
B : **La[Quelle] barbe!** C'est toujours la même chanson.

   A : 이젠 그를 사랑하지 않아. 그를 미워해. 그는 정말 인정머리 없는 사람이야!
   B : 이제 그만 좀 해줘!(속어) 밤낮 똑같은 소리하고 있어.

A : Tu es bête ou quoi? Tu ne réalises pas à tel point c'est urgent? Dépêche-toi!

B : **En voilà assez!** Je m'en fous! Toi, tu vas chez lui tout seul.
    A : 너 바보야 뭐야? 얼마나 위급한지를 깨닫지 못하는 거야? 빨리 서둘란 말이야!
    B : 정말 지겨워! 내 알 바 아냐! 너나 혼자서 그의 집에 가.

▶▶ 아주 지긋지긋하더라!
C'était la barbe et les cheveux!(속어)

---

50 장담하지 마세요!

Vous êtes trop sûr de vous!
A : Avec cet argent, je pense pouvoir passer une semaine à Paris.
B : **Ne sois pas trop sûr de toi.** La vie est très chère à Paris.
    A : 이 돈이면 빠리에서 일주일은 보낼 수 있다고 생각해.
    B : 장담하지 마. 빠리는 물가가 아주 비싸거든.

▶▶ 뭘 보고 그렇게 장담하는 거지?
Qu'est-ce qui te fait assurer de ça?

▶▶ 당신의 자신감에는 놀라겠군요.
J'admire votre confiance.(*비꼼)

▶▶ 장래의 일은 장담해서는 안 된다.
Il ne faut jurer de rien.(비인칭)

---

51 …을 자랑삼아 보이다[과시하다].

La semaine dernière elle **a fait parade de** sa nouvelle coiffure.
    지난 주에 그녀는 새로운 머리 스타일을 과시했다.
Cette femme-là qui **fait montre de** ses bijoux, c'est un mannequin très célèbre. 보석을 자랑삼아 보이고 있는 저 여자는 아주 유명한 모델이야.
Il aime **faire étalage de** son savoir.
    그는 자신의 지식을 과시하는 걸 좋아한다.

---

52 …하기 위해서 핑계를 찾다.

Ils **cherchent des faux-fuyants pour** ne pas être punis.
    그들은 벌을 받지 않기 위해서 핑계를 찾는다.

Elle **cherche des échappatoires pour** partir plus tôt.
그녀는 좀더 일찍 떠나려고 핑계를 찾고 있다.

▶▶ …을 …하기 위한 핑계로 삼다.

Tu **prends[tires] prétexte de** son retard **pour** le critiquer.
넌 그의 지각을 구실로 삼아 그를 비난한다.

▶▶ …라고 핑계를 대다.

Elle **prend prétexte qu'**elle ne m'a pas vu à la réception.
그녀는 리셉션에서 나를 못 봤다고 핑계를 댄다.

---

53 …라고 변명하다.

Elle **donne pour excuse qu'**il ne lui a pas encore envoyé ses livres.
그녀는 아직 그가 자기에게 책을 보내오지 않았다고 변명을 한다.

▶▶ 구구하게 변명하지 마.

Ne te confonds pas en excuses.

▶▶ 어설픈 변명

faible[mauvaise] excuse (f.)

▶▶ 그것에 대해선 변명의 여지가 없다.

Il n'y a pas de prétexte à cela.
Il n'y a aucun prétexte à (faire) cela.

---

54 …이 …하는 것을 면제하다.

Je **t'excuse de** venir me voir ce soir.
나는 네게 오늘 저녁 날 만나러 오는 것을 면해 준다.

Elle **vous a exempté de** payer une amende.
그녀는 당신에게 벌금을 내는 것을 면제해 주었다.

Léon veut **dispenser** Cécile **de** travailler ce soir.
레옹은 쎄실에게 오늘 저녁 일하는 것을 면해 주고자 한다.

---

55 꾸며내다.

Peu importe ce que vous allez lui dire. **Inventez n'importe quelles** excuses. 그에게 뭐라고 해도 좋으니 무슨 변명이든 둘러대시오.

Il m'a forcé de **forger une histoire**. 그는 내게 얘기를 꾸며내도록 강요했다.

▶▶ 위조

falsification (f.)

contrefaçon (f.)

C'est lui qui **a falsifié[contrefait]** le document.
바로 그가 그 서류를 위조했다.

▶▶ 표절

piraterie (f.)(구어)

Il ne faut pas **pirater** les oeuvres d'autrui.
남의 작품을 표절해서는 안 된다.(구어)

▶▶ 모두 꾸며낸 거다!

Pure invention (que) tout cela!

---

56 ···에게 ···을 사과하다.

Je voudrais **m'excuser de** ma faute **auprès de** mes collègues.
내 동료들에게 내 잘못을 사과하고 싶다.

Tu dois **faire[présenter] tes excuses à** Nicolas **pour** cet ajournement.
넌 이 연기에 대해 니꼴라에게 사과해야만 해.

---

57 용서해 주세요.

Je vous demande pardon.

Pardonnez-moi de mon imprudence.
제 경솔함을 용서해 주세요.

Excusez-moi de vous avoir fait attendre.
기다리게 해서 죄송합니다.

A : Après avoir fait la vaisselle, tu dois faire la lessive.

B : Mon Dieu! Maman, **ayez un peu de coeur!**

    A : 설거지를 한 후엔 빨래를 해라.

    B : 맙소사! 엄마, 이제 용서해 주세요!

58 눈감아 주다.

Laissez le partir. **Fermez les yeux sur** son départ.
그를 보내주세요. 그가 떠나는 걸 눈감아 줘요.

Je vais **laisser passer** ta faute cette fois-ci. 이번엔 네 잘못을 눈감아 주겠어.

▶▶ 예외로 해 주세요.

Pourriez-vous faire une exception juste une fois?
딱 한 번만 예외로 해 주실래요?

▶▶ 한 번 봐 주세요.

Il se repent d'avoir commis une faute. **Donnnez-lui une seconde chance**.
그는 잘못을 저지른 걸 후회하고 있으니 다시 한 번 기회를 주세요[한 번 봐 주세요].

59 (말을) 이제 그만 합시다!

N'en parlons plus!

▶▶ 그만해 두겠소.

J'en passe et des meilleurs.
이것뿐이 아니고 또 얼마든지 좋은 예는 있지만 이만해 두겠소.

60 …하기는 쉽다.

Il lui est facile de dire n'importe quoi.
아무 말이나 하는 것이 그에게는 쉽다.(비인칭)

Ce n'est pas chose aisée de se débrouiller tout seul à l'étranger.
혼자서 외국에서 알아서 처신하기란 그리 쉬운 일이 아니다.

▶▶ 말하기보다 행동은 어렵다!

Cela est bon à dire!

C'est plus facile[aisé] à dire qu'à faire.

61 됐으면 말하세요!

A : Je vous verse du café. **Arrêtez-moi!**

B : Merci, ça suffit!
　　　A : 커피를 따라 드릴게요. 됐으면 말하세요!
　　　B : 감사합니다, 됐습니다!
　A : Veux-tu mettre du sucre?
　B : Oui.
　A : **Comme ça?**
　B : Comme ça! Merci.
　　　A : 설탕 넣을래?
　　　B : 응.
　　　A : 됐니?
　　　B : 됐어! 고마워.

62 말 잘했어!

　A : C'est notre droit de connaître ses finances dans tous ses détails.
　B : **Cela est bien dit!**
　　　A : 그의 재정상태를 세밀하게 아는 것은 우리의 권리야.
　　　B : 말 잘했어!

63 혼자 해본 소리다.

　A : Comment? Qu'est-ce que tu disais?
　B : Rien. **Je me suis disais tout seul.**
　　　A : 뭐라고? 무슨 말 했니?
　　　B : 아니야. 그저 혼자 해본 소리야.

64 …에게 훈계하다.

Les enfants n'aiment pas un vieillard qui **les sermonce**.
　어린이들은 그들을 질책하는 노인을 좋아하지 않는다.
Son père **lui donne[fait]** toujours **une sermonce**.
　그의 아버지는 그에게 항상 훈계를 한다.
Notre maître **nous a fait la morale**.
　우리 선생님은 우리에게 훈계를 하셨다.(구어)

Il est toujours à **me sermonner**. 그는 항상 나에게 훈계를 늘어놓는다.(구어)

Sa mère **lui a fait des remontrances**.
  그의 어머니는 그에게 훈계를 했다.

Son frère aime **lui en remontrer**.
  그녀의 오빠는 그녀에게 훈계하는 걸 좋아한다.

---

65 …을 꾸짖다.

Son patron **lui a lavé la tête**. 그의 사장은 그를 엄하게 꾸짖었다.(구어)

Cessez de **lui faire une réprimande**.
  그를 질책하는 것을 그만 멈추세요.

Elle **a réprimandé** son fils **sur[pour]** sa conduite.
  그녀는 그의 아들에게 그의 행동을 꾸짖었다.

Sa mère **l'a grondé sur[au sujet de]** ses bêtises.
  그의 어머니는 그의 어리석은 행동에 대해 그를 꾸짖었다.

Il **m'a grondé** d'avoir commis une faute.
  그는 내가 잘못을 저지른 것에 대해 꾸지람했다.

Je ne veux pas **lui faire des reproches**. 난 그를 꾸짖고 싶지 않다.

▶▶ 꾸중을 듣다.

Si tu sors ce soir, tu vas **écoper**.
  오늘 저녁에 외출하면, 넌 꾸중을 듣게 될 거다.(속어)

---

66 혼을 내주다.

Je **lui en ai fait voir de dures**. 난 그를 혼내줬다.

Elle **lui mène[rend/fait] la vie dure**. 그녀는 그를 혼이 나게 한다.

Sa soeur **l'a bien arrangée**. 그의 언니가 그녀를 혼내줬다.

Il **l'a arrangée de la belle façon**. 그가 그녀를 혼내줬다.

Mon frère va **l'arranger de la bonne manière**. 내 오빠가 그를 혼내줄 거다.

Je vais **le remettre à sa place**. 내가 그에게 따끔한 맛을 보여주겠다.(구어)

Tu **lui as fait baisser le diapason**. 네가 그의 콧대를 꺾었다.

▶▶ 정말 혼났겠군요!

Vous voilà bien arrangé!

---

67 아무 말씀 마세요.

A : On dirait que notre compagnie est en déficit.

B : Peut-être. Mais **n'en parlez pas**. Ce n'est pas encore certain.
    A : 우리 회사가 적자인 것 같아요.
    B : 어쩌면요. 하지만 아무 말씀 마세요. 아직 확실하진 않아요.

▶▶ 혼자만 알고 있어.

Laurent va se marier avec Geneviève. **Garde ça pour toi**.
    로랑은 쥬느비에브와 결혼할 거래. 혼자만 알고 있어.

▶▶ 우리끼리만 알고 있자.

Il me semble que Alexandre sera désigné pour ce poste. **Que cela reste entre nous!**
    알렉상드르가 그 자리에 임명될 것 같아. 우리끼리만 알고 있기로 해!

---

68 비밀로 해줘.

A : Il faut garder le silence absolu sur cette affaire. **Motus (et bouche cousue)!**

B : Entendu. Ne t'en fais pas!
    A : 이 사건에 대해서는 절대 비밀을 지켜야 돼. 비밀이야!
    B : 알았어. 걱정 말아!

A : Qu'est-ce qu'il a, Pierre?

B : Il est renvoyé. **N'en soufflez (pas un) mot!**
    A : 삐에르 왜 그래?
    B : 해고됐어. 하지만 누구에게도 얘기해서는 안 돼!

Il est homosexuel. **Pas un mot!** 그는 동성애자야. 아무한테도 말하지 마!

▶▶ 입을 봉하고 있을게.

A : N'oublie pas que c'est confidentiel.

B : D'acc! **Il m' est défendu de parler!**
    A : 그건 비밀이란 걸 잊지 마.

B : 알았어! 입을 봉하고 있을게! (비인칭)

69 비공식적으로

Aux journalistes, il **a dit** tous les détails **en confidence**.
기자들에게 그는 모든 자세한 사항들을 비공식적으로 말했다.

70 비밀을 털어놓다.

Madame Dupont **a confié ses secrets à** ses filles.
뒤뽕 부인은 자기 딸들에게 자신의 비밀을 털어 놓았다.
Elle **a mis** Grégory **dans la confidence**.
그녀는 그레고리에게 비밀을 털어놓았다.
Il **a vendu la mèche**.   그는 비밀을 누설했다.(구어)

71 무슨 일이 있었는지 가르쳐 주세요.

A : Je meurs de curiosité. **Faites-moi savoir ce qui s'est passé**.
B : Vous me faites mourir! Laissez-moi tranquille!
　A : 알고 싶어 못 견디겠어요. 무슨 일이 있었는지 가르쳐 줘요.
　B : 당신 정말 날 못살게 구는군요! 날 좀 내버려 두세요!

72 잘난 체하다.

Personne n'aime Cyril. Il **se donne des airs**.
아무도 씨릴을 좋아하지 않는다. 그는 잘난 체를 한다.
Arlette **fait la suffisante**. C'est vraiment dégoûtant.
아를레뜨는 으스대는데, 정말 역겨워.
Albert **fait l'important**. Il se croit très intelligent.
알베르는 잘난 체 하는데, 자기가 아주 똑똑한 줄로 알아.

▶▶ **자만심에 차 있다.**

Il **est gonflé[bouffi] d'orgeuil**.   그는 자만심에 부풀어 있다.

▶▶ **…을 우쭐해하다.**

Elle **se flatte de** sa réussite. 그녀는 자신의 성공에 우쭐해 한다.

---

73 아첨하다.

Quand il **flattait[flagornait]** son patron, j'ai failli vomir. C'était vraiment à vomir. 그가 사장에게 아첨을 하고 있을 때, 난 하마터면 토할 뻔했어. 정말로 역겨웠다니까.

▶▶ 아첨

Il lui a dit qu'elle était belle, mais ce n'était qu'une **flatterie[flagornerie]**.
그는 그녀에게 아름답다고 말했지만, 그건 아첨일 뿐이었다.

▶▶ 아첨해도 소용없어!

A : Léonard, ta cravate te va à merveille!
B : **La flatterie ne te mènera à rien**, Bernadette.
 A : 레오나르, 네 넥타이 기막히게 잘 어울린다.
 B : 추켜세워도 소용없어, 베르나데뜨.

▶▶ 아첨은 내 생리에 안 맞아.

Ce qu'il fait à Marie, c'est vraiment dégueulasse. **La flatterie n'est pas mon genre**.
그가 마리에게 하는 짓은 정말 역겨워. 아첨은 내 생리에 안 맞거든.

---

74 칭찬을 받으니 송구스럽습니다.

Je suis flatté(e).

▶▶ …을 영광으로 생각하다.

Je suis flatté(e) de votre visite.
방문해 주셔서 영광으로 생각합니다.

---

75 …에 감탄하다.

Elle **a de l'admiration pour** son mari. 그녀는 자기 남편을 찬미한다.
Son entourage **est dans l'admiration de** lui.
그의 측근들은 그에게 감탄하고 있다.

CHAPITRE 08
감정 · 감탄 · 기분 · 기호

1 …을 원하세요?

A : **Voulez-vous** m'accompagner?
B : Pourquoi pas?
　A : 저와 함께 가실래요?
　B : 그럽시다!

A : **Voulez-vous** du café?
B : C'est ce qu'il me fallait!
　A : 커피 드실래요?
　B : 제게 필요했던 게 바로 그거랍니다!

A : **Aimeriez-vous** essayer ce châpeau?
B : Voilà qui est parfait!
　A : 이 모자 한 번 써 보실래요?
　B : 그것 참 좋네요!

2 …하고픈 마음이 들다.

Je **suis en humeur de** nager.　수영하고 싶은 기분이다.
Je **me sens d'humeur à** aller au cinéma.　영화 보러 가고 싶은 기분이다.
J'**avais envie de** pleurer à ce moment-là.　난 그 순간 울고 싶었다.
A : Vous pouvez lire ce livre, **si le coeur vous en dit**.
B : Merci. Mais **ça ne me dit rien**.

A : 이 책을 읽으셔도 좋습니다, 그러고 싶으시면 말이죠.
B : 감사합니다. 하지만 그러고 싶지 않습니다.

③ …을 먹거나 마시고 싶다.

A : Voulez-vous prendre quelque chose?
B : Oui, merci. Je **prendrais bien** une tasse de thé.
 A : 뭐 좀 마시겠어요?
 B : 네, 감사합니다. 홍차 한 잔 마시고 싶네요.

▶▶ 감사히 먹거나 마시겠습니다.

A : Encore un peu de vin?
B : Merci. **Ce n'est pas de refus.**
 A : 포도주 좀 더 드실래요?
 B : 감사합니다. 감사히 마시겠습니다.

▶▶ 군침이 돈다.

Ce gâteau **fait venir l'eau à la bouche.** 이 과자는 군침이 돌게 한다.

④ 잘 지내고 있다.

A : Comment va ma fille en Amérique?
B : Elle **se porte bien.** Il n'y a pas de quoi vous inquiéter.
 A : 미국에 있는 내 딸 잘 있나요?
 B : 잘 지내고 있습니다. 걱정하실 것 없습니다.

⑤ …에 열중하다.

A : Qu'est-ce qu'il fait maintenant?
B : Il **s'est absorbé dans** la lecture de son journal.
 A : 지금 그는 뭘하고 있니?
 B : 신문을 읽느라고 여념이 없어.

Elle **se perdait dans** ses pensées. 그녀는 생각에 골몰하고 있었다.

▶▶ …을 열애하다.

Marianne **est folle de** Julien. 마리안느는 쥴리앙을 열렬히 사랑하고 있다.

6 …을 더 좋아하다.

Je **préfère** du thé. 홍차가 더 좋다.

Je **préfère** aller au théâtre. 연극 보러 가는 게 더 좋다.

Je **préfère** Chopin **à** Mozart. 나는 모차르트보다 쇼팽을 더 좋아한다.

Il **préfère** mourir **plutôt que** (de) se rendre.
그는 항복하기보다는 죽고 싶어한다.

Je **préférerais que** vous veniez. 당신이 오는 편이 좋겠다.

7 좋아하는 것이 서로 다르지요.

A : Je ne sais pas pourquoi elle s'habille toujours en noir.

B : **Des goûts et des couleurs on ne dispute point.**
    A : 그녀는 왜 늘 검은색 옷을 입고 다니는지 모르겠어.
    B : 각인각색이지.《격언》

A : Je suis pour le restaurant italien.

B : **Chacun son goût.** J'aimerais autant aller au restaurant chinois qu'autre part.
    A : 난 이태리 식당에 가고 싶은 쪽이야.
    B : 각인각색.《격언》 난 다른 어디보다도 중국식당에 가고 싶거든.

8 특히 좋아하는

C'est mon disque **préféré**. 이것이 내가 좋아하는 음반이야.

Il est mon auteur **favori**. 그는 내가 선호하는 작가야.

La Traviata est mon opéra **de prédilection**.
라 트라비아타는 내가 특히 좋아하는 오페라이다.

9 그건 내 취미에 맞는다.

Cela est de mon goût.

Cette sorte de musique **est tout à fait dans mes cordes**.
이런 음악은 내가 아주 좋아하는 것이다.

Cela n'est pas **au goût de** Nicole. 그것은 니꼴이 좋아하는 것이 아니다.

Ce n'est pas **mon genre**. 그건 내 취미에 맞지 않는다.

A : Où étais-tu?

B : Au grand magasin. Mais je n'y ai pas trouvé **ce qui est à mon goût**[ce qui me plaît].

    A : 너 어디에 갔었니?

    B : 백화점에. 그런데 내 마음에 드는 것을 찾질 못했어.

---

⑩ …하고 싶어 죽겠다.

Je **meurs d'envie de** fumer une cigarette.
    나는 담배를 피우고 싶어 죽겠다.

Il **brûle d'envie de** la rencontrer.
    그는 그녀를 만나고 싶어 죽을려고 한다.

---

⑪ …하고 싶어 좀이 쑤신다.

La langue me démange (de parler). 난 말하고 싶어 좀이 쑤신다.

Les mains lui brûlent. 그는 하고 싶어 손이 근질근질해 한다.

Les pieds lui brûlent. 그는 떠나고 싶어 못견뎌한다.

Il **a des impatiences dans les jambes.** 그는 좀이 쑤셔 안절부절 못한다.

---

⑫ 얼른 …하고 싶어 못 견디다.

J'ai **une grande impatience de** partir en vacances.
    난 얼른 휴가를 떠나고 싶어서 못 견디겠다.

---

⑬ 기꺼이 …하겠다.

Je **suis prêt à** rendre service à tout le monde.
    기꺼이 모두에게 도움이 되고자 한다.

Je **me complairais à** lui donner conseil. 그에게 기꺼이 충고를 하겠다.

Je **serais heureux**[content] **de** leur offrir ces articles d'alimentation.
    난 기꺼이 이 식료품들을 그들에게 제공하겠다.

Je **voudrais bien** vous prêter de l'argent.
기꺼이 당신에게 돈을 빌려주겠습니다.

Je **suis disposé à** aller jusqu'au bout.   기꺼이 끝까지 해보겠다.

Je **ne demande pas mieux que de** vous accompagner.
기꺼이 당신과 함께 가겠습니다.

▶▶ 기꺼이

Je le ferai **avec le plus grand plaisir**.
난 아주 기꺼이 그것을 할 것이다.

A : Veux-tu t'asseoir à côté de moi?

B : **Avec plaisir[Volontiers/De grand coeur]**!

   A : 내 옆에 앉을래?

   B : 좋고말고!

▶▶ 자진해서 …하다.

Il **s'est proposé volontairement pour** les en avertir.
그는 자진해서 그들에게 그걸 알리겠다고 했다.

Il **s'est offert à** nous aider.   그는 자진해서 우리를 돕겠다고 했다.

⑭ …에 만족하다.

Je **suis heureux du** résultat de mon examen.
난 내 시험 결과에 만족한다.

Il **est content de** son fils.   그는 자기 아들에 흡족해 한다.

Elle **est satisfaite de** son travail.   그녀는 자신의 일에 만족해한다.

⑮ 좋으나 싫으나, 어차피

Bien ou mal, l'affaire est faite.   좋건 나쁘건, 그 일은 끝났다.

Tu dois tenir jusqu'au bout, **que tu le veuilles ou non**.
좋건 싫건, 넌 최후까지 버텨야만 한다.

⑯ …의 마음대로 하다.

Permis à vous de **faire à votre guise[comme il vous plaira]**.

당신 마음대로 하는 것은 자유입니다.
Il a pris la liberté d'acheter une nouvelle voiture. Il **en fait à sa tête**.
그는 멋대로 새 차를 샀다. 그는 제 고집대로 한다.

---

⑰ …을 꺼리시나요?

A : **Cela ne vous dérange[gêne] pas que** je fume?
B : Mais non. Allez-y.
   A : 제가 담배 피우면 싫으신가요?
   B : 전혀 아닙니다. 피우세요.

A : **Cela vous gênerait-il que** je ferme la fenêtre?
B : Bien sûr que non. Faites comme vous voudrez.
   A : 창문을 닫으면 방해가 될까요?
   B : 물론 아닙니다. 좋으실 대로 하세요.

▶▶ 괜찮으시다면

Si cela ne vous dérange pas, pourriez-vous me donner votre numéro de téléphone?
괜찮으시다면, 제게 전화번호를 알려 주실 수 있겠어요?

Si cela ne vous fait rien, venez plus tard.
괜찮으시다면, 나중에 오십시오.

Si personne n'y voit d'inconvénient, je reste ici.
모두들 괜찮으시다면, 저는 여기 남겠습니다.

▶▶ 괜찮아요!

Ça ne fait rien!

▶▶ 제겐 아무래도 상관없습니다.

Ça m'est égal.

---

⑱ …에게 신경쓰지 마세요.

Ne vous dérangez pas. Ils sont ici juste pour une minute. **Ne vous inquiétez pas d'**eux.
하시던 일 계속하세요. 그들은 잠시 있을 거니까 그들에게 신경쓰지 마시고요.

⑲ 심각하게 생각하지 마세요.

Ne prenez pas cela au sérieux. Cela s'arrangera bien.
심각하게 생각하지 마세요. 잘될 겁니다.

⑳ …을 걱정하다.

Je **m'inquiète de** ce qui va se passer dans l'avenir.
난 앞으로 일어날 일을 걱정한다.

Ils **sont inquiets de** ne pas avoir de tes nouvelles.
그들은 네 소식이 없어 걱정하고 있다.

Il ne **se soucie de** rien.
그는 아무것도 염려하지 않는다.

Votre femme **est en souci de** votre santé.
당신 아내는 당신의 건강을 염려합니다.

▶▶ 그건 걱정할 것 없다.

Ce n'est rien d'inquiétant.

▶▶ 난 그것에 전혀 개의치 않는다.

C'est le moindre[le dernier/le cadet] de mes soucis.

Je m'en fiche[fous].

Ce n'est pas mon affaire.

Cela m'est égal.

㉑ 걱정 마세요!

Ne vous tracassez pas!

Ne vous inquiétez pas!

Ne vous tourmentez pas!

Ne vous en faites pas!

Ne vous faites pas de bile!

Ne vous faites pas de mauvais sang!

Ne vous frappez pas!

N'ayez pas peur!
N'y faites pas attention!
▶▶ 제 걱정 마세요.
Ne vous inquiétez pas pour moi.

㉒ 아무 불만도 없어요.

A : Bonjour, Jules! Comment vas-tu?
B : **Je n'ai pas à me plaindre**. Toute ma famille se porte bien.
A : 안녕, 쥘르! 요즘 어때?
B : 아무 불만 없단다. 가족 모두 건강하게 잘 지내고 있거든.

㉓ …와 문제가 있다.

Ce matin j'ai eu des ennuis avec la police.
오늘 아침 난 경찰과 문제가 있었다.

▶▶ …와 충돌하고 있다.
Il est en conflit avec sa mère.
그는 어머니와 불화가 있다.

▶▶ …와 사이가 좋다(나쁘다).
Claude est en bons(mauvais) termes avec Henriette.
끌로드는 앙리에뜨와 사이가 좋다(나쁘다).
Je suis en bonne(mauvaise) intelligence avec mon supérieur.
난 내 상사와 사이가 좋다(나쁘다).

▶▶ …와 최고로 좋은 사이에 있다.
Je suis au mieux[dans les meilleurs termes] avec lui.
난 그와 최상의 사이로 지내고 있다.

㉔ …와 어떻게 지내시나요?

En quels termes êtes-vous avec lui?
그와는 어떻게 지내시나요?

25 원한을 품다.

Il sera difficile que Nathalie se réconcilie avec Pierre. Elle **a de la rancune[rancoeur] contre** lui.
나딸리가 삐에르와 화해하기는 어려울 것이다. 그녀는 그에게 원한을 품고 있다.

Elle **a gardé le ressentiment à l'égard de** lui.
그녀는 그에 대한 원한을 품었다.

Tu as raison de **lui en vouloir**.   네가 그에게 원한을 품는 건 당연하다.

▶▶ 언짢게 생각 말게!

Sans rancune!

Point de rancune!

26 …에게 친밀감을 느끼다.

Je **me prends de sympathie pour** Charles.
나는 샤를르에게 친밀감을 느낀다.

▶▶ …을 동정하다.

Elle **a de la sympathie pour** les malheureux.
그녀는 불행한 사람들을 동정한다.

Il **est en sympathie avec** les nécessiteux.   그는 영세민을 동정한다.

J'**ai pitié de** la vieillarde.   난 그 노파를 불쌍히 여긴다.

Il **prend** ce garçon **en pitié**.   그는 이 소년을 측은히 여긴다.

▶▶ …에게 호감을 주다.

Blaise **m'est sympathique**.
난 블레즈가 좋다[블레즈는 내게 호감을 준다].

Philippe **est sympathique à** Antoinette.
앙뜨와네뜨는 필립을 좋아한다[필립은 앙뜨와네뜨에게 호감을 준다].

27 …에게 반감을 느끼다, 싫어하다.

Lionel **a de l'antipathie[de l'aversion] contre[pour]** les riches.
리오넬은 부자들을 싫어한다[부자들에게 반감을 느낀다].

▶▶ …에게 반감을 주다.

Elle m'est antipathique. 난 그녀가 싫다[그녀는 내게 반감을 준다].

Un fou furieux comme lui est antipathique à Sophie.
쏘피는 그처럼 광폭한 사람을 싫어한다[그처럼 광폭한 사람은 쏘피에게 반감을 준다].

㉘ 굉장히 놀랐어요! (*충격·놀람·기쁨)

Hier ils ont renvoyé tous les directeurs. **Je n'en reviens pas!**
어제 그들이 국장들을 모두 해고했어. 굉장히 놀랐어!

A : Tu sais? Claire et Paul sont divorcés.

B : Quoi? **Je n'en reviens pas!**
   A : 너 알아? 끌레르와 뽈이 이혼했어.
   B : 뭐라고? 정말 놀랐는걸!

㉙ 깜짝 놀라 자빠지는 줄 알았다.

Lorsque notre équipe de football a gagné le match, **j'ai pensé tomber de mon haut.**
우리 축구팀이 그 시합을 이겼을 때, 난 너무 놀라 나자빠지는 줄 알았어.

㉚ 이거 놀라운데!

A : As-tu entendu que Xavier partirait pour New York?

B : **Quelle surprise!** Mais pourquoi faire?
   A : 자비에가 뉴욕으로 떠날 거라는 얘기 들었니?
   B : 이거 놀라운데! 그런데 뭐하러 간대?

㉛ 저런! 어머나! (*놀라움·강한 감동)

A : Il est déjà neuf heures et demie.

B : **Mon Dieu[Grand Dieu]!** Je dois partir tout de suite.
   A : 벌써 9시 반이야.
   B : 어머! 즉시 떠나야겠어.

A : J'ai perdu mon portefeuille dans le métro.

B : **Bonté divine[du Ciel/de Dieu]!** Mais quand?

　　A : 지하철에서 지갑을 잃어버렸어.

　　B : 저런! 그런데 언제 그랬어?

㉜ 이럴 수가! (*즐거움 · 놀라움 · 괴로움)

Juste ciel! Quel désordre!
　　이럴 수가! 웬 난장판이야!

A : Qu'est-ce que Claudine t'a dit au téléphone?

B : **Juste ciel!** Elle se trouve dans de beaux draps.

　　A : 끌로딘느가 전화로 뭐래?

　　B : 어머 이럴 수가! 그녀가 곤경에 빠져 있다네.

㉝ 제발 부탁인데

A : Il est déjà 8 heures et notre avion part à 10 heures.

B : Tais-toi, **pour l'amour de Dieu!** On a plein de temps.

　　A : 벌써 8시인데 비행기는 10시에 출발이란 말이야.

　　B : 제발 입 좀 닥쳐! 시간은 충분하단 말이야.

Par pitié! Arrêtez donc!　제발 부탁인데 그만 좀 하시오!

De grâce! Allez vous promener.　제발! 저리 좀 가시오.

㉞ 이거 유감이구만!

A : Raymond ne vient pas aujourd'hui.

B : **Quel dommage!** On n'a qu'à faire venir André.

　　A : 레이몽은 오늘 안 와.

　　B : 이거 유감인데! 그럼 앙드레를 오게 하는 수밖에 없군.

A : Yves a retiré sa candidature.

B : **Quel malheur!** Mais qu'a-t-il donc?

　　A : 이브가 입후보를 사퇴했어.

　　B : 유감이로군! 그런데 도대체 그에게 무슨 일 있는 거야?

CHAPITRE 08　감정 · 감탄 · 기분 · 기호

㉟ 재수 없군!

J'ai manqué mon dernier autobus. **Pas de chance[Manque de chance]**!
마지막 버스를 놓쳤어. 재수 없게 말이야!

㊱ 와아! (좋아)

A : Il y a des sandwiches et de la soupe à l'oignon.
B : **Ben alors!** Cette soupe, ça sent très bon!
　A : 샌드위치와 양파 스프가 있어.
　B : 와아! 그 스프 냄새가 아주 좋은데!

㊲ 아니 이럴 수가! (*불만 · 놀라움)

Dire que la victime n'a pas encore dix ans!
그 희생자가 아직 열 살도 안 되었다니!

㊳ 이봐요! 아참! (*주의를 끌기 위해)

A : **Dis donc!** Ces chaussettes ne sont pas à prendre avec des pincettes.
B : Qu'est-ce que ça pue!
　A : 이봐! 이 양말 너무나 불결해.
　B : 정말 냄새 고약하네!

㊴ 애써봐! (*야유조로)

A : J'étais en train de le persuader de nous rejoindre.
B : **Dites toujours!** Il est très occupé maintenant et il n'aime pas la pêche à la ligne.
　A : 그에게 우리와 합류하라고 권유하고 있었어.
　B : 애써 봐! 지금 그는 굉장히 바쁜데다가 낚시질을 좋아하지도 않아.

㊵ 아이고!

A : **Oh là là!** J'ai oublié de t'apporter le livre.

B : Tant pis! Tu peux me l'apporter demain.
　　　　A : 아이참! 너한테 그 책 가져다 주는 걸 잊어버렸네.
　　　　B : 할 수 없지 뭐! 내일 그걸 가져다 주렴.

　A : Il a enfin congédié Marcel.
　　B : **Oh là là!** Notre patron en fait toujours à sa tête.
　　　　A : 그가 마르셀을 결국 해고했어.
　　　　B : 아이고! 우리 사장은 항상 제 고집대로 한다니까.

㊶ 아이! (*탄식 · 슬픔 · 고통)

　A : Monsieur Hébert est mort hier soir.
　B : **Hélas!** C'est une grande perte pour nous.
　　　A : 에베르 씨가 어제 저녁에 돌아가셨어.
　　　B : 아이 슬퍼라! 우리에겐 커다란 손실이야.

㊷ 아야! (*고통)

　Haïe[Haï]! La porte m'a pincé le doigt.
　아야! 손가락이 문틈에 끼었어.

㊸ 뭐라고요? (*놀람)

　A : Il a osé lever la main sur moi.
　B : **Hein?** Quel salaud!
　　　A : 그가 당치도 않게 내게 손찌검을 했어요.
　　　B : 뭐라고? 못된 놈!

　A : Simon a demandé la main de Françoise.
　B : **Quoi?** Et Agnès? Il l'a donc plaquée?
　　　A : 시몽이 프랑스와즈에게 청혼을 했어.
　　　B : 뭣이라고? 그럼 아녜스는? 그럼 그가 그녀는 차 버린 거야?

㊹ 제기랄! 빌어먹을! (*초조 · 실망 · 무시 · 불만)

　Bon Dieu! (속어)

Dieu de Dieu!(속어)

(Sacré) nom de Dieu!(속어)

Nom de nom!

Nom d'un chien!

Nom d'une pipe!(구어)

Sacré bon Dieu!

Sacrébleu!

Bon sang!

Bon sang de bon sang!

A : Tous les pneus sont à plat.

B : **Zut!** Appelle vite un mécanicien.
   A : 타이어가 모두 바람이 빠져 버렸어.
   B : 빌어먹을!(구어) 정비사를 빨리 불러.

A : Sa mémoire est une table rase. Il ne peut nous dire où se trouve le coffre.

B : **Flûte!** Comment cela se fait-il? Manque de chance!
   A : 그는 모든 걸 잊어버렸어. 그 상자가 어디에 있는지 우리에게 말해 줄 수 없게 됐어.
   B : 제기랄!(속어) 어떻게 그럴 수 있지? 운수 나쁘군!

Mince alors! Je n'ai plus d'essence. 제기랄!(속어) 휘발유가 떨어졌군!

Merde! Tout est foutu. 빌어먹을!(속어) 모든 게 끝장났어.

㊺ 기가 죽다.

N'ayant pas réussi à l'examen, il **est à plat** maintenant.
   시험에 낙방해서, 그는 지금 맥이 빠져 있다.

Il **(s')est dégonflé[découragé]** à cause de sa banqueroute.
   그는 파산 때문에 기가 죽었다.

Il **est déprimé[démoraisé]** à cause de son échec.
   그는 이번 실패로 의기소침해 있다.

▶▶ **…을 깎아내리다.**

Ils s'acharnent à **ravaler** notre P.D.G..

그들은 우리 대표이사 사장을 악착같이 깎아내리고 있다.

Il **a humilié** Timothée devant ses collègues.
그는 띠모떼를 그들 동료들 앞에서 창피를 주었다.

Elle **avilit** Maurice pour qu'il ne soit pas désigné pour ce travail.
그녀는 모리스가 그 일에 선임되지 않도록 하려고 그를 중상한다.

Pourquoi est-ce que tu **la déprécies**? Elle est belle comme tout.
넌 왜 그녀를 헐뜯는 거니? 그녀는 너무나 아름다운걸.

Il cherche à **vous mettre en pièces**. 그는 당신을 깎아내리려고 애를 쓴다.

---

46 겁주다.

La sonnerie de téléphone **m'a effrayé** au milieu de la nuit.
한밤중에 전화벨 소리가 날 겁먹게 만들었다.

Le tableau **l'a** beaucoup **épeuré**. 그 그림은 그를 매우 겁먹게 했다.

C'est une vraie soupe au lait. Il **nous fait** vraiment **peur**.
그는 정말 성마른 사람이다. 그는 우리를 정말 겁먹게 한다.

Ce qu'elle leur a raconté **les a apeurés**.
그녀가 그들에게 얘기한 것이 그들을 겁나게 만들었다.

Sa tête défigurée **a terrifié** tout le monde.
그의 일그러진 얼굴이 모든 사람을 무서움에 떨게 했다.

Tu **m'épouvantes**, quand tu t'écries. 네가 소리지를 때면, 넌 날 무섭게 해.

▶▶ 겁먹다.

En l'apercevant dans l'antichambre, j'**ai eu peur**.
대기실에서 그를 얼핏 보았을 때, 난 겁먹었었다.

Tout se passait bien. Mais au dernier moment j'**ai eu la frousse**.
모든 것이 잘 됐었다. 그런데 마지막 순간에 난 겁에 질리고 말았었다.(속어)

---

47 놀라게 하다.

Des éclairs de chaleur **ont stupéfié** des gosses.
(여름의) 마른번개가 어린애들을 놀라게 했다.

Cette rumeur **a stupéfait** ma femme. 그 소문은 내 아내를 놀라게 했다.

Cette nouvelle **a éffaré** les auditeurs.
그 소식은 청중들을 놀라게 했다.

Sa réussite **nous a étonnés**.　그의 성공은 우리를 놀라게 했다.

Attention! Même le moindre bruit peut **l'atterrer**.
조심해! 아주 자그마한 소리도 그를 깜짝 놀라게 할 수 있으니까.

En la frappant au visage, il **m'a consterné**.
그녀의 얼굴을 때림으로써 그는 날 아연실색케 했다.

C'est la nouvelle de sa mort qui **l'a abasourdie**.
그의 부음을 듣고 그녀는 대경실색했다.

Sa voix de tonnerre **m'a fait sursauter**.
그의 우렁찬 목소리가 날 소스라쳐 놀라게 했다.

㊽ 당황케[난처하게] 하다.

Ses injures **l'ont** complètement **confondu**.
그의 욕설이 그를 완전히 당황케 했다.

Sa telle conduite **a déconcerté** son mari.
그녀의 그런 행동이 그의 남편을 어리둥절하게 했다.

Vos commentaires **m'ont décontenancé**.
당신의 비난이 날 당황케 했습니다.

Il y avait une question qui **a embarrassé** mon maître.
선생님을 당황케 하는 질문이 있었다.

Vos larmes **me troublent**.　당신의 눈물이 나를 당황케 합니다.

Tu ne dois pas **la perturber** avec ta bêtise.
너의 어리석은 짓으로 그녀를 혼란에 빠뜨려선 안 돼.

Notre critique **l'a bouleversée**.
우리의 비판이 그녀를 혼란에 빠뜨렸다.

▶▶ 당황하다.

En la voyant lui faire la tête, il **s'est bouleversé**.
그녀가 자기에게 뾰로통한 얼굴을 하는 걸 보자, 그는 당황했다.

Chaque fois qu'il lui adresse la parole, elle **se trouble**.
매번 그가 말을 걸 때마다, 그녀는 당황한다.

㊾ 잔악한, 흉악한

Il a commis le crime **odieux[atroce/abominable]** contre nature.
그는 반인륜적인 끔찍한 죄를 저질렀다.

(50) 하마터면 큰일날 뻔했다.

Fais gaffe! Tu **l'as échappé belle**. 조심해! 하마터면 큰일날 뻔했다.

J'ai échappé tout juste. 난 간신히 모면했다.

A : Zut! Le pied m'a glissé.

B : **Il était[C'était] moins cinq**.

A : 제기랄! 그만 발이 미끄러졌어.

B : 하마터면 큰일날 뻔했다.(속어)

(51) 어찌할 바를 모르다.

Ayant mal composé le numéro de téléphone, il **ne savait que faire**.
전화를 잘못 걸은 후, 그는 어찌할 바를 몰라했다.

Car l'hôtel était complet, nous **ne savions plus que faire**.
호텔이 만원이라서, 우리는 이제 어찌해야 할지를 몰랐다.

(52) …을 부끄러워하다.

Elle **a honte de** sa soeur. 그녀는 자기 언니를 부끄럽게 여긴다.

Il **a[éprouve] de la honte à** me poser des questions.
그는 내게 질문하는 걸 부끄럽게 여긴다.

Il n'**est** pas **honteux de** sa cicatrice.
그는 자신의 상처를 부끄러워하지 않는다.

▶▶ …하는 것은 부끄러운 일이다.

C'est une honte de lui demander son aide.
그에게 도움을 구하는 것은 수치스러운 일이다.

C'est une honte que vous mentiez. 당신이 거짓말하는 것은 부끄러운 일이다.

Il est honteux que tu perdes la raison.

네가 이성을 잃는 것은 부끄러운 일이다.(비인칭)

▶▶ **부끄러워할 것이 전혀 없다.**

Il n'y a pas de quoi avoir honte.

▶▶ **창피한 줄 아시오!**

Quelle honte!

Vous n'avez pas honte!

▶▶ **체면 좀 차리시오!**

Ne vous gênez pas!(*비꼼)

---

53 …을 부러워하다.

Tout le monde **porte envie à** son mari. 모두가 그녀의 남편을 부러워한다.

▶▶ …의 …을 부러워하다.

Cathie **envie** l'intelligence **à** Delphine. 꺄띠는 델핀의 총명함을 부러워한다.

▶▶ …을 질투하다.

Elle **est jalouse** comme un tigre **de** toi.
 그녀는 미칠 듯이 너를 질투하고 있어.

Pourquoi est-ce que tu **la jalouses**? 넌 왜 그녀를 질투하는 거니?

---

54 …을 후회하다.

J'ai **du regret d'**avoir blessé son honneur.
 난 그의 명예를 손상한 것을 후회한다.

Elle **n'a aucun regret de** lui avoir brisé le coeur.
 그녀는 그의 마음을 상심케 한 것을 전혀 후회하지 않는다.

Il **regrette** sa négligence. 그는 자신의 소홀함을 후회한다.

Il **ne regrette rien**. 그는 아무것도 후회하지 않는다.

Nous **regrettons de** ne pas lui avoir donné aide.
 우린 그를 돕지 않았던 것을 뉘우친다.

J'**éprouve du remords d'**avoir fait des bêtises.
 난 어리석은 짓을 한 것을 뉘우친다.

▶▶ **두고 보시오, 후회하게 될 거요.**

Il vous en cuira. (비인칭)

▶▶ 죄송합니다.

Je regrette!

J'en suis au regret.

▶▶ …을 유감으로 생각하다.

J'ai regret que vous ne soyez pas venu hier soir.
어제 저녁 당신이 오시지 않아서 섭섭합니다.

Je regrette de vous avoir fait attendre. 기다리게 해서 미안합니다.

55 …에 감격하다.

Je suis très touchée de ta gentillesse. 너의 친절에 아주 감격했어.

J'étais ému de son accueil chaleureux. 난 그의 열렬한 환영에 감동했었다.

Elle est émue que vous lui procurions ce dont elle a besoin.
자신이 필요로 하는 것을 당신이 제공해 주셔서 그녀는 감격해 합니다.

Il s'est laissé attendrir au spectacle de cette scène.
그는 이 장면을 보고 감동했다.

Son coeur était attendri des sollicitations d'un quémandeur.
그의 마음은 간청자의 부탁에 감동됐다.

▶▶ 감동적인

Son éloquence était très touchante. 그의 웅변은 매우 감동적이었다.

Cette scène était vraiment émouvante. Elle est inoubliable.
그 장면은 정말로 감동적이었다. 잊을 수가 없다.

Son innocence est attendrissante. 그의 순수함은 감동적이다.

▶▶ 감동으로 목이 메다.

J'avais la gorge serrée à l'écoute de ses nouvelles.
그의 소식을 듣자 나는 목이 메였었다.

56 지루한

Son discours est ennuyeux comme la pluie. 그의 연설은 몹시 지루하다.

Ce film est rasant. 이 영화는 지루하다.

C'est une femme **barbante**.　그녀는 지루한 여자다.

▶▶ 따분하게 만들다.

Cela **me fait mourir[crever] d'ennui**.　그것은 날 지독히 지루하게 만든다.

Elle **m'ennuie à mourir**.　그녀는 날 따분해서 죽을 지경으로 만든다.

▶▶ 따분하구나!

Je **m'ennuie**!

▶▶ 따분한 사람

C'est un vrai **rasoir**.　그는 정말 따분한 사람이다.

---

57 기분이 좋다.

Brigitte est rentrée. Et elle **est de bonne humeur**.
　브리지뜨가 돌아왔는데 그녀는 기분이 좋다.

Charlotte **est bien disposée** aujourd'hui.　샤를롯뜨는 오늘 기분이 좋다.

Je **me sens[me trouve] bien**.　난 기분이 좋다.

Je **suis à mon aise** ici.　난 이곳에서 기분이 좋다.

Il **est dans son assiette** maintenant.　그는 지금 컨디션이 좋다.

▶▶ 기분이 나쁘다.

Il **est de mauvaise humeur** maintenant. Je lui ai flanqué un coup de pied.　그는 지금 기분이 안 좋아. 내가 그를 한 대 걷어찼거든.

J'aimerais savoir pourquoi elle **a de l'humeur**.
　난 왜 그녀 기분이 언짢은지 알고 싶어.

Ne lui dis rien. Il **est mal disposé**.　그에게 아무 말 마. 그는 기분이 나빠 있어.

Je **me sens[me trouve] mal**.　난 기분이 나쁘다.

Je **suis mal à l'aise** ici.　난 이곳에선 기분이 나쁘다.

Elle **n'est pas dans son assiette** aujourd'hui.
　그녀는 오늘 심기가 불편하다.

▶▶ 우울한 기분이다.

Je suis **d'une humeur noire**.　난 기분이 우울하다.

J'ai des **idées noires**.　난 기분이 우울하다.

J'ai le **cafard**.　난 기분이 울적하다.

Je me sens déprimé. 난 기분이 저기압이다.

▶▶ …할 기분이 아니다.

Je ne suis pas disposée à[pour] sortir avec toi.
　난 너와 외출하고 싶은 생각이 없다.

Il n'est pas d'humeur à rire. 그는 웃을 기분이 아니다.

58 호사스러운 생활을 하다.

Puisqu'il est milliardaire, il peut **mener grand train**. Mais pas moi!
　그는 억만장자라서 호사스러운 생활을 할 수 있어. 하지만 난 아냐!

▶▶ 방탕한 생활을 하다, 난봉 부리다.

C'est un enfant prodigue. Il **fait la noce**.
　그는 탕자다. 그는 방탕한 생활을 한다.(구어)

59 김 팍 새는군!

Je déguste une tasse de café. Mais tout à coup il dit: "Au boulot!".
Quel rabat-joie!
　커피 한 잔 음미하고 있는데 갑자기 그가 일을 시작하라고 하니, 정말 김새는군.

▶▶ 흥을 깨는 사람

Personne n'aime Jacques. C'est un vrai **rabat-joie[trouble-fête]**.
　아무도 쟈끄를 좋아하지 않아. 그는 진짜 김새게 하는 사람이라니까.

▶▶ …의 열광[흥분]에 찬물을 끼얹다.

Ses dires **ont jetté une douche froide sur l'enthousiasme de** Vincent.
　그의 말은 벵쌍의 열광에 찬물을 끼얹었다.

60 즐기세요!

Amusez-vous bien!

61 낯선 감을 느끼다.

Il y a un an que je suis venu ici. Mais Je **me sens** toujours **dépaysé**

dans cette ville.
이곳에 온 지 1년이 됐지만, 아직도 난 이 도시에서 낯선 감을 느낀다.

62 서먹서먹한 분위기를 깨다.

Pour **briser la glace**, il a fait le plaisant.
서먹서먹한 분위기를 깨려고, 그는 익살을 부렸다.

Histoire de **rompre la glace**, je lui ai tendu une cigarette.
어색한 분위기를 깨려고, 나는 그에게 담배를 한 개비 내밀었다.

63 훌륭해! 멋져! 좋지! 신나는데!

A : Devine qui l'a fait! C'est moi qui ai gagné le premier prix!
B : **C'est éptant!** Toutes mes félicitations!
 A : 누가 그걸 해냈는지 맞춰 봐! 바로 내가 일등상을 받았어!
 B : 훌륭해! 정말로 축하해!

A : Voilà ma nouvelle voiture! C'est le dernier modèle de BMW.
B : **C'est superbe[chouette]!** Elle doit t'avoir coûté chaud.
 A : 이게 내 새 차야! BMW 최신형이지.
 B : 멋지구나! 너 돈 꽤나 썼겠구나.

A : Tu viendras avec nous? On fera un pique-nique demain.
B : **C'est cool!** Je n'y manquerai pas.
 A : 우리랑 같이 갈래? 내일 피크닉 갈 거거든.
 B : 신나는데! 꼭 그렇게 할게.

A : Qu'est-ce que tu penses de mon châle?
B : **C'est magnifique!** Il te va à merveille.
 A : 내 숄 어떻니?
 B : 멋져! 너한테 기막히게 잘 어울려.

64 실망시키다.

Sa conduite **me déçoit**. 그의 행동이 날 실망시킨다.
Je **suis** un peu **déçu**. 나는 약간 실망했다.

Cela **me déprime**.   그것이 날 의기소침하게 해.

Tout cela **m'accable**.   그 모든 것이 날 낙담케 해.

Il **est découragé** à cause de son échec.
　그는 자신의 실패로 인해 실망해 있다.

Elle **est démoralisée** depuis son départ.
　그녀는 그가 떠난 이후로 사기가 저하되어 있다.

---

⑥⑤ 힘내세요!

Pousse-toi!   기운을 내!(속어)

A : J'ai fait une fameuse gaffe.

B : Mais ça va. **Du courage!**
　A : 난 엄청난 실수를 저질렀어.
　B : 하지만 괜찮아. 힘내!

▶▶ 용기를 잃지 마세요!

Ne perdez pas courage! Ce n'est pas encore fini.
　용기를 잃지 마세요! 아직 끝난 것이 아니니까요.

---

⑥⑥ 끝까지 견디다.

Je sais bien que tu travailles comme un forçat, mais tu dois **tenir jusqu'au bout**.
　네가 고되게 일하고 있다는 걸 난 잘 알고 있어, 하지만 넌 끝까지 견뎌야만 해.

▶▶ …을 견디어 내다.

Il **a tenu bon contre[devant]** toutes les critiques.
　그는 모든 비난을 견디어 냈다.

▶▶ …을 고수하다.

Il **restera fidèle à** sa doctrine.   그는 자신의 학설을 고수할 것이다.

---

⑥⑦ 좀 참으세요!

Soyez patient!

Prenez patience!

Patience!

---

68 …에 화가 나 있다.

Elle **est fâchée de** ton irresponsabilité.
그녀는 너의 무책임함에 화가 나 있어.

Je **suis fâché contre** lui. 난 그에게 화가 나 있다.

Il **est furieux contre** sa copine. 그는 그의 여자친구에게 화가 나 있다.

Elle **est enragée contre** ses enfants.
그녀는 그의 자녀에 대해 몹시 화가 나 있다.

▶▶ …에 화를 내다.

Je **me fâche de** son insolence. 난 그의 불손함에 화를 낸다.

Il **se fâche contre** son fils. 그는 그의 아들에게 화를 낸다.

Elle **s'est emportée contre** mon retard. 그녀는 나의 지각에 화를 냈다.

Si tu **laisses éclater ta colère**, tu vas tout gâcher.
만일 네가 분노를 터뜨리면, 모든 걸 망치게 될 거다.

Ne **te mets** pas **en colère**. Ce n'est pas bon pour ta santé.
화내지 말어. 네 건강에 안 좋아.

Il **s'enlève comme une soupe au lait**. 그는 발끈 성을 낸다.

Il **s'est enflammé de colère**. 그는 화를 냈다.

Pourquoi tu le fais **bouillir de colère**? 왜 너는 그를 화나게 만드니?

▶▶ …에 대해 과격한 말을 하다.

Elle **a vomi feu et flamme contre** son frère.
그녀는 자기 남동생에 대해 과격한 말을 했다.

---

69 신경질나게 하다.

A : Elle pleurniche toujours. Vraiment ça **m'énerve**!
B : Ne **t'énerve** pas. Elle veut être gâtée de toi. C'est tout!
   A : 그녀는 항상 우는 시늉이야. 정말로 신경질나게 해!
   B : 신경 곤두세우지 마! 그녀는 네게 응석부리고 싶은 거야. 그뿐이라고!

Tu **m'irrites** avec tes plaintes continuelles.

넌 끊임없는 불평으로 날 신경질나게 만든다.

Ce bruit **tape sur mes nerfs**. Je ne peux plus le supporter.
그 소리가 내 신경에 거슬린다. 더 이상 참을 수가 없다.

▶▶ 귀에 거슬리다.

C'est un son qui **écorche l'oreille**.   그것은 귀에 거슬리는 소리이다.

▶▶ 신경이 흥분되어 있다.

Il **a les nerfs excités**.   그는 신경이 흥분해 있다.

▶▶ 신경질이 되다.

Elle **a les nerfs en pelote** maintenant.   그녀는 지금 짜증이 나 있다.

▶▶ 귀찮게 하다.

Ne **m'embêtez** pas!   날 귀찮게 하지 마세요!

Elle **l'ennuie** avec ses histoires.   그녀는 얘기를 해대서 그를 귀찮게 한다.

Bien qu'il **te contrarie**, ne te fais pas de bile.
그가 널 귀찮게 한다 해도, 걱정 마.

Je ne sais pas pourquoi il **m'importune** tout le temps.
왜 그가 늘상 날 귀찮게 하는지 모르겠다.

Il ne cesse pas d'**agacer** mon frère.   그는 내 남동생을 끊임없이 귀찮게 한다.

Vous ne devez plus **le harceler** de questions.
당신은 질문을 해댐으로써 더 이상 그를 귀찮게 해서는 안 된다.

Ce travail **m'enquiquine**.   난 이 놈의 일 때문에 무던히도 속이 썩는다.

▶▶ 성희롱

harcèlement sexuel (m.)

---

70 조바심이 생기다.

J'ai toujours **l'estomac serré** avant d'aller voir mon professeur.
교수님을 만나러 갈 땐 난 가슴이 조마조마하고 불안하다.

---

71 그럴 필요 없어요.

A : Voulez-vous que je fasse l'étalage?

B : Non, **ce n'est pas la peine**.

A : 제가 상품을 진열할까요?
B : 아니, 그럴 필요 없어.

Ce n'est pas la peine de passer tant de temps à un travail qui n'intéresse personne.
아무도 관심을 갖지 않는 일에 그렇게 많은 시간을 소비할 필요가 없다.

▶▶ 일부러 수고스럽게 …하다.

Elle **s'est donné de la peine pour** me chercher à l'aéroport.
그녀는 일부러 수고스럽게 공항까지 날 마중왔다.

Ne te donne pas de peine pour t'expliquer.
일부러 해명하려고 수고하지 마.

---

72 방해하지 마.

Ne me dérange pas. Je dois finir ce travail aujourd'hui.
방해하지 마. 이 일을 오늘 끝내야 해.

▶▶ 방해할 생각은 전혀 없소.

Je n'ai aucune intention de vous déranger.

▶▶ 제가 방해가 되십니까?

A : Est-ce que je vous dérange?
B : Pas du tout.
　A : 방해가 됩니까?
　B : 전혀 아닙니다.

---

73 …하고 싶은 마음이 들다.

J'**ai envie de** goûter ce vin. 이 포도주를 맛보고 싶은 마음이 난다.
Maintenant je n'**ai** pas **envie de** tondre le gazon.
　지금 난 잔디를 깎고 싶은 마음이 안 난다.
A : Si on sortait pour dîner au restaurant vietnamien?
B : Je n'**en ai** pas **envie**.
　A : 월남식당에 저녁식사하러 나가면 어떻겠어?
　B : 그럴 마음이 들지 않아.

▶▶ …을 원하다.

Il **a envie de** mon stylo. 그는 내 만년필을 탐낸다.

Elle **a envie que** tout le monde l'aime.
그녀는 모든 사람이 자기를 사랑하기를 몹시 바란다.

---

74 (화, 흥분, 열광으로) 자제력을 잃다.

Excusez-moi. J'ai été un peu **emporté**. 죄송합니다. 제가 좀 흥분했었습니다.

Beaucoup de monde **était entraîné par** le charme de la chanteuse.
많은 사람이 그 여가수의 매력에 넋이 나갔었다.

---

75 흥분하지 마세요.

Gardez votre sang-froid.

Ne perdez pas votre sang-froid.

Ne vous emballez pas.

Calmez-vous.

---

76 진정하세요!

Du calme!

Calmez-vous!

Reprenez-vous!

A : Je sais très bien que vous êtes bouleversé, mais **remettez-vous!**

B : Mais j'ai perdu ma montre favorite!

A : 당황하신 건 잘 알지만, 진정하세요!

B : 하지만 내가 제일 좋아하는 시계를 잃어버렸단 말입니다!

▶▶ 마음을 가라앉힐 시간을 좀 주세요.

Donnez-moi le temps de me reprendre.

▶▶ 의식을 회복하다.

Ayant été dans le coma pendant deux jours, elle **a repris connaissance [ses esprits]**.
이틀 동안 혼수상태에 있은 후, 그녀는 의식을 되찾았다.

77 살살 다루세요.

Allez-y doucement. C'est fragile. 살살 다루세요. 그건 깨지기 쉬워요.
Allez-y doucement avec le détonateur. 뇌관을 살살 다루세요.

▶▶ …을 살살 다루다.

Quand on décharge des choses fragiles, il faut **les prendre en douceur**.
깨지기 쉬운 짐을 내릴 때는, 살살 다뤄야 한다.

78 편히 하세요.

Mettez-vous à votre aise!
Prenez la peine de vous asseoir. Et **faites comme chez vous!**
앉으십시오. 그리고 편히 계세요.

79 …을 몹시 싫어하다.

Mon frère **a horreur de** manger de la viande.
　내 남동생은 고기를 먹는 걸 몹시 싫어한다.
Elle **a horreur qu'**on l'embrasse.
　그녀는 사람들이 자기를 껴안는 걸 몹시 싫어한다.
Je **déteste de** me lever tôt. 난 일찍 일어나는 걸 몹시 싫어한다.

80 …는 진저리가 난다.

J'en ai assez de Stéphane. Il me cherche toujours une histoire.
　난 스테판이라면 지겨워. 그는 항상 내게 트집을 잡거든.
Je **suis las de** ton mensonge. 난 네 거짓말에 지긋지긋하다.
Je **suis dégoûté du** monde. 난 세상이 지긋지긋해졌다.
Il y a encore un embouteillage. **J'en ai marre**.
　또 교통혼잡이야. 지긋지긋해.
C'est toujours la même guitare. **J'en ai plein le dos**.
　언제나 똑같은 소리를 하고 있어. 정말 진저리나.(구어)

▶▶ 저 소음은 날 참을 수 없게 한다.

Ce grand bruit me tue.　저 소음 때문에 난 미칠 것 같다.

81 그건 너무하다.

C'en est trop.　그건 너무하다[더 이상 못 참겠다].

C'est trop dire.　그건 말이 너무 지나치군.

▶▶ 그건 너무 많아요. (*선물에 대한 답례의 말)

C'est trop! Vous me gâtez. Merci beaucoup!
　이건 너무 황송하군요! 이렇게까지 고맙게 해 주시다니. 대단히 감사합니다!

▶▶ 지나침은 모자름과 같다.《격언》

Trop est trop(, et trop peu est trop peu.).

Le trop ne vaut rien.

Trop et trop peu n'est pas mesure.

▶▶ 이제 이 정도로 충분해요!

A : Voulez-vous un autre morceau?

B : J'aimerais bien, mais **ça suffit pour le moment**.
　A : 한 조각 더 드실래요?
　B : 그러고 싶긴 한데요, 이제 이 정도로 충분해요.

82 너무 심한데.

A : Elle m'a dit que c'était un dégoûtant.

B : Ah, ça alors! **C'est vraiment trop fort!**
　A : 그녀는 그가 아주 꼴보기 싫은 녀석이라던데.
　B : 아, 저런! 그건 너무 심한 걸!

▶▶ 극단으로 치우치다.

Cette fois-ci il **est allé trop loin**.　이번에 그는 너무 심했다.

83 뻔뻔스럽게도 …하다.

Il **a le culot de** me demander de l'argent.
　그는 뻔뻔스럽게도 내게 돈을 요구한다.(속어)

Elle **a eu le toupet de** lui faire un affront devant moi.

그녀는 뻔뻔스럽게도 내 앞에서 그를 모욕했다.(구어)

▶▶ **참 뻔뻔스럽구만!**

A : Nicolas résiste au patron.

B : **Quel culot!** Il n'y a qu'à peine un mois qu'il est embauché.

   A : 니꼴라는 사장 말을 안 들어.

   B : 참 뻔뻔스럽구만! 고용된 지 겨우 한 달밖에 안 되면서 말이야.

▶▶ **그는 참 뻔뻔스럽군!**

Il a du culot!

Il ne manque pas de culot!

Il a du toupet!

---

84 그만 좀 해둬요!

Ça suffit (comme ça)!

Arrêtez!

Finissez!

C'est assez!

Assez!

A : **En voilà assez!** Arrange tes affaires maintenant!

B : O.K., maman!

   A : 그만 좀 해라! 이제 네 물건들 정리해!

   B : 알았어요, 엄마!

---

85 비굴하게도 …하다.

Il ne faut pas **s'abaisser à** faire pitié.

   불쌍히 여김을 받을 정도로 비굴해져서는 안 된다.

Ne **t'avilis** pas **à** te faire aider par moi.

   내 도움을 받을 정도로 전락하지 말아라.

---

86 체면을 차리다.

Pour **sauver la face**, c'est-à-dire pour **ne pas perdre la face**, on n'a

pas le choix.
체면을 세우기 위해선, 즉 체면을 잃지 않기 위해선, 우리는 선택의 여지가 없다.

Grâce à cet argent, il a pu **sauver[garder/sauvegarder] les apparences [les dehors]**. 그 돈 덕택에, 그는 체면을 차릴 수가 있었다.

Il sait **tenir son rang**.
그는 지체를 보전할 줄[체면을 지킬 줄] 안다.

---

87 웃기지 마시오!

Vous me faites rire!

A : Je suis au régime. Je compte perdre de 10 kilos.
B : **Laisse-moi rire!** Tu ne pourras jamais renoncer au chocolat ni aux tartines.
A : 나 식이요법 중인데 10kg을 줄일 작정이야.
B : 웃기네! 넌 결코 초콜릿과 따르띤느를 포기 못할 걸.

▶▶ **웃음거리가 되다.**

J'ai peur de **prêter à rire**. 난 웃음거리가 될까봐 걱정스럽다.

---

88 웃을 일이 아니다.

Il s'est cassé le bras en faisant du ski. **Il n'y a pas de quoi rire**.
그는 스키를 타다가 팔을 부러뜨렸다. 그건 웃을 일이 아니다.

▶▶ **웃을 마음이 아니다.**

Je **n'ai pas le coeur à rire**. 난 웃을 마음이 아니다.

Je **ne suis pas en humeur de rire**. 난 웃을 기분이 아니다.

▶▶ **…의 웃음거리다.**

Cet homme **est en butte aux railleries de** toute la ville.
그 남자는 온 마을의 웃음거리다.

---

89 웃기는

Cette comédie était vraiment trop **drôle**!
그 희극은 정말로 너무나 웃겼어!

Ce qu'il a raconté, c'était vachement **tordant**!
　　그가 한 말은 정말 웃겼어!
Cette histoire est **marrante**.　그 이야기는 웃기는 걸.

▶▶ **그것 웃겨 죽겠구만.**
C'est à mourir de rire.
C'est à me crever de rire.
C'est à me tordre les côtes[les boyaux].
C'est à pamer de rire[C'est à rire à pamer].
C'est à rire comme un bossu[une baleine/un fou].

---

⑨⓪ …을 콧방귀뀌다.

Marie **tord le nez sur** cette sorte de bibelots.
　　마리는 이런 종류의 자질구레한 실내장식품을 콧방귀뀐다[거들떠보지도 않는다].
Elle **renifle sur** toutes les oeuvres médiocres.
　　그녀는 모든 하찮은 작품들을 콧방귀뀐다[싫어한다].

---

⑨① 그것 참 이상하네요!

C'est bien bizarre!

A : Qu'est-ce que tu as, Simone?
B : **Voilà qui est curieux[étrange]**! J'ai mis mes boucles d'oreille dans ce coffret à bijoux, mais je n'arrive pas à les retrouver.
　　A : 무슨 일이니, 씨몬느?
　　B : 이상하네! 귀걸이를 분명히 이 보석상자에 넣었는데, 찾을 수가 없네.

---

⑨② 얼굴을 찌푸리다.

Un mendiant s'approchait de lui et il **s'est renfrogné[s'est refrogné]**.
　　한 거지가 그에게 다가가자 그는 얼굴을 찌푸렸다.
Elle a l'habitude de **faire la grimace** en jouant du piano.
　　그녀는 피아노를 연주하면서 얼굴을 찌푸리는 습관이 있다.

▶▶ **…에게 뽀로통한 얼굴을 하다.**

Pourquoi est-ce que tu **lui fais la tête**?
왜 넌 그에게 뾰로통한 얼굴을 하는 거니?
Ne **fais** pas **la gueule**. 뿌루퉁하지 마.(속어)
Elle **boude contre** moi. 그녀는 내게 토라져 있다.

---

93 불쾌하게 하는, 역겨운, 지긋지긋한

Ce salaud est vraiment **dégoûtant**.
　그 치사한 녀석은 정말로 불쾌하다.
Cette mélodie est **déplaisante**. 이 멜로디는 기분에 거슬린다.
C'est une figure **repoussante**. 그것은 불쾌한 얼굴이다.
Cela m'a laissé une impression **désagréable**.
　그것은 내게 불쾌한 인상을 남겼다.
De temps en temps, on est obligé de faire un travail **répugnant**.
　가끔 사람들은 하기 싫은 일을 마지못해서 한다.
Tout ce qu'il dit, c'est **écoeurant**[**nauséabond**].
　그가 하는 모든 말이 역겹다.
La vie m'est devenue **odieuse**. 인생이 내게는 지긋지긋해졌다.
Ce bruit est **horrible**. 저 소음은 끔찍하다.
Quel temps **détestable**! 고약한 날씨로군!
Ce type est **exécrable**. 그 녀석은 밉살스럽다.
C'est un crime **haïssable**. 그것은 가증스러운 범죄다.

---

94 이용당한 기분이 든다.

J'ai **l'impression qu'on s'est tout bonnement servi de moi**.
　난 사람들에게 그저 이용당한 기분이 든다.

---

95 …을 모욕하다.

Il m'a **offensé**. 그는 나를 모욕했다.
Elle **lui a fait (une) insulte**. 그녀는 그를 모욕했다.
En lui flanquant une gifle, il **l'a insultée**.

그녀의 뺨을 찰싹 치면서, 그는 그녀를 모욕했다.
Tu ne dois jamais plus **lui faire affront**.
  넌 다시는 그를 모욕해서는 안 된다.
Elle est idiote de **faire injure à** son fiancé!
  약혼자를 모욕하다니 그녀는 멍청하기도 하지!
Il pardonne à celui qui **lui a fait outrage**.
  그는 자기를 모욕했던 그 사람을 용서한다.
Je n'ai aucune intention de **vous outrager**.
  난 당신을 모욕하려는 의도가 전혀 없다.
Elle **a** gravemment **manqué à** la maîtresse d'école.
  그녀는 그 여선생에게 심한 모욕을 가했다.

CHAPITRE 09
사회계약 · 약속 · 교제 · 법률

① …와 사귀다.

Récemment Christophe **fréquente (avec)** des voyous.
최근에 크리스토프는 깡패들과 친하게 지낸다[교제한다].

Tout le monde veut **frayer avec** cet homme.
모두가 그 사람과 친교를 맺고[사귀고] 싶어한다.

▶▶ 결혼을 전제로 교제하다.

Yveline et Marc **se fréquentent**.
이블린과 마르끄는 결혼할 목적으로 교제한다.(구어)

▶▶ …와 데이트하다.

Je voudrais **sortir avec** elle.
난 그녀와 데이트하고 싶다.

② 서로 의가 좋다.

Ils **s'accordent bien**.   그들은 서로 의가 좋다.
Ils **s'accordent mal ensemble**.
그들은 서로 의좋게 어울리질 못한다.

▶▶ …와 뜻이 맞다.

Elle **est en bon accord avec** sa belle-mère.
그녀는 그녀의 시어머니와 뜻이 잘 맞는다.

③ …와 의를 상하다.

Elle s'est brouillée avec sa famille. 그녀는 가족과 사이가 나빠졌다.
Il est en brouille avec ses frères. 그는 자기 형제들과 사이가 나쁘다.
Puisqu'ils se sont désaccordés, elle était triste.
  그들이 서로 의가 상해서 그녀는 슬펐다.

▶▶ …와 절교하다.
Paul a rompu avec Sylvie. 뽈은 씰비와 절교했다.
J'ai cessé toutes relations avec lui. 난 그와 완전히 절교했다.

④ (아내가) 남편을 속이고 바람을 피우다.

Elle encorne son mari. 그녀는 자기 남편을 속이고 바람을 피운다.

▶▶ (여자가) 바람기가 있는, 음탕한
Elle est folle de son corps. 그녀는 바람기가 있다.

▶▶ 오쟁이진 남편
mari encorné (m.)
cocu (m.)(비어)

▶▶ 애인[연인/정부]
petit(e) ami(e)
bon(ne) ami(e)
amant(e)
amoureux(se)
maîtresse (f.)

⑤ …와 끝장나다.

J'en ai fini avec lui. 그와 끝장냈다.
C'est fini entre nous. 우리의 관계는 이제 끝장이다.

▶▶ 그는 끝장난 사람이다.
Il est fini.

C'est un homme fini.
Il est fichu[foutu].
C'est[C'en est] fait de lui.
▶▶ 만사 끝장이다.
Tout est fichu[foutu].

---

6 …와 화해하다.

Il s'est réconcilié avec ses soeurs. 그는 누나들과 화해했다.
Marie s'est raccommodée avec Paul. 마리는 뽈과 화해했다.
Ils se sont remis ensemble. 그들은 서로 화해했다.
Je souhaite que tu t'arranges avec lui. 난 네가 그와 화해하기를 바래.

---

7 (여자가 남자를) 냉대하다.

Personne ne sait pourquoi Lise maltraite Marc.
아무도 왜 리즈가 마르끄를 냉대하는지를 모른다.

▶▶ …을 외면하다.

Tous ses amis tournent le dos à Sylvie.
모든 친구들이 씰비에게 등을 돌린다.

---

8 멸시하다, 얕보다, 무시하다.

Il a la tendance de snober des petits. 그는 빈민을 깔보는 경향이 있다.
Il méprise toutes les femmes. 그는 모든 여성을 무시한다.
Elle dédaigne tous ceux qui l'admirent.
  그녀는 자기를 찬미하는 모든 사람들을 업신여긴다.
J'ai décidé de l'ignorer. 난 그를 무시해 버리기로 마음먹었다.

▶▶ …을 발가락의 때만큼도 여기지 않는다.

Elle te méprise comme la boue de ses souliers.
그녀는 널 발가락의 때만큼도 여기지 않는다. (구어)

계약·약속·교제·법률

CHAPITRE 09 사회계약·약속·교제·법률 193

⑨ 소홀히[등한시]하다.

Il **néglige** sa famille.　그는 자기 가족을 돌보지 않는다.
Elle **laisse aller** son ménage.　그녀는 살림을 잘 돌보지 않는다.
Elle **laisse** tout **aller**.　그녀는 일체 무관심하다[되는대로 내버려 둔다].
Il **laisse tomber** ses amis.　그는 친구들을 등한시한다.
Elle **manque à** un supérieur.　그녀는 윗사람에게 결례를 범한다.

⑩ …을 보증하다.

Je **suis**[me porte/me rends] **garant de** sa sincérité.
　내가 그의 진실성을 보증한다.
Je le **garantis** honnête.　나는 그가 정직하다는 것을 보증한다.
Je **vous garantis que** Yveline est compréhensive.
　난 이블린느가 이해심이 많다는 것을 보증합니다.
Je **réponds de** l'honnêteté de Pierre.　난 삐에르의 성실함을 보장한다.
Je **réponds d'**elle.　난 그녀를 보증한다.

▶▶ …의 보증인이 되다.

Il **s'est porté caution pour** elle.　그는 그녀의 보증인이 되었다.
Elle **s'est rendue caution de** sa nièce.
　그녀는 자기 조카딸의 보증인이 되었다.

▶▶ …의 보증을 서다.

Peux-tu **donner caution pour** moi?　너 내 보증을 서줄 수 있니?

⑪ 연줄[빽]이 있다.

A : Comment est-ce qu'il a été promu si vite?
B : Je suppose qu'il **a du piston**.
　A : 그는 어떻게 그렇게 빨리 진급이 됐지?
　B : 빽이 있는 모양이야.

▶▶ 연줄이 닿아

Il est arrivé **à coups de piston**.　그는 연줄이 닿아 출세했다.

▶▶ 빽을 쓰다.

Il a fait jouer ses relations[le piston] pour trouver un poste pour son frère. 그는 자기 동생 일자리를 찾아주려고 빽을 썼다.

⑫ 영향력이 크다.

Son père a le bras long. 그의 아버지는 영향력이 크다.

⑬ 약속하다.

Je te donne ma parole. 약속할게.

Elle m'a promis de travailler mieux.
 그녀는 공부를 더 잘하겠다고 내게 약속했다.

▶▶ 약속을 지키다.

Elle tient toujours sa parole. 그녀는 항상 약속을 지킨다.

▶▶ 약속을 잘 지키는 사람이다.

Elle n'a qu'une parole. 그녀는 약속을 잘 지키는 사람이다.

C'est un homme de parole. 그는 약속을 잘 지키는 사람이다.

▶▶ 약속을 어기다.

Tu as manqué à ta parole. 넌 약속을 어겼어.

Il a trahi sa promesse. 그는 약속을 어겼다.

▶▶ 약속을 취소하다.

Il dégage facilement sa parole[promesse]. 그는 쉽사리 약속을 취소한다.

J'aimerais me dégager d'une promesse. 나는 약속을 취소하고 싶다.

▶▶ …에게 약속이행을 면제하다.

Je l'ai dégagé de sa parole[promesse].
 난 그에게 약속이행을 면제해 주었다.

⑭ …와 만날 약속을 하다.

Je lui ai fixé un rendez-vous. 나는 그와 만날 약속을 했다.

Veux-tu me donner (un) rendez-vous? 너 나랑 만날 약속할래?

▶▶ …와 약속을 해서 만나다.
   Ils vont **se rencontrer sur rendez-vous**.
   그들은 그녀와 약속을 해서 만날 것이다.

▶▶ …와 만날 약속이 있다.
   J'ai **un rendez-vous avec** Madame Durand à 2 heures.
   난 뒤랑 부인과 두 시에 약속이 있다.

▶▶ 만날 약속이 있으신가요?
   Avez-vous un rendez-vous?

▶▶ 소환되신 건가요? (*관공서에서)
   Est-ce que vous êtes convoqué?

⑮ 난 오늘 저녁에 약속이 있어요.
   Je suis pris(e) ce soir.

⑯ (사람) …을 버리다.
   Laurent **a lâché** Emmanuelle. 로랑은 엠마누엘을 버렸다.
   Elle **l'a planté là**. 그녀는 그를 버렸다.(구어)
   Olivier **a laissé tomber** sa petite amie. 올리비에는 자기 애인을 버렸다.
   Elle **a plaqué** son petit ami. 그녀는 자기 애인을 차버렸다.(속어)
   Il **a abandonné** sa fiancée. 그는 자기 약혼녀를 저버렸다.

⑰ 예약하다.
   N'oubliez pas de **réserver** votre place dans le train.
   당신 기차 좌석 예약하는 걸 잊지 마세요.
   Je vais **retenir** une chambre pour toi. 널 위해서 방을 하나 예약할게.
   Il vaut mieux **louer** ta place (d'avance) dans le paquebot.
   네 여객선 좌석을 (미리) 예약하는 것이 더 낫다.

▶▶ …을 위해 …을 남겨두다.
   J'ai **résevé** des pâtisseries **à** ma petite soeur.

난 여동생을 위해 과자들을 좀 남겨두었다.

⑱ 왕복항공권

billet d'aller et retour (m.)

⑲ 취소하다.

Il **a décommandé** la réunion de cet après-midi.
그는 오늘 오후의 회의를 취소했다.
C.G.T. **a annulé** l'ordre de grève. 노동총동맹은 파업 지시를 철회했다.
Il **a retiré** sa candidature. 그는 자신의 입후보를 철회했다.

⑳ 확인하다.

Il a essayé de **confirmer** ce bruit. 그는 그 소문을 확인하려고 애썼다.
C'est un vol **confirmé**. 이것은 확정된 비행편이다.

㉑ 연기하다.

Il ne faut jamais **remettre** une affaire au lendemain.
절대로 일을 다음날로 미루어서는 안 된다.
Le match **sera reporté**. 그 시합은 연기될 것이다.
On ne peut plus **ajourner** le concert. 더 이상 콘서트를 미룰 수가 없다.
Il **diffère** ce qu'il doit faire à plus tard. 그는 해야 할 일을 뒤로 미룬다.
Elle **a différé de** poser les fondations de la maison.
그녀는 그 집 건축 기초공사하는 걸 연기했다.
Je voudrais **renvoyer** mon départ. 나는 출발을 늦추고 싶다.
Il **a reculé** son projet. 그는 그의 계획을 연기했다.
Il **a** encore **arriéré** le paiement. 그는 또다시 급료 지불을 지체했다.

㉒ 소급력을 가지다.

L'augmentation de salaire **rétroagit** au 1er juillet.

월급인상은 7월 1일로 소급해 올라간다.

㉓ (법이나 규칙을) 지키다.

Il est péremptoire de **se mettre en règle**.
규정을 따라야만 하는 것은 항변의 여지가 없는 것이다.
Pour sauvegarder la paix, il faut **observer la loi**.
평화를 보전하기 위해서는 법을 지켜야만 한다.

▶▶ 규칙에 따라 게임을 하다.
Il faut **jouer selon les règles**. 규칙에 따라 게임을 해야 한다.
Tu dois **entrer dans les règles du jeu**. 넌 게임의 규칙을 따라야만 한다.

▶▶ (법이나 규칙을) 어기다.
Des brigands **enfreignent la loi**. 강도들은 법을 어긴다.
Il **a forcé la loi**. 그는 법을 유린했다.
Quelquefois on **donne[fait] une entorse au code**.
가끔 사람들은 법을 위반한다.
Il prend plaisir à **offenser les règles**.
그는 규칙을 어기는 것에서 기쁨을 느낀다.
Il **a outragé les bonnes moeurs**. 그는 미풍양속을 위반했다[해쳤다].

▶▶ 파렴치죄
crime de lèse-humanité (m.)

㉔ 엄격한

Son père est **sévère** envers ses enfants.
그의 아버지는 자식들에 대해 엄격하다.
Il vous serait recommandable d'être un peu plus **strict** à l'égard d'eux.
당신은 그들에게 좀 더 엄격해지는 것이 좋을 것이다.
Il m'a demandé la **stricte** observation du règlement.
그는 나에게 법규의 엄수를 요구했다.
On lui a donné une punition **rigoureuse**. 그에게 엄한 벌을 주었다.
C'est une loi **dure**. 그것은 엄격한[가혹한] 법이다.

CHAPITRE 10
왕래 · 발착 · 이동

① 무슨 일로 …에 오셨어요?

A : **Qu'est-ce qui vous amène** à Paris?
B : Je suis ici pour passer mes vacances.
   A : 빠리엔 무슨 일로 오신 건가요?
   B : 휴가를 보내려고요.

② …하러 가다.

Elle **viendra** le voir. 그녀는 그를 보러 갈 것이다.
Il **est allé** prendre une douche. 그는 샤워하러 갔다.
Il **fut** voir sa voisine. 그는 이웃집 여자를 만나러 갔다.(*être과거시제＋부정법)

③ …로 떠나다.

Je **pars pour** Londres. 나는 런던으로 떠난다.

④ 오다.

Ils **s'amèneront** à midi. 그들은 정오에 올 것이다.
A : Où est papa?
B : Il **sera ici** dans une demi-heure.
   A : 아빠 어디 계세요?

B : 30분 후면 오실 거야.

▶▶ 나 왔어요!
Me voici[voilà]!

---

5 그쪽으로 가다.

A : Tu peux venir me voir chez moi?
B : Bien sûr! Je **serai là** d'ici un quart d'heure.
  A : 나 보러 집으로 올 수 있겠니?
  B : 물론이지! 15분 이내로 그리로 갈게.

---

6 곧 갑니다!

J'y cours!

A : Paul! On frappe (à la porte). Va ouvrir la porte.
B : Oui, **j'arrive**!
  A : 뽈! 누가 노크한다. 문 열러 가거라.
  B : 네, 곧 가요!
A : Frédéric, on te demande (au téléphone).
B : Entendu. **Je viens**!
  A : 프레데릭, 전화 왔다.
  B : 알았어요. 곧 갑니다!

▶▶ 잠시 실례하겠습니다[곧 다시 오겠습니다].
Je reviens tout de suite.

---

7 …에 다녀오다.

J'ai été à Rome l'an dernier. 난 작년에 로마에 갔었다.
J'avais été à Paris. 빠리에 가본 적이 있다.(*être과거시제+장소보어)

---

8 마침 좋은 때에 오다.

A : Me voici! Mais qu'est-ce que ça sent bon!

B : Tu **tombes à pic[à point/bien]**. Prends ce gâteau, c'est vraiment délicieux!

A : 나 왔어! 그런데 냄새가 좋은 걸!

B : 너 마침 때맞춰 잘 왔다. 이 과자 먹어봐, 정말 맛있어!

Il **est arrivé comme marée en carême**. 그는 마침 좋을 때 도착했다.(구어)

▶▶ 영락없이 오다.

Voilà la feuille d'impôts: elle **tombe[arrive] comme mars en carîeme**.
세금고지서구만. 하여튼 정확하게 온다니까.

---

⑨ 거의 다 왔어!

A : C'est encore loin d'ici?

B : Non, **on est presque là**.

A : 아직도 여기서 멀어?

B : 아니, 거의 다 왔어!

---

⑩ 어디서 만날까요?

A : Bon, à deux heures! Mais **où est-ce qu'on se voit[se rencontre /se retrouve]**?

B : Au café Lutèce, comme d'habitude.

A : 그럼 2시에! 그런데 우리 어디서 만날까?

B : 여느 때처럼 까페 뤼떼스에서.

---

⑪ 마중가다.

Préparez-vous à **aller au devant de** vos parents.
부모님 마중갈 준비를 하세요.

Gabriel **est allé à la rencontre de** son frère à la gare.
가브리엘은 역에 형을 마중나갔다.

C'est toi qui dois **aller le chercher** à l'aéroport.
바로 네가 공항에 그를 마중가야만 한다.

N'ayez pas peur. Je **viendrai vous chercher** à l'arrêt d'autobus.
걱정 마세요. 버스 정거장으로 당신을 마중갈 테니.

⑫ 바래다 주다.

Voulez-vous **conduire** les invités jusqu'à la porte?
손님들을 대문까지 바래다 주실래요?

J'ai **reconduit** le gamin chez ses parents.
그 어린애를 부모집까지 바래다 주었다.

⑬ 먼저 가세요!

Passez donc!

Aprèz vous!

⑭ 길 좀 비켜 주세요.

Ôtez-vous de là[de mon chemin]!

N'encombrez pas le passage.

Rangez-vous!

Garez-vous!

Écartez-vous pour laisser passer Monsieur Leclerc.
르끌레르 씨가 지나가게 비켜 주세요.

▶▶ …에게 길을 비켜 주세요.

Ouvrez un passage à Madame Le Garrec.
르 가렉 부인에게 길 좀 비키세요.

Laissez-moi passer.
저 좀 지나가게 해 주세요.

▶▶ 자리 좀 비켜 주세요!

Faites-moi la place!

Poussez-vous un peu pour que je puisse m'asseoir.
내가 앉을 수 있게 좀 비켜 주세요.

▶▶ 자리를 좁히시오!

Tassez-vous à six sur cette banquette.
이 벤치에 여섯 사람이 자리를 좁혀 앉으시오.

Serrez-vous! 좀 좁혀 주시오!

▶▶ 문에서 좀 떨어져 계세요!

Dégagez la porte!

Restez[Tenez-vous] à distance de la porte!

▶▶ 통로에서 비키세요!

N'encombrez pas le couloir!

---

⑮ 썩 꺼져 버려!

Va-t'en!

Fiche(-moi) le camp!

Allons, file!

Allons, ouste!

Allez vous promener!

Va te coucher!

Allons, dégagez!

Allez-vous-en!

---

⑯ 길을 잃다.

Il **s'est perdu** dans le forêt. 그는 숲속에서 길을 잃었다.

Je **m'égare** toujours dans ce quartier.
　　난 항상 이 구역에서 길을 잃는다.

---

⑰ 잠시 들르다.

A : Prends soin de toi! **Passez chez** moi un de ces jours.

B : D'accord. Ciao!
　　A : 안녕! 가까운 시일 내에 집에 한 번 들려줘.
　　B : 그래. 안녕!

Cet après-midi je vais **faire une petite visite à** Robert.
　　오늘 오후에 난 로베르에게 잠시 들를 거다.

CHAPITRE 10 왕래·발착·이동

18 …에 (잠시) 머무르다.

Il est venu **passer quelques jours chez** moi.
그는 내 집에 와서 며칠 머물렀다.

Nous allons **descendre[séjourner]** à l'hôtel Méridien.
우리는 메리디엥 호텔에 머무를 것이다.

19 참석하다.

Je dois partir maintenant pour **assister à** une conférence.
난 강연회에 참석하기 위해서 지금 떠나야만 한다.

Elle **était présente à** la réunion.   그녀는 회합에 참석했었다.

▶▶ **수업을 듣다.**

Tous mes amis veulent **suivre** ce cours.
내 친구들 모두 이 수업을 들으려고 한다.

Les cours **sont** très **suivis**.
그 수업에는 학생들이 아주 잘 참석한다.

20 방문하다.

Au moins une fois par mois, je **rends visite à** mes parents.
최소한 한 달에 한 번, 난 부모님을 방문한다.

Je souhaite que tu **ailles chez** elle.
난 네가 그녀를 방문해 주기 바란다.

Hier il **s'est présenté chez** Monsieur Sabatier.
어제 그는 싸바띠에 씨를 방문했다.

21 참가하다.

Je voudrais **participer à** ce festival.   난 그 축제에 참가하고 싶다.

Il veut **se joindre au** débat.   그는 토론에 참가하고 싶어한다.

Voulez-vous **être de la partie**?   참가하시지 않겠어요?

Moi aussi j'aimerais **me mettre de la partie**.   나도 한몫 끼고 싶습니다.

㉒ …와 합류하다.

Voulez-vous **vous joindre à** nous? 우리와 합류하지 않겠어요?

Il **s'est joint à** la foule. 그는 군중과 합류했다.

㉓ …을 다시 만나다.

Je vais **rejoindre** Pierre à New York.
난 뉴욕에서 삐에르를 다시 만날 것이다.

㉔ 끌어들이다.

Ne pensez pas **la mettre dans le bain**. Elle déteste cette sorte de saloperie. 그녀를 끌어들일 생각 마시오.(구어) 그녀는 이런 종류의 더러운 짓을 증오한단 말이오.

C'est un imposteur. Il **l'a induite au mal**.
그는 사기꾼이다. 그는 그녀를 꾀어서 나쁜 일을 시켰다.

Ne cherchez pas à **m'induire en erreur**.
날 그릇 인도하려고[잘못으로 이끌려고] 하지 마시오.

Il n'est pas si diable qu'il est noir. Il n'a pas tenté de **t'induire en tentation**.
그는 보기보다는 나쁜 사람은 아니다. 그는 널 유혹에 끌어들이려고 애쓰진 않았어.

▶▶ …을 불쌍한 처지에서 구해 주다.

Elle **l'a tiré de la boue**.
그녀는 그를 불쌍한 처지에서 구해 줬다.

C'est lui qui **t'a tiré de la poussière**.
널 곤궁에서 건져낸 사람은 바로 그 사람이다.(구어)

㉕ 같이 갈래?

Est-ce que tu veux venir avec moi?

▶▶ 나중에 갈게.

Je viendrai plus tard.

▶▶ 이리 와 봐!
Amène-toi!
Amène ta viande!(속어)

㉖ 배달하다.

Un garçon **m'a livré** un bouquet. 한 소년이 내게 꽃배달을 했다.

▶▶ 교부하다.

La préfecture **lui a délivré** le certificat.
도청에서 그에게 그 증명서를 교부했다.

㉗ …을 데리러[가지러] 오다.

Je **viendrai vous chercher** à 9 heures. 9시에 당신을 데리러 갈게요.
Venez prendre votre paquet, s'il vous plaît.
죄송하지만, 당신 소포를 가지러 오세요.

㉘ …을 부르러[찾으러] …을 보내다.

Avez-vous **envoyé** Didier **chercher** le médecin?
의사를 부르러 디디에를 보내셨나요?
Il **m'a envoyé chercher** des médicaments. 그는 약을 구하러 날 보냈다.
Je **l'a envoyé à la recherche de** mes chaussures.
난 내 신발을 찾으러 그를 보냈다.

㉙ 용케 벗어나다.

Il a failli être exclu de son parti politique. Mais il **s'en est tiré**.
그는 그의 정당에서 제명될 뻔했는데, 용케 벗어났다.(구어)
Le raid aérien était terrible. Mais je **m'en suis sorti**.
공습은 무시무시했지만, 난 용케 빠져나왔다.(구어)

▶▶ 난관을 극복하다.

Enfin il **a passé sur les difficultés**. 마침내 그는 어려움을 극복했다.

Elle sait très bien comment **surmonter les difficultés**.
그녀는 어떻게 난관을 타개할지를 잘 알고 있다.
Il **sortira d'affaire[d'embarras]**. 그는 난국에서 헤어날 것이다.

㉚ 이사하다.

Il **emménage** dans un studio juste à côté de mon appartement.
그는 내 아파트 바로 옆의 스튜디오로 **이사온다**.
Nous allons **déménager** le mois prochain.
우리는 다음 달에 이사갈 것이다.

㉛ 도망하다.

Il **s'est enfui**. 그는 도망쳐 버렸다.
Elle **s'est sauvée** à toutes ses jambes. 그녀는 걸음아 날 살려라 도망쳤다.
Personne ne sait pourquoi il **s'est échappé**.
아무도 왜 그가 도망쳤는지를 모른다.
J'ai crié au secours, et le voleur **s'est évadé**.
내가 구원을 외치자 도둑이 도망쳤다.
Sa chèvre **a fait une fugue**. 그의 염소가 도망가 버렸다.
Ne **décampe** pas. 도망치지 마.(구어)
Ne **file** pas. 도망치지 마.(속어)
Il **a mis les bouts**. 그는 달아났다.(속어)
Elle **s'est défilée**. 그녀는 도망을 쳤다.(속어)
Ils **ont fichu[levé/foutu**(속어)**] le camp**. 그들은 도망을 쳤다.

CHAPITRE 11
행동 · 동작

1 (그렇다고) 고개를 끄덕이다.

Au lieu de me répondre, elle **fait oui de la tête**.
내게 대답하는 대신에, 그녀는 고개를 끄덕여 그렇다고 한다.

En prenant du thé, elle **fait signe que oui de la tête**.
차를 마시면서, 그녀는 그렇다고 고개를 끄덕인다.

Il **fit oui en hochant la tête**.
그는 머리를 위아래로 흔들면서 그렇다고 했다.(*드물게)

▶▶ (아니라고) 고개를 젓다.

Si tu lui demandes si elle est prête, elle **fera non de la tête**.
네가 그녀에게 준비됐냐고 물으면, 그녀는 고개를 저어 아니라고 할 걸.

Il **faisait signe que non de la tête**.
그는 아니라고 고개를 젓고 있었다.

Elle **fit non en hochant la tête**.
그녀는 머리를 설레설레 흔들며 아니라고 했다.

2 업어주다.

Il **a porté** sa fille **sur le dos**. 그가 자기 딸을 업어주었다.

▶▶ 등에 올라타다.

Son fils aime **monter à dos sur** sa mère.
그의 아들은 그의 엄마 등에 올라타는 걸 좋아한다.

3 앉으세요.

Asseyez-vous, je vous en prie.

Veuillez vous asseoir.

▶▶ 자리에 앉으세요.

Prenez un siège[une chaise].

Allons les enfants, à vos places! 여러분, 자리에들 앉아요!

▶▶ 다리를 꼬고 앉다.

Elle s'est assise avec les jambes croisées. 그녀는 다리를 꼬고 앉았다.

▶▶ 책상다리하고 앉다.

Ils sont assis en tailleur[à la Turque]. 그들은 책상다리하고 앉아 있다.

4 그대로 앉아 계세요.

Restez assis.

Ne vous dérangez pas. 그대로 앉아 계십시오[하시던 일을 계속하십시오].

▶▶ 가만히 앉아 계세요.

Restez tranquille.

5 (앉아 있다가) 일어나다.

En la voyant entrer dans la salle, il s'est levé.
그녀가 홀에 들어오는 것을 보자, 그는 일어났다.

Elle a fait un sursaut. 그녀는 소스라쳐[펄쩍] 일어났다.

▶▶ (잠자리에서) 기상하다.

Levez-vous! C'est déjà 9 heures du matin.
일어나세요! 벌써 아침 9시예요.

▶▶ 잠을 깨다.

Quand je me suis réveillé, il faisait encore noir.
내가 잠을 깼을 때, 날은 아직 어두웠다.

Je me suis réveillé en sursaut. 난 깜짝 놀라[소스라쳐] 눈을 떴다.

6 등을 맞대고 서다.

Restez debout dos à dos. Nous allons voir qui est plus grand.
  등을 맞대고들 서 봐. 누가 더 큰지 보게.

▶▶ 양손을 허리에 대고 팔꿈치를 펴다.

En la regardant orgueilleusement, il **a fait pot à deux anses**.
  그녀를 거만하게 바라보면서, 그는 양손을 허리에 대고 팔꿈치를 폈다.

7 빈 좌석입니까?

Est-ce que cette place est libre?

▶▶ 이 자리는 임자가 있습니다.

Cette place est prise[occupée/retenue].

▶▶ 저와 자리 바꾸시겠어요?

Voulez-vous prendre ma place?

▶▶ (극장·버스 등이) 만원인

Cette salle est **complète**. 이 홀은 만원이다.
L'autobus est **plein**. 버스는 만원이다.

8 입어 봐도 될까요?

A : Je puis **essayer** ce pantalon?
B : Mais bien sûr. La cabine d'essayage est là-bas.
  A : 이 바지를 입어 봐도 될까요?
  B : 물론이죠. 탈의실은 저쪽에 있습니다.

▶▶ (옷을) 입다

A : Pourquoi tu **portes** toujours le jean?
B : Parce que je le trouve pratique.
  A : 왜 넌 진을 입는 거니?
  B : 왜냐하면 실용적이라고 생각하거든.

Il **s'est habillé** une chemise verte. 그는 초록색 와이셔츠를 입었다.
Il **est habillé de** noir. 그는 검은 옷을 입고 있다.

Elle **s'est vêtue d'**une robe bleue. 그녀는 파란 원피스를 입었다.

Elle **est vêtue de** soie. 그녀는 실크옷을 입고 있다.

Pourquoi est-ce qu tu ne **t'es** pas **mis** ton imperméable?
왜 레인코트를 입지 않았니?

▶▶ …을 위에 입다[걸치다].

Mettez ce pull **dessus**. 이 스웨터를 입으세요.

Posez ce châle **dessus**. 이 숄을 위에 걸치세요.

⑨ 옷을 벗다.

Avant de se coucher, elle **s'est deshabillée**.
자리에 눕기 전에 그녀는 옷을 벗었다.

Car son complet s'est taché, il était obligé de **se dévêtir**.
그의 양복이 얼룩졌기 때문에, 그는 옷을 벗을 수밖에 없었다.

▶▶ …을 벗다.

Enlevez votre manteau. 외투를 벗으세요.

Il fait très chaud ici. Je voudrais **ôter** cette veste.
이곳은 무척 덥네. 이 웃옷을 벗고 싶은 걸.

Elle **a retiré** son chapeau. 그녀는 모자를 벗었다.

Tu peux **te débarrasser de** ton pardessus. 너 외투를 벗어도 돼.

▶▶ 외투[모자]를 벗으시오.

Débarrassez-vous!

Châpeau (bas)! 탈모!

⑩ (옷을) 안팎을 뒤집어 입다.

Il **a mis** son pull **à l'envers**. 그는 스웨터를 뒤집어 입었다.

⑪ 변장[분장]을 하다.

Puisqu'elle **s'est déguisée**, je ne peux la reconnaître.
그녀는 변장을 했기 때문에, 난 그녀를 알아볼 수가 없다.

Il **s'est travesti en** Dracula. 그는 드라큘라로 변장을 했다.

Tu dois **te costumer en** lapin. 넌 토끼로 분장을 해야 돼.

---

⑫ 화장하다.

Jacqueline **s'est maquillée** pour se faire belle.
꺅끄린느는 모양을 내려고 화장을 했다.

Elle est allée à la salle de bain pour **se farder**.
그녀는 분을 바르려고 욕실에 갔다.

▶▶ **…을 바르다.**

Elle **se met du rouge à lèvres**. 그녀는 입술연지를 바른다.

▶▶ **남 보기에 흉하지 않은**

Prépare-toi pour être **présentable**. 남 앞에 나설만하게 준비하거라.

Mets-toi **sortable**. 남에게 보일만하게 하거라.

---

⑬ (신·모자 등을) 벗다.

Avant d'entrer dans la mosquée, nous devons **enlever** nos chaussures.
회교사원에 들어가기 전에, 우리는 신발을 벗어야만 한다.

Il n'est pas nécessaire d'**ôter** votre chapeau pour le saluer.
그에게 인사하려고 모자를 벗을 필요가 없다.

Utilisez ce gratte-pieds avant de **retirer** vos souliers.
구두들을 벗기 전에 이 구두흙털개를 사용들 하시오.

---

⑭ 찾다.

Elle **cherche** sa soeur. 그녀는 여동생을 찾는다.

Il l'a enfin **trouvée** dans son grenier.
그는 마침내 그녀를 다락방에서 찾아냈다.

Le projceteur **découvrit** l'avion. 탐조등이 비행기를 찾아냈다.

---

⑮ 이것 좀 보세요.

Regardez ça.

Jetez un coup d'oeil sur ça.

▶▶ 나를 똑바로 쳐다봐!

Regardez-moi bien en face!

▶▶ 똑바로 쏘아보다.

Elle **regarde** Cathie **dans le blanc des yeux**.
그녀는 꺄띠를 똑바로 쏘아본다.

---

⑯ 잘 지켜봐요.

Surveillez la **de près**. 그녀를 잘 감시하세요.
Ayez l'oeil sur cet homme. 이 사람을 주시하세요.
Ne le **quittez pas des yeux**! 그를 잘 감시하세요!

---

⑰ …에 눈독들이다.

Pierre **jette les yeux sur** Christine.
삐에르는 크리스띤느에게 눈독을 들이고 있다.

Je sais que tu **jettes les yeux sur** ma broche.
네가 내 브로치에 눈독을 들이고 있다는 걸 난 알아.

---

⑱ 주의를 기울이다.

Je **fais attetion à** ses paroles. 난 그의 말에 주의를 기울인다.
Personne ne **prête (son) attention à** Isabelle.
아무도 이자벨에게 주의를 기울이지 않는다.

▶▶ 주의를 환기시키다.

J'ai fait **remarquer** cela à sa femme. 난 그의 아내에게 그것을 환기시켰다.
Tu dois **appeler[attirer] son attention sur** cette affaire.
네가 이 사건에 대해 그의 주의를 환기시켜야만 한다.

▶▶ 주목을 끌다.

Sa nervosité **attirait[fixait/retenait] l'attention de** son entourage.
그녀의 신경과민은 측근의 주의를 끌고 있었다.

Le titre du journal **accrochait** les passants.
그 신문 제목은 행인들의 눈길을 끌고 있었다.

⑲ 못 본 체하다.

A : En me voyant la saluer de la main, elle **a détourné les yeux**.
B : Je la reconnais bien là!
 A : 내가 자기한테 손을 흔들어 인사하는 걸 보고서도, 그녀는 못 본 체하는 거였어.
 B : 정말 그녀다운 일이야!
A : C'est Nathalie. Salut! Oh là là! Il est bizarre qu'elle **nous tourne le dos**.
B : Ce n'est pas bizarre. Elle est myope, c'est tout.
 A : 나딸리다. 안녕! 어머나! 그녀가 우리를 못 본 체하다니 이상하네.
 B : 이상할 것 없어. 그녀는 근시야, 그뿐이야.

⑳ 힐끗 보다

Quand elle marche dans la rue, tout le monde **jette un regard sur** elle.
 그녀가 길을 걸으면, 모두가 그녀를 힐끗 쳐다본다.
Il **a lancé un coup d'oeil à** Sophie. 그는 쏘피를 힐끗 보았다.

▶▶ **주변을 둘러보다.**

En sortant de sa maison, il **a jeté un regard autour de lui**.
 집에서 나오면서, 그는 자기 주변을 둘러보았다.

▶▶ **대강 훑어보다.**

Il **a examiné rapidement** les journaux. 그는 급히 신문들을 읽어 보았다.
Elle est en train de **parcourir[feuilleter]** le livre **des yeux[du regard]**.
 그녀는 책을 대강 훑어보는 중이다.

㉑ 엎지르다.

Le garçon **a répandu** du lait sur sa jupe.
 그 소년은 그녀의 치마 위에 우유를 엎질렀다.
Elle a fait exprès de **renverser** du vin sur la table.
 그녀는 고의적으로 테이블 위에 포도주를 엎질렀다.

㉒ 꼬집다.

Il est très mignon, ce nourrisson. J'aimerais **lui pincer la joue**.
이 아기는 너무나 귀여워서 볼을 꼬집어 주고 싶다.

㉓ …을 집어[건네] 주다.

Donnez[Passez]-moi le sel, s'il vou plaît. 죄송하지만, 소금을 집어 주세요.

▶▶ …을 돌리다.

Faites passer les gâteaux. 과자들을 좀 돌려 주시죠.

㉔ 여기 있습니다.

Tenez! Goûtez cette crêpe. 여기 있습니다. 이 크레프를 맛보세요.

A : Est-ce que je puis utiliser votre stylo?
B : Mais oui! **Le voici[voilà]**!
   A : 당신의 만년필을 사용해도 될까요?
   B : 물론이죠! 여기 있습니다.

▶▶ 다 왔습니다.

Nous voici arrivés.

㉕ 발을 밟다.

Il **a marché sur le pied de** cette demoiselle.
그는 이 아가씨의 발을 밟았습니다.

㉖ 벌렁 나자빠지다.

Au vestibule, elle **est tombée de toute sa hauteur**.
현관에서, 그녀는 벌렁 나자빠졌다.

㉗ (신체 일부를) 씻다.

Si tu veux **te laver les mains**, la salle de bain est au fond de ce couloir.

손을 닦고 싶으면, 욕실은 이 복도 끝에 있어.

㉘ 식사를 준비하다.

J'aimerais **préparer** le déjeuner pour lui.
난 그를 위해서 점심식사를 준비하고 싶어.

㉙ 청소하다.

Nettoyez cette salle. 이 홀을 청소하세요.
Il faut **balayer** le patio. 안뜰을 청소해야만 한다.
Enlevez[Ramassez] des saletés. 더러운 것들 치워 버리세요.
Débarrassez[Dégagez] le chemin. 길을 청소하세요.

㉚ 정돈하다.

Il a l'habitude de jeter des objets pêle-mêle. Il ne sait pas **arranger** des choses.
그는 물건들을 여기저기에 함부로 내던진다. 그는 물건들을 정돈할 줄을 모른다.
Elle va **ordonner** des papiers. 그녀가 서류를 정리할 것이다.
Je suis en train de **ranger** mon armoire.
난 내 장속을 정돈하고 있는 중이다.

▶▶ 배치하다.

C'est ma femme qui **a disposé** des meubles dans la salle de séjour.
거실에 가구를 배치한 사람은 내 아내이다.

㉛ 목욕하다.

Je voudrais **prendre un bain chaud(froid)** dès mon arrivée.
도착하자마자 난 온수(냉수)욕을 하고 싶다.
Il **se baigne** une fois par semaine. 그는 일주일에 한번 목욕한다.

▶▶ 목욕시키다.

Mon chéri, **baigne** Daniel, s'il te plaît. 여보, 다니엘 목욕 좀 시켜 줘요.

▶▶ 샤워하다.

Que tu es sale! **Douche-toi** tout de suite.
  너무나 더럽구나! 당장 샤워해라.
Après avoir fait du sport, il faut **prendre une douche**.
  운동을 한 다음엔, 샤워를 해야 한다.

㉜ …에서 물러서시오[비키시오]!

Eloignez-vous de ce coffre! 그 상자에서 물러서시오!
Reculez-vous de là. 거기서 물러서시오.
Ôtez-vous de là. 거기서 물러서시오.

㉝ 게걸스럽게 먹다.

Si tu **bouffes** comme ça, tu auras besoin de ce digestif.
  그렇게 게걸스럽게 먹다가는(속어), 이 소화제가 필요할 거야.
Il **a dévoré[englouti/avalé]** toutes mes sardines.
  그는 내 정어리를 몽땅 먹어치워 버렸다.

㉞ 주차하다.

Vous pouvez **garer** votre voiture dans mon garage.
  당신 차를 제 차고에 주차하셔도 좋습니다.
Je **me suis garé** dans la rue voisine. 난 옆길에 주차시켰다.(구어)
Elle me demande de **parquer** sa voiture.
  그녀가 나한테 자기 차를 주차해 달래.
Il ne faut pas **stationner** ici. 이곳에 주차해서는 안 된다.

▶▶ 주차장

parking (m.)

parc de stationnement (m.)

▶▶ 《주차금지》

《Défense de Stationner》

《Stationnement Interdit》

CHAPITRE 12
활동

① 해 보세요.

A : Je ne sais pas si je pourrais le réparer.

B : **Allez-y!**

   A : 그걸 고칠 수 있을지 모르겠는데요.

   B : 해 보세요!

A : Est-ce que tout est prêt?

B : Oui. Maintenant, **à vous de jouer[c'est votre tour]!**

   A : 모든 게 다 준비됐나요?

   B : 네. 이젠, 해 보세요[당신 차례입니다]!

▶▶ 해 봅시다.

Allons-y!

Essayons le coup!

Risquons (le coup/la partie)! 운에 맡기고 해 봅시다!

Tentons la chance[la fortune]! 운을 걸고 해 봅시다!

▶▶ 해 보겠습니다.

Je ne suis pas fort en mathématiques, mais **je vais essayer**.
   저는 수학을 잘 못하지만, 한 번 해 보겠습니다.

Je ne sais pas comment manipuler cette machine, mais **je vais tenter le coup**.
   이 기계를 어떻게 작동하는지 모르지만, 해 보겠습니다.

▶▶ 잘했어(요)!

Bien joué!

Très bien!

Bravo!

Châpeau!

▶▶ 위험을 무릅쓰다.

Je ne veux pas **courir un risque**.   난 위험을 무릅쓰고 싶지 않다.

Il ne faut pas **prendre un(des) risque(s)**.   위험한 짓을 해서는 안 된다.

▶▶ 먹어 보다.

Essayez ce fromage.   이 치즈를 드셔 보세요.

Goûtez ce mets!   이 요리 드셔 보세요!

② 노력하다.

Ici tout le monde **s'efforce de** faire de son mieux.
　여기선 모두가 최선을 다하려고 애쓴다.

Je vais **essayer de** le faire venir à l'heure.
　난 그를 제 시간에 오도록 하려고 노력할 것이다.

Elle **tâche de** ne pas oublier ce qu'il lui a dit.
　그녀는 그가 자기에게 했던 말을 잊지 않으려고 애쓴다.

③ 계속하다.

Elle **continuait à** pleurer.   그녀는 계속해서 울었다.

Il te faut **continuer** ton travail.   넌 너의 일을 계속해야만 한다.

▶▶ 계속해 봐요[실컷 말해 봐요]!

Dites toujours!

④ 왜 못[안]하는 거죠?

Allez-y, frappez-moi! **Qu'est-ce qui vous retient?**
　어서 때려보시지, 왜 못 때리는 거요?

Viens avec nous. **Qu'est-ce qui te retient?**
우리와 함께 가자. 왜 안 가는 거니?

---

❺ 멈추다.

Je n'aime pas **cesser de** travailler en chemin.
난 일을 중도에서 그만 두는 걸 싫어한다.

Elle **a cessé** toutes ses relations avec lui.
그녀는 그와 일체의 관계를 중지했다.

Il n'**arrête** pas **de** se plaindre.   그는 불평을 멈추지 않는다.

On ne peut pas **arrêter** le progès scientifique.
과학적 진보를 멈출 수는 없다.

---

❻ 좋은 일거리[지위]를 얻다.

Grâce à son aide, elle a pu **tomber sur une bonne veine**.
그의 도움으로, 그녀는 좋은 일거리를 얻을 수 있었다.(구어)

▶▶ 부임하다.

Demain il va **prendre ses fonctions[entrer en fonctions]**.
내일 그는 부임할 것이다.

▶▶ 사임[퇴직]하다.

Il s'est démis de ses fonctions.   그는 사임했다.

J'ai quitté mes fonctions[mon emploi].   난 사임했다.

Il a résigné ses fonctions[son emploi].   그는 사직했다.

Elle **a donné sa démission**.   그녀는 사직했다.

Puisque vous dites ainsi, je **démissionne**.
당신이 그렇게 말씀하시니, 저는 사직하겠습니다.

---

❼ 해고하다.

Il l'**a congédiée**.   그는 그녀를 해고했다.

Ne vous inquiétez pas. Personne ne peut vous **débaucher**.
걱정 마세요. 아무도 당신을 해고할 수 없습니다.

Elle **a chassé** une bonne.　그녀는 하녀를 내보냈다.

Il veut **renvoyer** un domestique.　그는 하인을 해고하고자 한다.

Il m'**a flanqué[mis/jeté] à la porte**.　그는 나를 해고했다.

---

8 먼저 하세요.

A : Voulez-vous mettre du sucre dans votre café?

B : **Sevez-vous d'abord**.

　　A : 커피에 설탕 넣으시겠어요?

　　B : 먼저 하세요.

A : **Après vous**, Madame.

B : Oh, merci. Vous âtes très gentil.

　　A : 먼저 들어가시죠, 부인.

　　B : 감사합니다. 정말 친절하시네요.

▶▶ …을 따서, …을 따르면

Ses parents l'ont nommé Jean. **D'après** son grand-père.

　그의 부모는 그를 쟝이라고 이름지었다. 그의 할아버지 이름을 따서.

D'après ce qu'il dit, elle est innocente.

　그의 말에 따르면, 그녀는 결백하다.

---

9 물론이고말고요!

Mais oui!

Mais bien sûr!

Mais certainement!

Parfaitement!

Absolument!

Tout à fait!

▶▶ 전혀 그렇지 않습니다!

En aucune façon!

Aucunement!

Nullement!

▶▶ 안 될 말이지! 절대로 싫어!

Mon oeil! 천만에! 안 될 말이지!(구어)

La peau! 절대로 싫어! 안 줄래! 아무것도 없어!(속어)

---

⑩ …은 알 도리가 없다.

Lui? Il gagne le grand prix? **Dieu sait** s'il pourra le faire.
　그 사람? 그가 대상을 받는다고? 그럴 수 있을지 아닌지는 신만이 아시겠지.

▶▶ (그 방법은) 아무도 모른다.

Dieu sait comme.(구어)

▶▶ 아무래도 일이 잘 되어가지 않는다.

Cela va Dieu sait comment.

---

⑪ 수고스럽게도 …하다.

Elle **s'est donné la peine de** m'écrire.
　그녀는 수고스럽게도 내게 편지를 썼다.

Une fois par semaine, il **prend la peine de** me rendre visite.
　일주일에 한 번, 그는 수고스럽게도 날 방문한다.

▶▶ 손쉽게 …할 수가 없다.

J'ai **(de la) peine à** croire qu'il soit mort.
　그가 죽었다고는 믿을 수가 없다.

Elle **a eu toutes les peines du monde à** vous acheter une voiture.
　그녀가 당신에게 승용차를 사준 것은 참으로 쉬운 일이 아니었다.

▶▶ 도저히 …하기 어렵다.

C'est le diable pour le convaincre de renoncer à son projet.
　도저히 그에게 그의 계획을 단념할 것을 설복하기가 어렵다.

▶▶ 그건 어려운 일이다.

C'est le diable à confesser.

▶▶ 그게 어려운 점이다.

C'est là[Voilà] le diable.

⑫ 그럴 필요가 없어요.

Cela n'en vaut pas la peine.
Ce n'est pas la peine.

---

⑬ 근심거리가 있다.

Récemment elle a l'air d'**avoir des ennuis**.
최근 그녀는 근심이 있는 기색이다.

▶▶ **말썽을 일으키다.**

Ne fais pas cela. Veux-tu **t'attirer des ennuis[des désagréments]**?
그러지 마. 말썽을 일으키고 싶어?

---

⑭ …하는 데 어려움을 겪다.

Tu **auras de la difficulté à** le trouver.
네가 그를 찾는 건 어려울 거다.

▶▶ **…와 사이가 순조롭지 않다.**

Elle **a des difficultés avec** sa belle-mère.
그녀는 시어머니와 사이가 순조롭지 않다.

Il **a des raisons avec** son voisin.
그는 그의 이웃과 사이가 나쁘다.(속어)

▶▶ **좀처럼 …하지 않다.**

Il **fait des difficultés pour** téléphoner à ses parents.
그는 부모에게 좀처럼 전화를 하지 않는다.

▶▶ **방해하다.**

Chaque fois que je veux commencer une chose, il **fait[soulève] des difficultés**.
매번 내가 뭔가를 시작하려고 하면, 그는 방해를 한다.

▶▶ **어려운 일을 쉽게 해내다.**

Elle est la seule personne qui puisse **soulever les difficultés**.
그녀는 어려운 일을 쉽게 해낼 수 있는 유일한 사람이다.

⑮ 감히 …하다.

Il n'**ose** pas me tutoyer. 그는 감히 내게 반말을 못한다.
Qu'il le fasse s'il l'**ose**.
　　그가 그걸 감히 하겠다면 해 보라지.

▶▶ 대담하게도 …하다.
Elle **a eu l'audace de** protester contre sa partialité.
　　그녀는 대담하게도 그의 편파성에 항의했다.

⑯ …에게 …을 해 볼 테면 해 보라고(잘은 안될 거라고) 말하다.

Je **le mets au défi de** m'en donner la preuve.
　　난 그에게 증거가 있으면 대 보라고 한다.
Elle **le défie de** la contredire.
　　그녀는 그에게 자기를 반박해 볼 수 있으면 해 보라고 말한다.

⑰ …할 용기가 없다.

Il **n'a pas le courage de** les renvoyer.
　　그는 그들을 해고할 용기가 없다.

▶▶ 용기를 내서 …하다.
Il **s'est armé de courage pour** demander la main de Marie.
　　그는 용기를 내서 마리에게 결혼을 신청했다.

⑱ 뭘 해드릴까요?

En quoi puis-je vous servir? 제가 도와드릴 일은 없습니까?
A : Bonjour, Madame! **Que puis-je faire pour vous?**
B : Bonjour! Je voudrais acheter des pommes.
　　A : 안녕하십니까, 부인! 뭘 도와드릴까요?
　　B : 안녕하세요! 사과를 좀 사고 싶은데요.
Vous avez l'air très embarrassé. **Puis-je vous être bon à quelque chose?**
　　무척 당황하신 기색이군요. 제가 도와 드릴 일은 없습니까?

⑲ …을 해드리죠.

Permettez-moi de vous présenter mon ami Olivier.
제 친구 올리비에를 소개하겠습니다.

▶▶ **…가 허용되다.**

Puis-je **me permettre de** vous offrir une cigarette?
담배 한 대 드려도 될까요[안 피우시렵니까]?

▶▶ **…하는 것은 당신 자유입니다.**

Permis à vous de ne pas le croire. 그를 믿건 말건 그건 당신의 자유입니다.

▶▶ **괜찮겠습니까?**

Je passe devant vous, **vous permettez?** 앞을 지나가도 괜찮겠습니까?

⑳ …을 시작하다.

Ils vont **commencer** des négociations. 그들은 협상을 시작할 것이다.
Elle **a entamé** son travail. 그녀는 일을 시작했다.
Il **s'est mis à** ce combat. 그는 이 투쟁에 착수했다.

▶▶ **…하기 시작하다.**

Elle **commence à** pleurer. 그녀는 울기 시작했다.
Il **se met à** pleuvoir. 비가 오기 시작했다.

▶▶ **우선 …로부터 시작하다.**

J'aimerais **commencer par** chanter une chanson.
난 우선 노래 한 곡을 부르는 것으로 시작하고 싶다.
Son livre **débute par** un prologue. 그의 책은 머리말로 시작한다.

▶▶ **우선 이것부터 시작해 봅시다.**

Commençons par cette chose.

㉑ 다시하다.

Si tu **recommences**, tu seras puni.
또 그런 짓을 하면, 벌 받을 줄 알아.

㉒ 일을 합시다.

Allons, au travail!
Allons, au boulot!
Maintenant, allons-y!

▶▶ 각기 자기 부서로!
À vos postes!

㉓ 본론으로 되돌아갑시다.

Revenons à nos moutons.

㉔ 끝내다.

Il **a abattu** son travail. 그는 그 일을 해치웠다.
Elle **a achevé** son repas. 그녀는 식사를 끝냈다.
Je voudrais **terminer** ce débat. 난 이 토론을 끝내고 싶다.
Avez-vous **fini** votre cigarette? 담배를 다 피우셨나요?

▶▶ …하기를 끝마치다.
J'ai fini[terminé] de lire ce journal. 난 이 신문 읽기를 끝냈다.

▶▶ …와 끝내다.
J'en ai fini avec lui. 난 그와 손을 끊었다.
C'est fini entre eux. 그들 사이는 끝장났다.
Il en a terminé avec sa petite amie. 그는 애인과 끝냈다.

㉕ 이제 그만 해 두세요!

Ça suffit, comme ça!
Ça suffit maintenant!
Ça va comme ça!
Arrêtez!
Assez!

Finissez donc!

Voulez-vous finir?

N'en parlons plus!

Glissons là-dessus!   그 점에 관해서 길게 이야기하지 말자.

A : Donc ce que je veux dire, c'est que…

B : **N'achevez pas!** Vous n'en finissez pas de raconter vos aventures.

　A : 그러니까 내가 하고 싶은 말은, 그건…

　B : 이제 그만 해 두세요!(*끝까지 말 못하게 하는 말) 당신은 한도 끝도 없이 모험담을 얘기하시는군요.

㉖ 오늘은 이만.

Ça suffit pour aujourd'hui.

㉗ 빼먹다.

Bien que je sois très occupé, je ne **saute** jamais mon repas.
　아무리 바빠도 난 절대로 식사를 거르지 않는다.

Il **a seché** tous ses cours hier.   그는 어제 모든 강의를 빼먹었다.(학생속어)

Aujourd'hui j'**ai cané** l'école.   난 오늘 학교를 빼먹었다.

㉘ 놓치다.

J'**ai raté** mon train.   난 기차를 놓쳤다.

Il **a manqué** son avion.   그는 비행기를 놓쳤다.

㉙ 간단히 말하세요!

　Soyez bref!

㉚ 꼼짝 마!

Ne bougez plus!

▶▶ 손들어!

Haut les mains!
▶▶ 손 치워!
(À) bas les mains[les pattes]!
▶▶ 꺼져! 달아나라!
Haut le pied!

---

31 그러지 마!

Ne sois pas comme ça! Tu ne dois pas lui faire la tête. Ce n'est pas sa faute.
그러지 마! 그에게 뾰로통한 얼굴을 해선 안 돼. 그의 잘못이 아니잖아.

---

32 끊다.

Il **a cessé[arrêté] de** fumer.   그는 담배를 끊었다.

---

33 겁나서 움츠러들다.

Il ne faut pas **caner** devant un obstacle.
장애물 앞에서 움츠러들어선 안 된다.(구어)
Un homme brave ne **flanche** pas devant un danger.
용감한 사람은 위험 앞에서 겁나서 주춤하지 않는다.(구어)
▶▶ 그것 때문에 난 등골이 오싹해졌다.
Cela m'a donné froid dans le dos.
▶▶ 난 그 광경을 보고 (무서워) 소름이 끼쳤다.
Mon sang se glaça (d'effroi/d'épouvante/d'horreur) à ce spectacle.

---

34 …을 겁내다.

Elle **a peur de** lui faire mal.
그녀는 그에게 고통을 줄까봐 두려워[걱정]한다.
▶▶ 겁내지 마세요! 틀림없어요! 믿어주세요!
N'ayez pas peur!

㉟ 방학하다.

Notre école va **entrer en vacances** dans une semaine.
우리 학교는 일주일 후에 방학을 한다.

㊱ …와 우정을 맺다.

J'aimerais **nouer[faire] amitié avec** cette jolie demoiselle.
난 저 예쁜 아가씨와 우정을 맺고 싶다.
Il **s'est lié amitié** avec ma soeur.   그는 내 여동생과 우정을 맺었다.
Personne ne veut **se prendre d'amitié pour** lui.
아무도 그와 우정을 맺고 싶어하지 않는다.

▶▶ 절교하다.

Tôt ou tard, il va **briser avec** elle.   조만간 그는 그녀와 절교할 것이다.
Elle **a rompu la paille avec** Jacob.   그녀는 쟈꼽과 절교했다.

㊲ …와 싸우다.

Il **se dispute avec** son frère cadet.   그는 동생과 싸운다.
Je ne veux **me quereller avec** personne.   난 아무하고도 싸우고 싶지 않다.
Ils se **chamaillent** l'un l'autre.   그들은 서로 싸운다.

▶▶ …와 싸움을 벌이다.

Il **est entré en collision avec** son voisin.   그는 자기 이웃과 싸움을 벌였다.

▶▶ 그만 둬!

Pas de discussion!
Vous vous chamaillez encore? **La paix!**
너희들 또 싸우는 거니? 조용히 해!

㊳ 뽀로통한 얼굴을 하다, 뿌루퉁하다, 시무룩해지다.

Elle **me fait la tête**.   그녀는 내게 뽀로통한 얼굴을 한다.
Elle **fait la[sa] gueule** toute la journée.   그녀는 온종일 뿌루퉁하다.(속어)
Je ne sais pas pourquoi il **fait le hibou**.

난 왜 그가 시무룩한지 모르겠다.(속어)

㊴ …와 화해하다.

Il veut **faire la paix avec** toi. 그는 너와 화해하고 싶어한다.

㊵ 휴식하다.

On a beaucoup travaillé. Maintenant on **prend du repos**?
우리 일을 많이 했으니 이젠 휴식을 할까?
Repose-toi un peu. Tu dois être très fatigué. 좀 쉬어라. 아주 피곤할 텐데.
Je voudrais **me relaxer** un peu. 난 좀 쉬고 싶다.

㊶ 그것은 있을 수 있는 일이다.

A : Tu penses qu'il va pleuvoir?
B : **Il [Cela] se peut.**
   A : 비가 올 것 같니?
   B : 그럴 수 있지.
A : Je sais pourquoi elle lui en veut. C'est parce qu'il ne lui prête aucune attention.
B : **Cela se pourrait bien.**
   A : 왜 그녀가 그에게 앙심을 품고 있는지 알아. 그가 전혀 자기를 안중에 두지 않아서 그래.
   B : 그럴 수도 있겠지.

▶▶ **…일지도 모른다.**

Il se peut que sa femme vienne en avance.
그의 아내가 시간 전에 올지도 모른다.(비인칭)

㊷ …없이 지내다.

Il ne peut **se passer de** ses gants. 그는 장갑 없이 지낼 수 없다.

▶▶ **…하지 않고 배기다.**

Je **me passerai** d'aller au cinéma cette semaine.
　　난 이번 주는 영화관에 가는 것 걸러 버릴 것이다.

㊸ …을 돌보다.

Sa grand-mère **prenait soin de** lui.　그의 할머니가 그를 돌봤었다.

N'y faites pas attention. Je vais **avoir soin de** vos enfants.
　　염려마세요. 당신 아이들을 제가 돌보겠어요.

Personne ne **s'occupe de** ce pauvre vieux.
　　아무도 이 불쌍한 노인을 돌보지 않는다.

Pourriez-vous **soigner** ce malade?　이 환자를 좀 돌봐 주실 수 있나요?

Il te faut **veiller sur** ta santé.　넌 네 건강을 돌봐야 한다.

▶▶ 건강에 유의하십시오.
Soignez-vous bien.

㊹ …을 처리하다.

Il va **s'occuper de** cette affaire.　그가 그 일을 처리할 것이다.

㊺ 좋으실 대로 하세요.

A : Est-ce que je peux l'attendre ici?

B : **Faites come vous voudrez.**
　　A : 여기서 그를 기다려도 될까요?
　　B : 좋으실 대로 하세요.

A : Je ne veux pas sortir maintenant.

B : **Faites à votre guise.**
　　A : 난 지금 나가고 싶지 않아요.
　　B : 좋으실 대로 하세요.

A : Tout d'abord, je veux acheter ma voiture.

B : **Faites ce que vous voulez.**
　　A : 우선, 난 차를 사겠어요.
　　B : 좋으실 대로 하세요.

㊻ 닮다.

Cette sculpture **ressemble à** elle. 이 조각은 그녀를 닮았다.

Ils **se ressemblent comme deux jumeaux**[**deux gouttes d'eau**].
　　그들은 꼭 닮았다.

Tu **tiens de** ton père et ton grand-père. 넌 네 아버지와 할아버지를 닮았다.

㊼ 처신을 잘해!

Tiens-toi (comme il faut)!

Sois sage!

Conduis-toi bien!

Agis bien!

▶▶ …에게 잘 대하다.

Il **se tient**[**se conduit**] **bien avec** les femmes.
　　그는 여자에게 예의 있게 잘 대한다.

Elle **agit bien envers** ses collègues. 그녀는 동료들에게 잘 대한다.

Il **agit en bon voisin envers** nous. 그는 우리에게 친절하게 군다.

㊽ 까불지 마!

Ne fais pas le[ton] malin.

Faut pas pousser! 허풍떨지 마!(속어)

㊾ 뭐든 정도껏 해야지.

Il y a une limite à tout.

㊿ 적당히 해둬.

Ne vas pas trop loin.

▶▶ 너무 심했군.

Je sais qu'il était fâché, mais il **est allé trop loin**.

그가 화났던 건 알지만 그가 너무 심했군.

▶▶ **무엇에나 극단으로 달린다.**
Ma soeur **est en extrême en tout**. 내 언니는 무엇에나 극단적이다.

▶▶ **…을 궁지에 몰아넣다[참을 수 없게 만들다].**
Il ne faut jamais **la pousser à bout**.
절대로 그녀를 참을 수 없게 만들지 말아야 한다.

---

51 터무니없이 굴지 마.

Ne sois pas absurde!
Sois raisonable!

---

52 절제 있게

Il faut agir **avec modération**. 절제 있게 행동해야 한다.
Utilisez ça **modérément**. 그것을 절제하여 사용하세요.

▶▶ **절제 있는**
Il est **mesuré** dans sa conduite.
그는 행동에 있어 절제가 있다.
Elle est plus **modérée** que moi dans le boire et le manger.
그녀는 나보다 음식을 더 잘 절제한다.

---

53 주의해서 적당히 하다.

Allez-y doucement avec de la bière, c'est la dernière bouteille.
맥주 좀 작작 마시게, 마지막 병이야.

▶▶ **…을 부드럽게 다루다.**
Allez-y doucment avec mon bébé. 제 아기를 부드럽게 다루세요.
Allez-y doucemet avec ce chien. 이 개를 살살 다루세요.

---

54 너무 까다롭게 굴지 마.

Ne sois pas plus royaliste que le roi.

55 변덕도 심하군!

A : J'ai changé de mon avis. C'est toi qui fais la cuisine. Moi, je ferai la vaisselle.

B : **Quelle caprice!**

   A : 생각을 바꿨어. 네가 요리해. 난 설거지 할게.

   B : 웬 변덕!

▶▶ 변덕스러운

Elle est très **capricieuse[bizarre]**. 그녀는 아주 변덕스럽다.

56 참다.

Je ne peux plus **supporter** cette chaleur.
   난 이 더위를 더 이상 참을 수가 없다.

Il **souffre** bien la faim. 그는 배고픔을 잘 참는다.

C'est une douleur que personne ne peut **tolérer**.
   그것은 아무도 견딜 수 없는 고통이다.

Il faut savoir **endurer** des difficultés. 어려움을 견딜 줄 알아야 한다.

Cette femme **a subi** une grande douleur.
   이 여인은 커다란 고통을 참아냈다.

Nous ne pouvons plus **tenir** cet homme.
   우리는 이 남자를 더 이상 참을 수가 없다[어찌할 도리가 없다].

▶▶ 난 그가 보기 싫다.

Je ne peux pas le voir.

Je ne peux pas le sentir. 난 그를 못 견디게 싫어한다.

57 더 이상 못 참아[그건 치명타였어]!

A : **Il ne manquait plus que cela!** Il m'a renvoyé.

B : Ne te fais pas du mauvais sang. Tu peux chercher un autre travail, n'est-ce pas?

   A : 더 이상 못 참겠어!(비인칭) 그가 날 해고했어.

B : 초조해하지 말게나. 자네 다른 일자리를 찾을 수 있잖아, 안 그래?

A : Il n'y a plus de café. En plus le gaz est coupé.

B : Ça c'est le comble[le bouquet(반어)]!

    A : 커피가 없어. 게다가 가스도 끊겼어.

    B : 정말 심했구만!

▶▶ …한다면 그건 설상가상격이다.

On est déjà suffisamment malheureux. **Il ne manquerait plus que cela que de** tomber malade.

우린 이미 충분히 불행해. 병까지 든다면 설성가상격이야[병까지 들어서야 되겠어?].(구어)

58 매너가 없군!

C'est comme ça qu'on se tient?

En voilà une tenue!

▶▶ 버릇없는

Il est **mal élevé**. Il dévisage les gens.

그는 버릇이 없다. 그는 사람들 얼굴을 뚫어지게 쳐다본다.

Ne sois pas **impoli[malpoli]** avec des personnes âgées.

연로한 분들에게 무례하게 굴지 마라.

59 뭘 꾸물대?

Dépêche-toi! **Qu'est-ce que tu attends?**

서둘러! 뭘 꾸물거리는 거니?

Qu'attendez-vous? Levez-vous! C'est déjà 10 heures.

뭘 꾸물거리세요? 일어나세요! 벌써 10시예요.

60 …하는 데 주저하다.

N'**hésitez** pas à me téléphoner.　주저 말고 제게 전화하세요.

Il **hésite sur** ce qu'il fera.　그는 하려는 일에 대해 주저하고 있다.

61 자유로이 …하다.

Il **se sent libre de** dire tout ce qu'il pense.
그는 자기가 생각하는 것을 모두 자유롭게 말한다.

Tu **es** entièrement **libre de** faire ce que tu veux.
넌 전적으로 자유롭게 네가 원하는 걸 할 수 있다.

▶▶ 마음대로 …하다.

Excusez-moi! **J'ai pris la liberté de** lui donner vos livres.
죄송합니다! 제가 마음대로 당신의 책들을 그에게 줬습니다.

62 칩거하다.

Elle **s'est retirée** chez sa soeur.   그녀는 언니네 집에 칩거했다.

Il **s'est cloîtré** dans sa chambre.   그는 자기 방에 틀어박혔다.

Il y a déjà trois ans qu'elle **s'est enfermée** dans sa maison de campagne.   그녀가 자기 별장에 칩거한 지가 벌써 3년이나 됐다.

Il n'est pas facile de **se cantonner** longtemps dans un seul endroit.
한 장소에서 오랫동안 칩거하는 것은 쉬운 일이 아니다.

▶▶ 집안에 죽치고 있다.

Je **suis caserné**.   난 집안에 죽치고 있다.(구어)

Elle **est toujours fourrée chez** elle.
그녀는 사시사철 집안에 처박혀 있다.(구어)

63 빈둥거리다.

Tu me demandes ce qu'il fait? Il **flâne**, c'est tout!
그가 뭘 하냐고? 빈둥거리는 거, 그게 전부야!

Elle **fainéante** tout cet après-midi.   그녀는 오늘 오후 내내 빈둥거린다.

Pour un parvenu comme lui, n'est-ce pas normal de **paresser**?
그와 같은 졸부에겐 빈둥거리며 편히 사는 게 너무나 정상인 거 아냐?

Mon père ne me permet pas de **flémarder** sans gagner ma vie.
아버지는 내가 생계비를 벌지 않고 빈둥거리는(속어) 걸 용납하지 않는다.

▶▶ 그는 손 하나 까딱 않는다.

Il ne fait rien de ses dix doigts.

▶▶ 저 놈은 혼자서 하는 일 없이 놀고만 있다.

Il est exempt de bien faire.(구어)

▶▶ 그는 일을 게을리한다.

Il s'endort sur le rôti.(구어)

▶▶ 그는 게으름뱅이다.

Il est né un samedi.

Il a la peau trop courte.(구어)

---

64 늘 분주하다.

Il **ne tient pas en place**. 그는 가만히 못 있는다[늘 활동한다].

Ma mère **ne reste jamais en place** du matin au soir.
　내 어머니는 아침부터 저녁까지 늘 분주하시다.

▶▶ 바쁜

Je ne suis pas **occupé** pour le moment. 난 당분간 바쁘지 않다.

▶▶ 서두르시오!

Dépêchez-vous!

Pressez-vous!

Hâtez-vous!

Grouillez-vous!(속어)

Allume! 빨리!(속어)

---

65 붙들지 않겠어요.

A : Excusez-moi, mais j'ai un rendez-vous.

B : Ah bon? Dans ce cas, **je ne vous retiens pas**. Je reviendrai plus tard.
　A : 죄송합니다만, 약속이 있는데요.
　B : 아 그래요? 그렇다면 붙들지 않겠습니다. 나중에 다시 오겠습니다.

Si vous avez bien compris mes dires, maintenant **vous pouvez disposer (de vous)**.　제 말을 잘 알아들었으면, 이젠 가셔도 좋습니다[좋으실 대로 하십시오/떠나시는 건 자유입니다].

---

66 …에게 압력을 가하다.

C'est lui qui **a exercé une pression sur** elle.
　그녀에게 압박을 가한 사람은 바로 그다.

▶▶ …에게 영향을 미치다.

Il **a exercé une grande influence sur** l'humanité.
　그는 인류에게 큰 영향을 미쳤다.

---

67 …에게 …하도록 강요하다.

Ne **me forcez** pas **de** lui écrire une lettre.
　그에게 편지 쓰도록 날 강요하지 마세요.

Elle **l'oblige de** venir avec elle.
　그녀는 그에게 자기와 함께 가도록 강요한다.

Il **me contraint d'**accepter ce travail.
　그는 내게 그 일을 맡도록 강요한다.

---

68 난리를 피우다.

Tu as raison de te mettre en colère. Mais je t'en prie, ne **fais** pas **une scène**!　자네가 화내는 건 당연해. 하지만 제발 난리를 피우지 말게나.

▶▶ …와 한바탕 싸우다.

Ce matin, j'ai **fait une scène à** mon mari.
　오늘 아침, 난 남편과 한바탕 싸웠다.

▶▶ 부부싸움

scènes[querelles] de ménage (f.pl.)

▶▶ 공처가

C'est un **chauffe-la-couche**. Mais il n'en a pas honte.
　그는 공처가다.(속어) 하지만 그는 그것에 대해 수치심을 느끼지 않는다.

69 놓치다.

Si tu ne te dépêches pas, tu vas **manquer** ton train.
서두르지 않으면 넌 기차를 놓칠 거야.

Il **a manqué** une bonne occasion. 그는 좋은 기회를 놓쳤다.

▶▶ …을 아주 찾기 쉬울 거다.

Tournez à gauche, et allez tout droit. **Vous ne pouvez pas manquer de reconnaître** la maison.
왼쪽으로 돈 다음에 곧장 가세요. 그 집이 틀림없이 눈에 띌 겁니다.

Il porte un chapeau rouge. **Tu ne peux pas manquer de le reconnaître.**
그는 빨간 모자를 쓰고 있어. 그를 찾기 아주 쉬워.

▶▶ 보고 싶다.

J'attends ton retour avec impatience. **Tu me manques.**
네가 돌아오기를 애타게 기다리고 있어. 네가 보고 싶어.

▶▶ 틀림없이 그렇게 하겠어요.

Je n'y manquerai pas.

70 도와주다.

Pouvez-vous **me donner un coup de main**? 날 좀 도와주실래요?

Personne ne **lui a prêté la main**. 아무도 그에게 협조하지 않았다.

71 부탁 좀 들어주시겠어요?

Voulez-vous me rendre un service?

Pourriez-vous me faire une grâce[une faveur]?

▶▶ 제발 …해 주세요.

Faites-moi la faveur d'arroser mes plantes, s'il vous plaît.
죄송하지만, 제 화초에 물 좀 주세요.

▶▶ …에게 부탁하다.

S'il est difficile de te débrouiller tout seul, tu peux **solliciter sa faveur[sa grâce]**. 혼자 해결하기 어려우면, 그에게 부탁을 하렴.

▶▶ …에게 친절을 베풀다.
Elle **m'a obligé** beaucoup en me prêtant sa voiture.
그녀는 자기 차를 빌려줌으로써 내게 큰 친절을 베풀었다.

▶▶ 그저 말씀만 하세요.
Vous **n'avez qu'à demander**[**parler**].

▶▶ 필요하시면 언제든지 저를 부르세요.
Disposez de moi comme vous voudrez.

▶▶ 그러시면 친절이 과합니다!
C'est trop de grâce que vous me faites!

72 수수방관하다.

Ne **restez** pas **les bras croisés**. Faites quelque chose!
수수방관만 하지 말고 어떻게 좀 해보세요!

73 확인하다.

Je voudrais **vérifier** son nom de famille.
난 그의 성을 확인하고 싶다.

Il faut savoir **recouper** des informations.
정보들을 검증할 줄 알아야만 한다.

▶▶ …에 대해 조사하다.
Il a employé ses grands moyens pour **prendre des informations sur** elle. 그는 그녀에 대해 조사하기 위해서 비상수단을 썼다.

Je serais curieux de savoir pourquoi vous **avez enquêté sur** moi.
난 왜 당신이 나에 대해 조사를 했는지 알고 싶다.

74 …에게 …을 대접하다.

Elle **lui a servi** des sandwiches.
그녀는 그에게 샌드위치를 대접했다.

Elle **les a servi de** tout ce qu'elle avait dans le frigo.
그녀는 그들에게 냉장고에 있던 모든 걸로 대접했다.

(75) …에게 …을 공급하다.

Il cherche à **la fournir de** la matérielle.
그는 그녀에게 생활필수품을 공급하려고 애쓴다.

Un voyou **l'a approvisionné d'**un révolver.
한 불량배가 그에게 권총을 공급했다.

Pouvez-vous **lui procurer** des vivres?
그에게 식량을 제공하실 수 있겠습니까?

Sa mère **l'a muni d'**un ensemble de plage.
그녀의 엄마가 그녀에게 수영복 일체를 마련해 주었다.

Je peux **le pourvoir de** tout ce qu'il veut.
난 그가 원하는 모든 것을 그에게 공급해줄 수 있다.

Elle veut **te donner** ses robes. 그녀는 네게 자기 원피스들을 주고 싶어한다.

Puis-je **vous offrir** un verre? 제가 당신한테 한 잔 사도 될까요?

▶▶ 줄게 있어.

A : Salut, Nicole! Qu'est-ce que c'est?

B : **J'ai quelque chose pour toi.** C'est pour ton anniversaire.

A : 안녕, 니꼴! 그게 뭐야?

B : 네게 줄 게 있어. 이거 네 생일 선물이야

(76) …할 준비 됐니?

A : **Es-tu prêt à[pour]** partir?

B : Oui. Tout est prêt.

A : 떠날 준비 됐니?

B : 응. 다 준비됐어.

▶▶ 준비되셨나요?

Êtes-vous prêt?

Y êtes-vous?

▶▶ …할 준비하다.

Je **me prépare à** sortir. 난 외출할 준비를 한다.

Il **s'apprête à** déménager. 그는 이사갈 채비를 한다.

활동

▶▶ …을 …하게끔 준비시키다.

Tu dois **les disposer** à être prêt à tout.
넌 그들을 뭐든지 해낼 태세가 되게끔 준비시켜야만 한다.

---

77 …에서 숙박하다.

Je vais **descendre** à l'hôtel Georges V. 난 조르쥬 쌩끄 호텔에 숙박할 거다.
Ma soeur **séjourne chez** son amie. 내 언니는 자기 친구네 집에서 숙박한다.

▶▶ …을 숙박시키다.

Mon oncle **nous a logés** chez lui.
내 아저씨는 우리를 그의 집에 묵게 했다.
Il **m'a hébergé** dans son grenier pendant deux mois.
그는 나를 그의 다락방에 두 달 동안 묵게 했다.
Je ne peux pas **vous coucher** chez moi.
난 당신을 내 집에 재울 수 없습니다.

▶▶ 하룻밤을 묵다.

Il souhaite **passer une nuit** à l'hôtel Lutèce.
그는 뤼떼쓰 호텔에서 하룻밤을 묵고 싶어한다.

---

78 …을 모으다.

Il **a rassemblé** tous les manifestants devant l'hôtel de ville.
그는 모든 시위운동자들을 시청 앞에 집결시켰다.
De temps en temps, elle **réunissait** ses voisines chez elle.
가끔, 그녀는 이웃집 여자들을 자기 집에 모으곤 했다.

▶▶ 모이다.

Quelques écoliers **se sont réunis** pour comploter contre leur maître.
몇몇 초등학생들이 자기네 선생님에 대해 음모를 꾸미기 위해서 모였다.
On va **se rassembler** au carrefour. 우리는 네거리에서 모일 것이다.

▶▶ 수집하다[모으다].

Mon hobby, c'est de **collectionner** des timbres.
내 취미는 우표를 수집하는 것이다.

Elle **cueillit** des papiers journaux pour les échanger contre des papiers hygiéniques.
그녀는 화장지와 바꾸려고 갱지를 모으고 있다.

Il **collecte** des bouquins. 그는 헌책들을 모은다.

---

79 뻥치는 거야!

A : Tu sais? Ce soir, je vais sortir avec Valéry.
B : Pas vrai! **Tout ça, c'est du chiqué!**
  A : 있지? 나 오늘저녁 발레리와 데이트할 거다.
  B : 그럴 리가! 그거 다 뻥치는 거지!

▶▶ 속이다.

Il a voulu **me faire marcher**. 그는 날 속여넘기려고 했다.(속어)

Elle **m'a eu[roulé]**. 그녀는 날 속였다.

Il **m'a bien attrapé**. 그는 날 보기좋게 속였다.

Cet imposteur **l'a fourré dedans**. 그 사기꾼이 그를 속였다.

Je vais **lui en faire voir**. 난 그를 크게 골탕먹이겠다.(구어)

Ne cherchez pas à **lui en conter (de belles/de fortes)**.
  그를 속이려고 하지 마시오.

Je ne veux pas **lui bourrer le crâne[la caisse/le mou]**.
  난 그를 속이고 싶지 않다.(구어)

Je **suis refait**! 난 속았다!

▶▶ …에게 속다.

Il **s'en est laissé imposer par** son collègue. 그는 그의 동료에게 속았다.

Je **me suis laissé duper[tromper] par** ce salaud.
  난 그 치사한 녀석에게 속았다.

Ne **vous laissez** pas **attraper par** ce vilain.
  그 비열한 녀석에게 속지 마시오.

Elle ne va pas **s'en laisser conter**. 그녀는 속아 넘어가지 않을 거다.

Vous **vous êtes laissé surprendre par** ses promesses.
  당신은 그의 약속에 속아 넘어간 거다.

80 열심히 시험공부하다.

On dit que l'examen sera difficile. Il vaut mieux **bosser ton examen**.
시험이 어려울 거라던데. 시험공부에 열중하는 게 나을 거야.

Pour avoir la bourse d'études, je dois **chauffer mon examen**.
그 장학금을 따려면, 난 시험공부를 맹렬히 해야만 해.

Elle **potasse son examen**.
그녀는 기를 쓰고 시험공부를 한다.(학생속어)

Il **potasse ferme** les maths. 그는 수학 공부를 열심히 한다.

Dans deux jours, il y aura un examen. Et tout le monde **pompe**.
이틀 후면 시험이 있어서 모두들 (시험 전에) 맹렬히 공부한다.(구어)

A : Est-ce que ça va bien ton **chauffage** (pour un examen)?
B : Oui, il n'y a pas de problème.
    A : 시험공부(속어)는 잘돼 가니?
    B : 응, 문제없어.

▶▶ 기를 쓰고 공부하는 사람
  potasseur (m.) (학생속어)

81 말해 줘요[듣고 있어요].

Dites (donc)!

Racontez-moi ça.

A : J'ai des nouvelles de Fanny.
B : **J'écoute**. Est-ce qu'elle va bien?
    A : 화니의 소식을 들었어.
    B : 얘기해 줘. 그녀는 잘 지내?

▶▶ 내 말 좀 들어 보세요.
  Prêtez-moi l'oreille!
  Écoutez donc, j'ai une idée. 들어 보세요, 제게 생각이 있어요.

▶▶ 그에게 이 생각을 일러 주시오.
  Glissez-lui cet avis à l'oreille.

▶▶ 진실에 귀막지 마시오.
Ne fermez pas l'oreille à la vérité.

▶▶ 못 들은 체하지 마세요.
Ne faites pas le sourd!
Ne faites pas la sourde oreille!

▶▶ 그건 잘 알고 있는 바다.
Ça me connaît.
Connu!
Mon petit doigt me l'a dit.
다 알고 있어.(*어른이 애에게 하는 말)

---

82 …가 …하는 걸 듣다.

Il **m'a entendu** jouer de la guitare dans ma chambre.
그는 내가 방에서 기타 치는 걸 들었다.

▶▶ 어쩌다 듣다.
J'ai surpris leur conversation sans le vouloir.
원치 않게 그들의 대화를 난 어쩌다 귓결에 들었다.

▶▶ 소문으로는 …라고 한다.
La rumeur publique voudrait que leur mariage est en ruine.
풍문에 그들 결혼이 끝장났다고 한다.

---

83 …의 말을 들으려 하지 않다.

Il **refuse d'écouter** sa soeur.
그는 여동생의 말을 들으려 하지 않는다.

▶▶ …의 부탁을 들어주지 않다.
Il est très froid. Il **est[reste] sourd aux prières de** son frère.
그는 아주 냉정하다. 그녀는 자기 동생의 부탁을 들어주지 않는다.

CHAPITRE 13
목표 · 기대 · 성취

1 ···하기를 기대하다.

Ils **s'attendent à** être bien accueillis en France.
그들은 프랑스에서 환영받을 것을 기대하고 있다.

Il faut **s'attendre à** tout.
모든 걸 예상해야 한다[어떤 일이 일어날지 모를 일이다].

Je **m'attends à ce qu**'elle revienne un de ses jours.
그녀가 가까운 시일 내에 되돌아올 것을 기대한다.

Ne **t'attends** pas **que** ta femme te pardonne tout.
네 아내가 너의 모든 걸 용서해 주리라고 기대하지 마라.

▶▶ 어디 기대해 보시지.

Attendez-vous-y.(*비꼼)

▶▶ ···하기를 학수고대하다.

Il me tarde de la revoir. 난 그녀를 다시 만날 것이 몹시 기다려진다.(비인칭)

Il lui tarde que ses efforts aboutissent à un résultat favorable.
그는 자신의 노력이 좋은 성과를 올리기를 몹시 기대한다.(비인칭)

2 기대에 부응하다.

Excusez-moi de n'avoir pas **rempli votre attente**.
당신의 기대에 부응하지 못해서 죄송합니다.

Je suis sûr qu'il **répondra à notre attente**.

그가 우리에 기대에 부응하리라고 기대합니다.

▶▶ **기대에 어긋나다.**

Votre telle conduite **a trompé l'attente de** vos parents.
귀하의 그러한 행동은 부모님의 기대에 어긋났다[기대를 실망시켰다].

▶▶ **…에 적격이다.**

Il **est taillé pour** cette mission. 그는 이 임무에 적합하다.

Elle **est faite pour** ce métier. 그녀는 이 일에 안성맞춤이다.

▶▶ **…할 능력이 있다.**

Il **est de taille à** être chef. 그는 우두머리가 될 능력이 있다.

Il **est à la hauteur de** la situation. 그는 상황에 대처할 능력이 있다.

---

③ 기대하지 않아요.

A : Tu penses qu'il y aura une augmentation?

B : Dans cette situation économique? **Je ne compte pas sur ça.**

　A : 봉급 인상이 있을 것 같니?
　B : 이런 경제 상황에서? 난 그런 기대 안 해.

Je ne m'attends pas que vous m'aimiez.
난 당신이 날 사랑하리라고 기대하지 않습니다.

▶▶ **난 이미 그걸 예견했었다.**

Je l'avais parié.

Je l'avais bien dit.

Je vous l'avais dit.

---

④ 그러길 바래!

A : Peut-il finir des photocopies dans cinq minutes?

B : **Je le souhaite**. Nous en avons besoin pour la réunion.

　A : 그가 5분 후면 복사를 끝낼 수 있을까?
　B : 그러길 바래! 회의에 그게 필요하니까.

▶▶ **그러지 않기를!**

A : Tu penses qu'il va pleuvoir?

B : **Je souhaite que non**. Je vais jouer au tennis cet après-midi.
　A : 비가 올 것 같니?
　B : 아니면 좋겠는데. 오후에 테니스를 칠 거거든.

---

⑤ 기다려 봐요.

Attendez voir.　어떻게 되는지 두고 보자.(구어)

Il faut[faudrait] voir.　두고 볼 일이다.

▶▶ 결과는 두고 볼 일이다.

(Il) **reste à savoir si** elle surmontera son chagrin.
　그녀가 슬픔을 이겨낼지 아닌지는 아직 모른다[미지수이다].(비인칭)

Les paris sont ouverts.　귀추가 주목된다.

---

⑥ 실수하다.

Il **a fait[commis] une erreur**.　그는 실수했다.

Personne ne veut **commettre une bévue**.
　아무도 실수를 저지르고 싶어하지 않는다.

Cette fois-ci il **s'est fourré le doigt dans l'oeil**.
　이번에 그는 큰 잘못을 저질렀다.

Je n'ai pas voulu **faire une gaffe**.　난 실수를 저지르고 싶진 않았다.(속어)

Vous **avez fait un beau coup**.　당신 큰 실수한 거요.(*경멸)

▶▶ 과오를 범하고 있다.

Vous **êtes en erreur**.　당신은 과오를 범하고 있습니다.

---

⑦ 시험에 합격하다.

Elle **est reçue[admise] à son examen**.　그녀는 시험에 합격했다.

J'ai **réussi à mon examen**.　난 시험에 합격했다.

Il **a subi une épreuve avec succès**.　그는 학과시험에 합격했다.

▶▶ 시험에 낙제하다.

Je suis **recalé[collé/séché/refusé/retapé] à cet examen**.
　난 그 시험에 낙제했다.

Il **s'est fait recaler[coller] à son examen**. 그는 시험에 낙제했다.
Si tu ne veux pas **échouer à ton examen**, tu n'as qu'à travailler.
　　시험에 낙제하고 싶지 않으면, 넌 공부하는 수밖에 없다.
Elle **a doublé une classe**. 그녀는 낙제했다.

▶▶ **(시험에) 영점을 맞다.**

C'est une honte de **piquer une sèche**.
　　영점을 맞는 건 수치스러운 일이다.

▶▶ **망치다.**

Elle **a raté[gâché/bousillé/loupé]** ce projet. 그녀는 그 계획을 망쳐 버렸다.

---

⑧ 실패하다.

Il a voulu l'arrêter sur place. Mais il **a manqué son coup**.
　　그는 현장에서 그를 체포하려고 했지만 실패했다.
Les négociations **n'ont pas abouti**. 협상은 실패했다.
Ce film **a fait fiasco[n'a pas réussi]**. 이 영화는 완전 실패했다.
Je pense qu'elle va **échouer** dans sa tentative auprès de lui.
　　난 그녀가 그를 설득하려는 시도에 실패하리라 생각한다.

▶▶ **…하는데 성공하다[성공적으로 …하다].**

J'ai réussi à enlever cette tache. 난 이 얼룩을 빼는데 성공했다.

---

⑨ 그럴 여유가 없어요!

A : Chéri, tu peux m'acheter cette parure de diamants?
B : Chérie, j'aimerais bien, mais je suis désolé. **Mes moyens ne le permettent pas**.
　　A : 여보, 나한테 이 다이아몬드 장신구 세트 사 줄래요?
　　B : 여보, 그러고 싶긴 한데, 미안해. 그럴 여유가 없어!

---

⑩ …을 따라잡다.

Si tu pars maintenant, tu peux **les attraper**.
　　지금 출발하면, 넌 그들을 따라잡을 수 있을 거다.

⑪ 뒤떨어지지 않다.

Elle tente d'**être à la page**. 그녀는 시대의 첨단을 걷기위해 애쓴다.(구어)

Jean **marche[va] de pair avec** Alain.
　　쟝은 알랭과 어깨를 나란히 한다[막상막하다].

René pense qu'il **est sur un pied d'égalité avec** Thierry.
　　르네는 자신이 띠에리와 대등한 입장에 있다고 생각한다.

Elle **rivalise de talent[d'adresse] avec** sa soeur.
　　그녀는 언니와 재능[재주]을 다툰다.

Nous ne devons pas **rivaliser de standing avec ses voisins**.
　　우리는 이웃의 생활수준을 따라가려고 해서는 안 된다.

▶▶ 보조를 맞추다.

J'essaie de **marcher du même pas que** toi.
　　난 너와 보조를 맞추려고 애쓰고 있어.

Tu dois **marcher de front avec** tes amis.
　　넌 친구들과 보조를 맞춰야 한다.

⑫ 이기다.

J'ai **vaincu** Paul aux échec. 내가 체스에서 뽈을 이겼다.

Elle va **l'emporter sur** son rival. 그녀는 라이벌을 이길 것이다.

Ils ont voulu **triompher de** leurs adversaires.
　　그들은 적들을 이기고 싶어했다.

Notre équipe **a remporté la voictoire**.
　　우리 팀이 승리를 거두었다.

Nous **avons la partie gagnée**. 우리는 승부에 이겼다.

Mon frère **a gagné le procès**. 내 형은 소송에 이겼다.

Tu peux **le surclasser**.
　　넌 그를 엄청난 차이로 압승할 수 있어.(*스포츠 경기에서)

Il **a battu** ses ennemis. 그는 적들을 처부셨다.

▶▶ …을 격파하다.

Je peux **le battre à plate(s) couture(s)**. 난 그를 완전히 격파할 수 있다.

Il a trouvé un bon moyen d'**aplatir** son ennemi.
그는 적을 괴멸시킬 좋은 방법을 찾아냈다.

Elle **m'a dégonflé**. 그녀는 나의 위세를 꺾었다[기를 죽였다].

▶▶ 패하다.

Il **est battu** dans la course. 그는 경주에서 졌다.

J'ai perdu cette partie. 난 이번 시합에 졌다.

⑬ 다 좋을 수는 없지!

On ne peut pas plaire à tout le monde!

⑭ 세상사는 좋을 때도 있고 나쁠 때도 있다.

La vie est faite de hauts et de bas.

Il faut de tout pour faire un monde.

⑮ …에 앞서 있는

Il est **en avnt de** sa classe. 그는 자기반 누구보다 앞서 있다.

▶▶ 앞지르다.

Maintenant il **dépasse** tous les autres.
이제 그는 다른 사람들을 앞질렀다.

▶▶ (스포츠에서) 리드하다.

Notre équipe **mène** trois à zéro. 우리 팀이 3대 0으로 리드한다.

Il **a devancé** les autres coureurs. 그는 다른 경주자들을 리드했다.

▶▶ 1위를 차지하다.

Il **a tenu le premier rang**. 그는 1위를 차지했다.

▶▶ 2위를 차지하다.

Il **a passé second**. 그는 2위를 차지했다.

▶▶ …에 이어 아깝게도 2등이 되다.

Pierre **a fini bon second derrière** Jacques.
뻬에르는 쟉끄에 이어 아깝게도 2등이 되었다.

16 …에게 유리하게 […을 위해]

Je trouve tout à fait naturel qu'il agisse toujours **en faveur de** sa famille. 난 그가 항상 자기 가족에게 유리하게 행동하는 건 너무나도 당연한 일이라고 생각한다.

Elle parle toujours **en faveur de** son mari.
그녀는 항상 자기 남편에게 유리하게 말한다.

17 무승부로 끝내다.

Ils **ont fait partie nulle**. 그들은 무승부로 끝냈다.

Notre équipe de football **a fait match nul avec** l'équipe de France.
우리 축구팀은 프랑스 대표팀과 무승부로 끝냈다.

Les candidats **obtinrent un nombre égal de suffrage**.
후보들은 동점 득표를 얻었다.

▶▶ 무승부로 끝난 시합

match sans résultat (m.)

match nul (m.)

partie nulle (f.)

▶▶ 동점이다.

Ils **sont ex aequo**. 그들은 동점(자)이다.

Maintenant ils **sont à l'égalité de points**. 현재 그들은 동점이다.

18 …이라는 건 거의 확실하다.

Il y a gros à parier qu'il réussira.
그가 성공하리라는 건 거의 확실하다.(비인칭)

▶▶ 난 …라고 장담한다.

Je te parie qu'elle ne viendra pas. 그녀는 절대 안 올 거야.

Je gage qu'il ne nous trouvera pas. 그는 우리를 절대로 찾지 못할 거다.

(Je me donne) au diable si elle se met à sa diapason.
그녀가 그의 이야기의 장단을 맞춘다면 내 목이라도 내놓겠다.

(Que) le diable m'emporte s'il se vend à un parti politique.
그가 정당에 팔려간다면 목이라도 내놓겠다.

Je metterais[J'en donnerais/J'en gagerais] ma tête à couper qu'il gagne le dessus. 그가 우위를 차지한다고 확실히 장담해.

Chiche que tu ne le feras pas! 넌 그걸 못할 걸!

▶▶ 그것이 거짓말이라면 내 목을 주겠어.

J'y metterais[J'en gagerais] ma tête à couper.

▶▶ 목숨을 걸고

Sur ma vie! (구어)

⑲ 결과

Est-ce que tu te souviens du **résultat** de la partie?
너 그 시합 결과를 기억하고 있니?

⑳ …을 자신의 공(功)으로 돌리다.

Il n'est pas bon de **s'attribuer le mérite de** la victoire.
승리를 자신의 공으로 돌린다는 것은 현명하지가 않다.

㉑ 전도유망한

Elle aime ce jeune homme **qui promet**.
그녀는 전도유망한 이 젊은이를 사랑한다.

C'est un garçon **de grande espérance**. 그는 전도유망한 소년이다.

Qui est-il cet enfant **plein de promesses**?
장래성이 있는 이 어린이는 누구지?

N'est-ce pas un joueur **d'un grand[d'un bel] avenir**?
그는 장래가 유망한 선수가 아닌가?

Il a fait des débuts **prometteurs**. 그는 성공적인 출발을 했다.

▶▶ 전도가 유망하다.

Cet homme **donne de belles[de grandes] espérances**.
이 사람은 전도가 유망하다[큰 기대를 가지게 한다].

Son avenir **promet[s'annonce bien]**. 그의 미래 전망이 좋다.
Il **a de l'avenir**. 그는 전도가 유망하다.

㉒ …의 가망[가능성]이 있다.

J'ai des chance de succès. 난 성공의 가망이 있다.
Elle **a des chances d'**être choisie.
　그녀는 뽑힐 가망이 있다.
Il y a des chances pour un raid aérien.
　공습이 있을 가능성이 있다.(비인칭)
Il y a beaucoup de chances pour élire Philippe président.
　필립을 의장으로 뽑을 가능성이 많다.(비인칭)
Il est (bien) possible que son ami lui casse la gueule.
　그의 친구가 그의 얼굴을 갈겨버릴 가능성이 있다.(비인칭)

▶▶ 불가능한 일이다.

A : Cet après-midi j'ai aperçu Stéphanie dans un grand magasin.
B : **C'est impossible!** Elle est à Lyon, maintenant.
　A : 오늘 오후에 백화점에서 스테파니를 얼핏 봤어.
　B : 그건 불가능해! 그녀는 지금 리용에 있는 걸.

▶▶ …하는 것은 거의 불가능하다.

Elle **n'a pas la moindre chance de** gagner sa vie.
　그녀가 생계비를 번다는 건 거의 불가능하다.
Nous **n'avons qu'une chance sur cent de** gagner la ville avant le coucher du soleil.
　우리가 해지기 전에 마을에 도착하는 건 거의 불가능하다.
Il ne saurait être question pour lui de grossir sa voix.
　그가 목소리를 높인다는 건 전혀 가능성이 없다.(비인칭)

㉓ …을 기대하고

J'y suis allé **dans l'espérance de** la revoir.
　난 그녀를 다시 만날 수 있을까 하고 그곳에 갔다.

Il est **dans l'attente de** la lire[sa réponse].
　그는 그녀의 답장을 기대하고 있다.

24 …할 기회를 잃다.

Il **a perdu[manqué/raté] une bonne chance** d'entrer à l'université.
　그는 대학에 들어갈 좋은 기회를 잃었다.

Il ne faut pas **la manquer belle**.
　좋은 기회를 놓쳐서는 안 된다.

25 출마하다.

Dans deux ans, elle **se présentera à** la députation.
　2년 후 그녀는 국회의원에 출마할 것이다.

Il **s'est porté candidat à** l'élection présidentielle.
　그는 대통령 선거에 입후보했다.

26 출세하다.

Raoûl est parti de rien, et il **a fait son chemin**.
　라울은 무에서 출발해서 출세했다.

▶▶ 출세욕, 출세제일주의
arrivisme (m.)

▶▶ 출세제일주의자
arriviste (m.)

▶▶ 승진하다.

Il **est promu**, et il est transféré au bureau de New york.
　그는 승진해서 뉴욕 사무소로 전근했다.

Elle **a eu sa promotion**.
　그녀는 승진을 했다.

J'ai eu de la chance. J'ai **obtenu de l'avancement**.
　난 운이 좋았어. 승진을 했거든.

Elle (s')**est avancée** hier.　그녀는 어제 승진했다.

㉗ 처리하다.

Remettez-vous-en à moi. **Je vais m'en occuper.**
  제게 그걸 맡기세요. 제가 처리하겠습니다.

Ne vous en souciez pas. **Je m'en charge.**
  그것에 대해 근심하지 마세요. 제가 처리하겠습니다.

▶▶ 조처를 취하다.

A : Ils se plaignent tout le temps.
B : Je sais. Je vais **prendre des mesures nécessaires**.
  A : 그들은 내내 불평을 하고 있어.
  B : 알고 있습니다. 제가 필요한 조처를 취하겠습니다.

On doit **prendre des mesures pour** empêcher le progrès de sa maladie. 그의 병의 악화를 막기 위해서 조처를 취해야만 한다.

▶▶ 비상수단을 쓰다.

Je n'ai qu'à **employer mes grands moyens**.
  난 비상수단을 사용할 수밖에 없다.

㉘ 끝나다.

Ce programme va **prendre fin** dans une semaine.
  그 프로그램은 일주일 후에 끝난다.
Cela **est fini en beauté**. 그것은 성공적으로 끝났다.
Le débat est déjà **terminé**. 토론은 이미 끝났다.
La réunion **est close** à 5 heures. 회의는 5시에 끝났다.
Le débat **est clôturé** par un vote. 토론은 투표로 종결되었다.
La séance **est levée**. 폐회합니다.(*의장의 선언)
Ainsi **s'achèvent** nos émissions de la soirée.
  이로써 오늘 저녁 방송이[을] 끝나겠습니다[마칩니다].

㉙ 마침내 …하고야 말다.

La police **finira par** l'attraper. 경찰은 그를 체포하고야 말 것이다.

Elle n'**arrivera** jamais **à** rompre avec lui.
그녀는 절대로 그와 절교하지 못할 것이다.

Tu **parviendras à** le persuader de ta bonne foi.
넌 그에게 너의 정직[성실]함을 납득시키고야 말 것이다.

Elle **a réussi à** le persuader de se rejoindre à notre équipe.
그녀는 그가 우리 팀과 합류하도록 결심하게 만들고야 말았다.

③⓪ 실현되다.

Enfin **s'est réalisé** mon rêve. 마침내 나의 꿈이 실현됐다.

③① 수포로 돌아가다.

Tes éfforts **n'aboutiront à rien**. 네 노력은 수포로 돌아갈 거다.
Tout **s'est réduit à rien**. 모든 것이 수포로 돌아갔다.
Mon projet **est tombé à[dans] l'eau**. 내 계획이 수포로 돌아갔다.
Sa tentative **s'en est allée[est partie] en fumée**.
그녀의 시도는 수포로 돌아가고 말았다.

▶▶ 헛수고

C'éait **peine perdue**. 그건 헛수고였다.
Le voilà Gros-Jean comme avant! 모든 것이 헛수고가 됐구나!
Vous voilà bien avancé! 헛수고 하셨군요!(반어)

▶▶ 아무리 …한다 해도 소용이 없다.

Nous **avons beau** protester. 우리가 아무리 항의해도 소용이 없다.
Cela ne sert à rien de pleurer. 울어봤자 아무 소용없다.
Cela ne vous mènera à rien de sangloter des excuses.
당신이 흐느껴 울며 변명을 해봤자 아무 소용도 없을 것이다.

③② 그럭저럭 …하다.

Heureusement il a pu **s'arranger pour** être là.
다행히도 그는 거기에 갈 수가 있었다.

▶▶ …할 수 있는 방법을 생각해 내다.
  Trouvez (le) moyen de mouvoir votre jambe droite.
  오른쪽 다리를 움직일 수 있는 길을 생각해 보세요.

▶▶ 도무지 …할 수가 없다.
  (Il n'y a) pas moyen de me mettre au courant de ses nouvelles.
  난 그의 소식을 그때그때 잘 알고 있을 수가 없다.

---

③③ 향상[개량/개선]시키다.

  Il a fait tous ses efforts pour **rendre meilleur** son anglais.
   그는 영어실력을 향상시키기 위해서 모든 노력을 다했다.
  Le progrès scientifique **va apporter des perfectionnements à** cette invention.
   과학적 진보는 이 발명품을 개량시킬 것이다.
  Il veut **améliorer** son état.   그는 자신의 상황을 개선하고자 한다.

▶▶ 증진시키다. 조장하다.
  L'objectif de ce programme consiste à **développer** le goût pour l'aventure.
   이 프로그램의 목표는 모험에 대한 취미를 증진시키는 데에 있다.

▶▶ 호전되다.
  Sa santé **s'est améliorée**.   그의 건강은 호전되었다.

▶▶ 악화되다.
  Sa maladie **s'est aggravée**.   그의 병은 악화되었다.

---

③④ 진척을 보이다.

  Il **avance** petit à petit dans ses études.
   그는 조금씩 조금씩 연구에 진척을 보인다.
  Mon fils **fait des progrès dans** ses études.
   내 아들은 학업에 진척을 보인다.

▶▶ 진보하다.
  Il croit que l'univers **progresse** avec le temps.
   그는 우주는 시간과 함께 진보한다고 믿는다.

㉟ …가 되려면 아직 멀었다.

Tu **as un long chemin à faire** pour te faire un bon avocat.
넌 좋은 변호사가 되려면 아직 멀었다.

㊱ 진척이 안 되다.

Mes études **piétinent sur place**.
내 연구는 제자리걸음을 하고 있다[진척이 안 된다].

Ses affaires **sont dans le marasme**.
그의 사업은 침체되어 있다.

Nos relations **sont en stagnation**.
우리의 관계는 부진한 상태에 있다.

CHAPITRE 14
교통 및 자동차

① 얼마나 더 가야 하죠?

A : Pour combien de temps avons-nous encore?
B : Jute cinq minutes.
　A : 얼마나 더 가야 하죠?
　B : 딱 5분이오.

▶▶ (거리가) 얼마나 되나요?

Combien y a-t-il (d'ici à Paris)?　(여기에서 빠리까지) (거리가) 얼마나 되나요?

▶▶ 여기서 10분 거리입니다.

Il y a dix minutes de chemin.

② 다 왔습니다!

Nous voilà (arrivés)!

▶▶ 모두들 내리십시오!

Tout le monde descend!

▶▶ 종점입니다!

C'est le terminus!

③ 멈춰서다.

Sa voiture s'est arrêtée au feu rouge.　그의 차는 빨간불에서 멈춰섰다.

Le train **s'arrête[fait halte]** à toutes les gares.
그 기차는 정거장마다 선다.

▶▶ 세우다

Il **a arrêté** sa voiture devant la boutique.
그는 가게 앞에서 차를 세웠다.

▶▶ 비켜세우다.

Le policier lui a demandé de **ranger** sa voiture pour faire passer une autre voiture.
그 경찰관이 그에게 다른 차가 지나갈 수 있게 차를 비켜세우라고 했다.

④ 경적을 울리다.

Arrête de **klaxonner**, s'il te plaît. 제발 그놈의 경적 좀 그만 울려.

⑤ 신호를 위반하다.

Il ne faut jamais **brûler un signal**.
절대로 붉은 신호등을 위반해서는 안 된다.

Vous **avez brûlé le feu rouge**. 귀하는 정지 신호를 위반했습니다.

▶▶ (정류장·역에서) 멈추지 않고 가다.

Cet autobus **brûle** souvent **un arrêt**.
저 버스는 정류장에서 종종 멈추지 않고 간다.

Mon train **a brûlé une gare**. 내가 탄 기차는 역을 하나 지나쳐 버렸다.

⑥ 지정 속도를 넘다.

Vous **avez dépassé la vitesse autorisée**. 귀하는 규정된 속도를 넘었습니다.

▶▶ 제한 속도

Ici, **la vitesse limite[maximum/maximale]** est 60 km.
이곳은 제한 속도가 60km입니다.

▶▶ 과속으로 걸리다.

J'ai eu une contravention (pour excès) de vitesse. 난 과속으로 걸렸다.

7 추월 금지

《Défense de Doubler》

▶▶ 추월하다.

Il est dangereux de **dépasser** sur ce pont.
이 다리에서 추월하는 건 위험하다.

8 이 방향 통행 금지

《Sens Interdit》

9 속력을 내다.

Il ne faut pas **accélérer** ici. 여기서는 속도를 내서는 안 된다.

Foncez maintenant. 이제 속도를 내세요.

Elle **a accéléré la vitesse** de la voiture. 그녀는 자동차 속도를 높였다.

Il est interdit de **prendre[donner] de la vitesse**.
속도를 내는 건 금지되어 있다.

Mon frère aime **faire de la vitesse**. 내 형은 질주하는 걸 좋아한다.

▶▶ 다시 속력을 내다.

Le train **a repris de la vitesse**. 기차는 다시 속력을 냈다.

▶▶ 전속력으로

Elle est accourue **à toute pompe** vers lui.
그녀는 그에게 전속력으로 달려왔다.(구어)

10 속도를 늦추다.

Ralentissez votre voiture. 차 속도를 늦추시오.

Sa voiture commençait à **ralentir** petit à petit.
그의 차는 조금씩 속도를 늦추기 시작했다.

▶▶ 서 행

《Ralentir》

⑪ 브레이크를 밟다.

J'ai sérré[mis] le frein. 난 브레이크를 밟았다.
Sa voiture freine bien. 그의 차는 브레이크가 잘 듣는다.
Appuyez sur le frein. 브레이크를 밟으시오.

▶▶ 급브레이크를 밟다.
Il a donné un coup de frein brusque. 그는 급브레이크를 밟았다.

⑫ 음주 측정하다.

Ce policier lui a donné l'alcooltest. 이 경찰관이 그에게 음주 측정을 했다.

▶▶ 혈중알콜농도
alcoolémie (f.)

▶▶ 음주운전하다.
Il est dangereux de conduire en état d'ébriété[d'ivresse].
음주운전을 하는 건 위험하다.

⑬ 갈지자로 가다.

Sa voiture faisait des zigzags. 그의 차는 갈지자를 그리며 갔다.

▶▶ 미끄러지다.
Tout à coup sa voiture a fait une embardée.
갑자기 그의 차가 미끄러졌다.

⑭ 교통 체증

embouteillage (m.)
encombrement de circulation (m.)
bouchon de circulation (m.)

▶▶ 교통 체증으로 붐비다.
Les rues sont embouteillées[encombrées] aux heures de fort trafic.
교통이 혼잡한 시간엔 도로들이 교통지옥을 이루며 붐빈다.

▶▶ 교통 체증에 걸리다.
Excusez-moi d'être en retard. J'étais bloqué[immobilisé] dans un embouteillage.
늦어서 죄송합니다. 교통 체증에 막혀 꼼짝할 수가 없었습니다.

▶▶ …의 혼잡을 완화시키다.
La nouvelle autoroute va **décongestionner** la ville.
그 새 자동차 전용도로는 도시의 혼잡을 완화시킬 것이다.

---

⑮ 버스노선
ligne d'autobus (f.)

▶▶ 교통량이 많은 노선
ligne à grand trafic (f.)

---

⑯ 방향
Quelle direction allez-vous prendre? 어떤 방향으로 가실 건가요?

▶▶ …행[방향으로]
Ce train est **en[dans la] direction de** Paris.
이 기차는 빠리행이다.
Ce train n'est pas **à destination de** Lyon.
이 기차는 리용행이 아니다.

▶▶ …발[에서 오는]
Cet avion est **en provenance de** New York.
이 비행기는 뉴욕발이다.

---

⑰ 타다.
Car nous étions tellement épuisés, nous **avons pris** un taxi.
우리는 너무나도 지쳐 있었기 때문에, 택시를 탔다.

▶▶ 잡아타다.
Il a réussi à **attraper** le train. 그는 용케 기차를 잡아탔다.
Heureusement je **n'ai pas manqué[raté]** mon train.

다행히도 난 기차를 놓치지 않고 잡아탔다.

---

⑱ 태우다.

Le train s'est arrêté pour **prendre** des voyageurs.
　기차가 여행객들을 태우기 위해서 멈춰섰다.

▶▶ 내려놓다.

Il a arrêté sa voiture pour **descendre[déposer]** ses amis.
　그는 친구들을 내려주려고 차를 세웠다.

▶▶ 태워다 줄까요?

　A : **Puis-je vous déposer quelque part?**
　B : Que vous êtes gentil! Merci beaucoup. Vous pouvez me descendre en ville.
　　A : 어디 태워다 드릴까요?
　　B : 정말 친절도 하셔라! 감사해요. 시내에 태워다 주세요.

　A : **Puis-je te conduire[descendre] quelque part?**
　B : Non, merci. Aujourd'hui j'ai ma voiture.
　　A : 어디 태워다 줄까?
　　B : 아니, 고마워. 오늘은 차를 갖고 왔어.

▶▶ 지나가는 길에 다시 데리러 올게.

Je te reprendrai en passant.

---

⑲ 갈아타다.

Est-ce qu'on **change (de train/de car/d'avion)** ici?
　여기서 (기차/관광 버스/비행기를) 갈아타는 건가요?

Ici, tu dois **faire correspondance avec** un train.
　넌 여기서 기차로 갈아타야 한다.

Assurez la correspondance avec le vol KE 627.
　KE 627편으로 갈아타도록 하세요.

▶▶ 갈아타기

　A : Comme on se retrouve! Qu'est-ce que tu fais ici?

B : J'attends **la correspondance**.
A : 세상 정말 좁구나! 너 여기서 뭐하니?
B : 갈아타려고 기다리고 있어.

▶▶ 기항하다.
Cet avion va **faire (l')escale à** Alaska. 이 비행기는 알라스카에 기항할 거다.

---

⑳ 뒤로 빼다.

A : Tu peux **reculer** un peu ta voiture?
B : C'est impossible! Tu ne vois pas la rue encombrée derrière moi?
A : 네 차 좀 뒤로 뺄래?
B : 못해! 내 뒤에 차량통행이 많은 게 안 보여?

Ne bloquez pas le passage. Le camion est en train de **reculer**!
통로를 가로막지 마세요. 트럭이 후진하고 있잖아요!

Tu dois faire attention au moment de **faire marche arrière**.
넌 후진할 땐 주의를 해야만 한다.

㉑ 공간을 내다.

Serrez-vous pour **lui faire (un peu de) place**!
그에게 자리를 (좀) 만들어 주게 좁혀 주세요!

(Faites) place! 비켜!

▶▶ 여성분 먼저!
Place aux dames!

㉒ 꼼짝 못하게 되다.

Ma voiture **était coincée** entre deux camions.
내 차는 두 트럭 사이에서 꼼짝 못하게 됐었다.

J'étais (pris) **en sandwich entre** Pierre et Jean.
난 뻬에르와 쟝 사이에서 샌드위치가 됐었다.

▶▶ 빽빽하게 차 있다.
Dans l'autobus, nous **étions serrés[tassés] comme des sardines**.

버스 안에서 우리는 콩나물시루같이 **빽빽**하게 있었다.

㉓ 충돌하다.

Une voiture **est entrée en collision avec** un train.
　　차 한 대가 기차와 충돌했다.

C'est votre voiture qui est venu **heurter** un arbre.
　　나무를 들이받은 것은 바로 당신의 차다.

Leurs voitures **se sont tamponnées**.
　　그들의 자동차는 서로 충돌했다.(*자동차 · 철도)

Un navire de marchand **a abordé** un navire de commerce.
　　상선이 화물선과 충돌했다.(*해양)

▶▶ **자동차 충돌**
collision de voitures (f.)

▶▶ **…와 정면으로 충돌하다.**
Sa voiture **a heurté** la mienne **de front**.
　　그의 차가 내 차와 정면으로 충돌했다.

▶▶ **정면 충돌**
Ma voiture est complètement écrasée à cause d'**une collision frontale** avec un camion.
　　내 자동차는 트럭과의 정면 충돌로 완전히 으스러졌다.

㉔ 타이어가 펑크나다.

Mon pneu **est à plat**.　내 타이어가 펑크났다.
C'est un **pneu dégonflé**!　이거 펑크난 타이어잖아!

CHAPITRE 15
전화 · 연락

---

① 전화 왔어요.

On vous demande au téléphone.

▶▶ 전화하다.

Dès son retour, elle va **lui téléphoner**.
돌아오자마자, 그녀는 그에게 전화할 겁니다.

Je **te donnerai[passerai] un coup de fil**.   내가 너한테 전화할게.

Pourquoi est-ce que tu ne **l'appelles** pas **(au téléphone)**?
왜 넌 그한테 전화하지 않니?

▶▶ 수화기를 들다.

Le téléphone sonne, et elle **décroche l'appareil**.
전화 벨소리가 울리자 그녀가 수화기를 든다.

---

② 나중에 전화걸다.

Je suis un peu occupé maintenant. Je **te rappellerai plus tard**.
나 지금 좀 바쁘거든. 나중에 전화할게.

Rappelez-moi plus tard.   나중에 전화해 주세요.

---

③ 통화중이다.

La ligne est occupée.

Les lignes téléphoniques étaient embouteillées.
전화거는 사람이 많아서 계속 통화중이었다.

▶▶ 통화중인 신호음을 듣다.
J'ai pu entendre le signal de ligne occupée.
난 통화중인 신호음을 들을 수 있었다.

---

④ 혼선이다.

Nous sommes plusieurs[Il y a du monde] sur la ligne.

▶▶ (전화의) 연결착오
fausse communication (f.)

---

⑤ 전화 감이 멀다.

La communication est mauvaise.

▶▶ 고장이다.
Le téléphone est en dérangement.   전화가 고장이다.

---

⑥ 응답기

répondeur téléphonique (m.)

▶▶ 전화번호부
annuaire des téléphones[annuaire téléphonique] (m.)

▶▶ 공중전화 박스
cabine téléphonique (f.)

▶▶ 수신자 요금부담 전화
communication en[avec] P.C.V. (f.)

---

⑦ 누가 전화했어?

A : Qui est au téléphone?
B : Pierre, c'est pour toi.

A : 누구한테 온 전화지?

B : 삐에르, 네게 온 전화야.

▶▶ 네게 온 전화야.

A : Gabriel, **c'est pour toi**.

B : Merci. Je prendrai ça dans ma chambre.

   A : 가브리엘, 전화야.

   B : 고마워, 내 방에서 받을게.

---

⑧ …을 바꿔주세요.[…와 통화할 수 있을까요?]

Puis-je parler à Monsieur Vincent, s'il vous plaît?
죄송하지만, 벵상 씨를 바꿔 주시겠어요?

Bonjour! Je suis Césare Frank. **Je voudrais parler à** Monsieur Lambert.
안녕하십니까? 저는 쎄자르 프랑크입니다. 랑베르 씨 부탁드립니다.

---

⑨ …씨가 댁에 계신가요?

Allô! Bonjour! **Est-ce que** Sylvie **est à la maison**?
여보세요? 안녕하세요? 씰비 있나요?

---

⑩ 끊지 말아 주세요.

Gardez l'appareil!

Ne raccrochez pas!

Ne me coupez pas!

Ne quittez pas (l'écoute)!

▶▶ 잠시 기다리세요.

Attentez un instant[une seconde]!

Un instant[Une seconde/Un moment], s'il vous plaît.

▶▶ 아직 끊지 않으셨나요?

Allô! **Vous êtes encore[toujours] là**?
여보세요! 아직 끊지 않으셨나요?

⑪ …을 …와 통화하게 연결해 주다.

A : Bonjour! **Voulez-vous me passer** Monsieur Durand, s'il vous plaît?

B : Bon! **Je vous passerai** sa secrétaire.

   A ; 안녕하세요? 뒤랑 씨를 연결해 주시겠습니까?

   B : 그럼 그분 비서한테 돌려 드리겠습니다.

Pourriez-vous me donner la communication avec Madame Dupont?
뒤뽕 부인과 연결해 주시겠습니까?

Mettez-moi en communication avec Monsieur Martin.
마르땡 씨와 연결해 주십시오.

▶▶ …와 통화가 연결되다.

Enfin j'ai obtenu la comunication avec Cécile.
마침내 난 쎄실과 통화가 연결됐다.

▶▶ 통화가 연결됐습니다.

Vous êtes en ligne.

Vous avez la communication.

⑫ 누구신지요? (*전화에서)

Qui est à l'appareil?

C'est de la part de qui?

▶▶ 접니다.

A : Monsieur Fournier?

B : **Lui-même**.

   A : 푸르니에 씨입니까?

   B : 그렇습니다.

A : Bonjour! Puis-je parler à Madame Legrand, s'il vous plaît?

B : (C'est) **elle-même**.

   A : 안녕하십니까? 르그랑 부인과 통화할 수 있을까요?

   B : 전데요.

▶▶ …을 대신해서 전화하다.

Je vous appelle **à la place de** Monsieur Mesnard.
메나르 씨 대신 전화를 드립니다.

---

⑬ 번호가 틀린데요.

A : Allô! Hélène? C'est moi, Philippe!

B : Je suis désolé. Je pense que vous **avez composé un faux numéro**.
   A : 여보세요? 엘렌? 나야, 필립!
   B : 미안합니다만, 전화 잘못 거신 것 같은데요.

▶▶ 그런 분 안 계십니다.
Il n'y a ici personne de ce nom.

---

⑭ 목소리 듣고 싶어 전화했어.

A : Allô! c'est toi, Alain?

B : Oui. **J'avais juste envie d'entendre ta voix**.
   A : 안녕! 알랭이니?
   B : 응. 네 목소리가 듣고 싶어서 전화했어.

---

⑮ 메모 부탁할까요?

Puis-je laisser un message[un mot] pour elle, s'il vous plaît?
미안하지만, 그녀에게 메모를 남길 수 있을까요?

▶▶ 전할 말씀 있으십니까?
A : **Voulez-vous laisser un mot[un message] pour** lui?
B : Oui. Dites-lui de m'appeler à 3 heures, s'il vous plaît.
   A : 그에게 전할 말씀 있으신가요?
   B : 네, 제게 3시에 전화해 달라고 말씀 좀 해 주세요.

---

⑯ 전화를 끊다.

Afin d'éviter de disputer avec lui, elle **a raccroché (l'appareil)**.
그와 다투는 걸 피하기 위해서, 그녀는 전화를 끊어버렸다.

Puisqu'il était très fâché, il **a coupé la communication avec** elle.
그는 매우 화가 나 있었기 때문에, 그녀와 하던 통화를 끊었다.

▶▶ 이제 그만 끊을게.

A : Bon, je **te laisse** maintenant.
B : O.K. Rappelle-moi plus tard.
　A : 자, 이제 그만 끊을게.
　B : 그래. 나중에 전화해.

▶▶ 전화가 끊겼다.

J'étais en train de parler avec lui au téléphone, mais **on m'a coupé**.
그와 전화로 얘기하던 중이었는데, 전화가 끊겼다.

⑰ 연락하다.

Je vais **vous conctacter** plus tard.　제가 나중에 연락하겠습니다.
Il **est[se tient] en contact avec** ses amis français.
　그는 프랑스인 친구들과 연락하고 있다.
Je **reste** toujours **en conctact avec** lui.
　나는 여전히 그와 연락이 되고 있다.
Elle essaie de **se mettre en conctact[prendre contact] avec** eux.
　그녀는 그들과 연락을 취하기 위해서 애쓴다.
Il **est entré[s'est mis] en communication avec** elle.
　그는 그녀와 연락을 취했다.
Il **n'est** plus **en communication avec** son ex-femme.
　그는 더 이상 전처와 연락을 하지 않고 있다.

▶▶ 당신과 연락을 하는데 어려움이 많았습니다.

J'ai eu du mal à vous rejoindre.

▶▶ 연락 드릴게요.

Je vous ferai signe.

⑱ 편지할게요.

Je vous enverrai[écrirai] un petit mot.

▶▶ 편지해라.
Envoyez-moi un mot[une lettre/une carte].

⑲ 편지 답장을 쓰다.

Il y a deux mois qu'elle **m'a répondu**.
그녀가 내게 답장을 한 지 두 달이 됐다.

▶▶ 편지를 중간에서 가로채다.

Je suis sûr que quelqu'un **a intercepté ma lettre**.
누군가가 내 편지를 가로챘다고 확신한다.

⑳ 우송하다.

Moi aussi, je dois **envoyer** ces lettres **par la poste**.
나도, 이 편지들을 우편으로 부쳐야겠어.

J'ai oublié d'**expédier** cette lettre.
이 편지를 부치는 걸 잊어버렸어.

Je **lui ai posté** la lettre.
난 그에게 편지를 우편으로 보냈다.

CHAPITRE 16
기계 · 물질 · 서류

① …을 설치하다.

Maintenant il faut **installer** l'appareil stéréo.
　이제 스테레오를 설치해야 한다.
L'électricien **a installé** le téléphone.　전기공이 전화를 가설했다.

▶▶ 자기 집에 동력선을 끌어들이다.
Il **a fait installer** la force chez lui.　그는 자기 집에 동력선을 끌어들였다.

② 작동하지 않다.

Cet ascenseur **ne marche pas**.　이 승강기는 작동하지 않는다.
La pompe **ne fonctionne pas**.　펌프가 작동하지 않는다.

▶▶ 고장이다.
Le distributeur automatique **est hors de service**.　자판기가 고장이다.
Ma voiture **est en panne**.　내 차가 고장이다.
L'autobus **est tombé en panne**.　버스가 고장났다.

▶▶ 제대로 작동하는 기계
machine en (bon) état de fonctionnement[de marche] (f.)

③ 하수구가 막혔다.

L'égout est bouché.

Le tuyau d'égout **s'est bouché**. 하수관이 막혔다.

▶▶ (막힌 파이프 따위를) 뚫다.

Il faut **déboucher** le tuyau bouché. 그 막힌 파이프를 뚫어야만 한다.

---

④ 변기에 물을 내리다.

Il **a tiré la chasse d'eau**. 그는 변기에 물을 내렸다.

---

⑤ 새다.

C'est ce tuyau qui **fuit[coule/perd]**. 물이 새는 게 바로 이 파이프입니다.

▶▶ 물이 샘, 누수(漏水)

Il y a **une fuite d'eau** au plafond. 천장에 물이 샌다.

---

⑥ 끼었다[꼼짝 못하게 되다].

La fenêtre **est coincée**. 창문이 뭔가가 끼어 빡빡하다.

L'ascenseur **est coincé[en panne]**. 승강기가 고장났다.

---

⑦ …에서 떨어져 나가다.

Un bouton **s'est détaché de** ma chemise.
단추 하나가 내 와이셔츠에서 떨어져 나갔다.

---

⑧ 고치다.

Il me faut juste cinq minutes pour **réparer** ça.
내가 그걸 고치는 데는 5분밖에 안 걸린다.

---

⑨ 쓰레기

ordures ménagères (f.pl.) 가정집 쓰레기

▶▶ 쓰레기 버리지 말 것!

《Défense de Déposer des Ordures》

▶▶ 휴지통

poubelle (f.)

panier à[au] papier (m.)

▶▶ 쓰레기통

poubelle (f.)

boîte à ordures (f.)

▶▶ 넝마주이

éplucheur de poubelles (m.)

▶▶ 도로청소부

éboueur(se) (n.)

boueur (m.)

cantonnier(ère) (n.)

▶▶ 핵폐기물

déchets nucléaires (m.pl.)

---

⑩ 던지다.

Il **a jeté** sa cigarette par terre. 그는 담배를 땅바닥에 던져 버렸다.

Ils **ont lancé** des pierres contre elle. 그들은 그녀에게 돌을 던졌다.

Des pneus de voitures **projettent** des gravillons.
  자동차 타이어가 자갈을 튀긴다.

▶▶ 처분해 버리다.

Il veut **se débarrasser de** son vélo.
  그는 자기 자전거를 처분해 버리고 싶어한다.

Elle compte **se défaire de** son frigo. 그녀는 냉장고를 처분할[팔] 작정이다.

J'ai **bazardé** ma voiture. 난 자동차를 (헐값으로) 팔아 버렸다.(구어)

▶▶ 폐물로 버리다.

Ils **ont jeté** des chaises **au rebut**.
  그들은 의자들을 폐물로 버렸다[불합격품으로 처치했다].

▶▶ 파지

papier de rebut (m.)

▶▶ (공장제품 중의) 불량품
pièce de rebut (f.)

▶▶ 흠 있는 상품
marchadise de rebut (f.)

---

⑪ 사진찍다.

Je voudrais **prendre une photo de** cette belle fille.
　　난 저 아름다운 아가씨의 사진을 한 장 찍고 싶다.
Il **s'est fait photographier** par son ami.　그는 친구에게 사진을 찍혔다.
Elle aime **se faire photographier**.　그녀는 사진찍(히)는 걸 좋아한다.

▶▶ 사진을 잘 받다.
Elle **est** très **photogénique**.　그녀는 사진을 아주 잘 받는다.

▶▶ (사진의) 핀트가 안 맞은
Une de ces photos est **floue**.　이 사진들 중의 하나는 핀트가 안 맞는다.

---

⑫ 현상하다.

Combien de temps faut-il pour **développer** ce film?
　　이 필름을 현상하는데 시간이 얼마나 걸리나요?

▶▶ (사진의) 현상
développement (m.)

▶▶ (사진의) 원판
épreuve (f.)
négatif (m.)
épreuve négative (f.)
cliché négatif (m.)

▶▶ (사진의) 양화, 인화
épreuve positive (f.)
papier positif (m.)
J'ai besoin de trois **photocopies** de ce négatif.

난 원판에 대한 세 장의 양화가 필요합니다.

▶▶ 슬라이드

diapositif (m.), diapositive (f.)

▶▶ 천연색 슬라이드

diapositif[diapositive] en couleurs (m.), (f.)

▶▶ 사진을 확대하다.

Agrandissez cette photo. 이 사진을 확대하시오.

---

⑬ 켜다[열다].

Je ne sais pas qui a allumé la radio.
누가 라디오를 켰는지 모른다.
Voulez-vous que j'allume l'électricité? 전기불을 켤까요?
Il a ouvert le robinet pour faire couler de l'eau.
그는 수도꼭지를 열어 물이 흐르게 했다.
Il faut faire attention lors d'ouvrir le gaz.
가스를 켤 때는 주의를 해야 한다.

▶▶ 끄다[잠그다].

J'ai éteint la radio avant de sortir. 난 외출하기 전에 라디오를 껐다.
N'oubliez pas d'éteindre la lampe. 램프를 끄는 걸 잊지 마세요.
C'est lui qui a fermé le robinet et le gaz.
수도꼭지와 가스를 잠근 건 바로 그 사람이다.

▶▶ (전기·수도·가스 등을) 끊다.

Si tu ne paies pas, ils vont couper l'électricité, l'eau et le gaz.
자네가 요금을 내지 않으면, 그들이 전기, 수도, 그리고 가스를 끊어 버릴 거야.

---

⑭ 높이다.

Veux-tu mettre la radio plus fort? 라디오 볼륨을 좀 높여 줄래?
Augmente[Monte] le son (de la télévision)! (텔레비전) 소리 좀 높여!
Augmentez le gaz[le feu], s'il vous plaît. 가스를[불을] 세게 높여 주세요.

▶▶ 낮추다.

Pouvez-vous **baisser** un peu la radio? 라디오 소리를 좀 낮춰 주실래요?
Baissez le gaz[le feu] maintenant. 이제 가스를[불을] 낮추세요.

---

⑮ 무엇이 상영되느냐?

Qu'est-ce qu'on **donne**[qu'ils **donnent**] à la télé ce soir?
오늘 저녁에 TV에 무슨 프로가 있지?

Qu'est-ce qui **passe** à la télé ce matin?
오늘 아침엔 TV에 무슨 프로가 있지?

Quel film **passe-t-on**[**passent-ils**] dans cette salle d'exclusivité?
그 개봉관에선 무슨 영화가 상영되나?

Quel film **passe** au cinéma Odéon?
오데옹 영화관에선 무슨 영화가 상영되고 있죠?

---

⑯ 재방송하다.

Ils **ont repassé** ce film. 그 영화를 재상영했다.
Ce programmes **est rediffusé**. 이 프로그램은 재방송됐다.

---

⑰ 다루다.

Je ne sais pas comment **manier**[**manipuler**] cette machine.
난 이 기계를 어떻게 다루는지를 모른다.

Il **manoeuvre** bien le bateau à voiles.
그는 돛단배를 잘 다룬다[조종한다].

▶▶ (상황을) 떠맡다.

Il **a pris en main** cette situation. 그는 그 상황을 떠맡았다.

▶▶ …을 감당해 내다.

N'importe qui pourrait **être à la hauteur de** cette tâche.
어느 누구라도 그 일을 감당해 낼 수 있을 것이다.

N'évitez pas de **faire face à** un danger.
위험을 감당하는 걸 피하려 하지 마시오.

Tu dois **venir à bout de** toutes les difficultés.
너는 모든 어려움을 끝까지 이겨내야만 한다.

▶▶ 내가 알아서 처리할게.
Je me débrouillerai.

▶▶ 그건 내 능력을 넘어서는 거다.
C'est au-dessus de mes forces.

▶▶ 그는 사태에 대처하지 못하고 끌려간다.
Il est dépassé par les évènements.

---

⑱ (벨트를) 매다.

Attachez votre ceinture de sécurité.
안전벨트를 매십시오.

▶▶ (벨트를) 풀다.
Détachez votre ceinture de sécutité.   안전벨트를 푸십시오.

▶▶ 허리띠를 조여매다.
Il **a serré sa ceinture**.   그는 허리띠를 조여맸다.

▶▶ 생활을 검소하게 하다.
Il faut **se serrer la ceinture[le ventre]** pour survivre à cette catastrophe économique.
이런 경제 재난을 모면하고 살아남기 위해서는 검소하게 살아야만 한다.
Elle est prête à **se boucler[se mettre] la ceinture**.
그녀는 허리띠를 졸라맬 준비가 되어 있다.
Tu dois **te l'accrocher**.   넌 허리띠를 졸라매야만 한다.(속어)

---

⑲ 식다[차가와지다].

Viens vite! Ta soupe à oignon **se (re)froidit**.
빨리 와! 네 양파 수프가 식어.

▶▶ 데우다.
Je vais **faire (ré)chauffer** ce potage.   이 수프를 데울게.

Voulez-vous (ré)chauffer ces spaghetti pour moi?
저를 위해 이 스파게티를 데워 주시겠습니까?

---

⑳ 불이 나다.

L'incendie éclata[se déclara] dans ce quartier. 이 구역에서 불이 났다.

▶▶ …에 불을 붙이다.

J'ai allumé des bougies. 난 양초들에 불을 붙였다.

Il a allumé sa cigarette. 그는 담배에 불을 붙였다.

Elle a mis feu à la bûche. 그녀는 그 장작에 불을 붙였다.

▶▶ 불이 붙다.

Le rideau a pris feu. 커튼에 불이 붙었다.

▶▶ 불지르다[방화하다].

Un fou furieux a brûlé sa voiture. 한 광폭한 사람이 그의 차를 불질렀다.

Le jeune homme a provoqué une incendie.
   그 젊은이가 화재를 일으켰다.

Il a incendié son usine. 그는 자기 공장을 방화했다.

▶▶ 방화

incendie volontaire[par malveillance] (m.)

▶▶ 진화하다.

Des pompiers ont maitrisé l'incendie. 소방수들이 진화했다.

▶▶ 화재의 확산을 막다.

Il faut absolument circonscrire l'incendie.
   기필코 화재의 확산을 막아야만 한다.

㉑ 지원하다.

Pourquoi n'as-tu pas posé[présenté] ta candidature à cet empoi?
   왜 넌 그 일자리에 지원하지 않았니?

Elle veut postuler à SAMSUNG. 그녀는 삼성에 지원하려고 한다.

CHAPITRE 17
생리현상 · 질병

① 몸이 불편하다.

Je **suis souffrant** à cause d'un gros rhume.
　난 독감으로 몸이 불편하다.
Elle **est mal en train**.　그녀는 몸 상태가 안 좋다.
Je **me sens mal**.　난 몸이 불편하다.
Il **est indisposé**, il a pris froid.　그는 감기가 들어서 몸이 불편하다.
Elle **est indisposée**, elle a ses règles.　그녀는 생리를 해서 몸이 불편하다.
Il **n'est pas dans son assiette**.　그는 몸이 불편하다.(구어)

② …으로 병들다.

Il **est tombé malade** d'un cancer.　그는 암으로 병들었다.

▶▶ 그는 중병이다.
Il **est bien malade**.

▶▶ 그는 몹시 고통스러워한다.
Il **est malade comme une bête**.

③ 감기들다.

Je **suis enrhumé**.　난 감기들었다.
Elle **s'est enrhumée**.　그녀는 감기들었다.

Il a un (gros) rhume.　그는 감기(독감) 들었다.

Personne ne veut piger un rhume.　아무도 감기들고 싶어하지 않는다.

Tu vas faire[prendre/attraper] un (gros) rhume.　너 감기(독감) 걸리겠다.

▶▶ 유행성 감기

épidémie de grippe (f.)

influenza (f.)

Elle a attrapé la grippe.　그녀는 독감이 들었다.

④ …에서 회복하다.

Elle s'est remise d'une tuberculose.　그녀는 결핵에서 회복했다.

⑤ 현기증이 나다.

J'ai le vertige.　난 현기증이 난다.

▶▶ …에게 현기증나게 하다.

Cela me donne le vertige.　그건 내게 현기증이 나게 한다.

⑥ 열이 나다.

Elle a[fait] de la fièvre.　그녀는 열이 있다.

Tu as[fais] de la température.　넌 열이 있다.

▶▶ …의 체온을 재다.

Prenez la température de votre mère.　당신 어머님의 체온을 재시오.

▶▶ 열이 …이다.

Elle a quarante de fièvre.　그녀는 열이 40도이다.

⑦ 기침하다.

Elle tousse.　그녀는 기침한다.

Il tousse gras.　그는 기침을 해서 가래를 낸다.

▶▶ 가래가 나오는 기침

toux grasse (f.)

▶▶ 기관지염

bronchite (f.)

---

8 (목이) 쉰

Ma voix **est enrouée**. 난 목이 쉬어 있다.
Sa voix **est rauque**. 그의 목소리는 쉬었다.
Elle **s'est enrouée** à force de crier. 그녀는 소리를 지른 탓에 목이 쉬었다.
Ta voix **est** complètement **cassée**. 네 목소리는 완전히 쉬었다.

---

9 머리가 아프다.

J'ai mal à la tête. 난 머리가 아프다.
La tête me fait mal. 난 머리가 아프다.
Je souffre de la tête. 난 머리가 아프다.
J'ai un mal de tête fou. 난 머리가 깨질 것같이 아프다.

▶▶ 두통

mal de tête (m.)

▶▶ 머리가 어지럽다.

La tête me tourne. 난 머리가 어지럽다.

▶▶ (술냄새가) …을 취하게 하다.

Le parfum de ce vin **me tourne la tête**. 이 포도주의 향이 날 취하게 한다.

▶▶ 머리를 쥐어짜다.

Il **se casse la tête** pour trouver une bonne idée.
  그는 좋은 생각을 해내기 위해 머리를 쥐어짠다.(구어)

▶▶ …을 성가시게 하다.

Elle **me casse la tête**. 그녀는 날 성가시게 한다.

---

10 …을 아프게 하다.

Ma blessure **me fait mal**. 난 상처난 데가 아프다.

Les dents **la font souffrir**. 그녀는 이가 아프다.
Mes petits souliers **me blessent**. 내 작은 구두가 날 아프게 한다.

▶▶ (신체의) …가 아프다.
Elle **souffre de** la tête. 그녀는 머리가 아프다.

⑪ 생리 중이다.

Elle **a ses règles**. 그녀는 생리 중이다.

⑫ 다치다.

Il **s'est blessé (à)** la tête. 그는 머리를 다쳤다.
Elle **s'est blessée au** pied. 그녀는 발을 다쳤다.
Est-ce que tu **t'es fait du mal**? 너 다쳤니?

▶▶ …에게 상처를 입히다.
Elle **lui a fait une blessure**. 그녀는 그에게 상처를 입혔다.

⑬ 삐다.

Il **s'est foulé** la cheville. 그는 발목을 삐었다.
Je **me suis donné**[me suis fait] **une entorse** au poignet.
난 손목을 삐었다.

⑭ 부어 있다.

Mes yeux **sont bouffis**. 내 눈은 부어 있다.
Son visage **est gonflé**. 그의 얼굴은 부어 있다.
Mon pied **(s')enfle** à cause d'une entorse.
내 발은 삐어서 부어 오른다.

⑮ 소화 불량이다.

J'ai **une indigestion**. 난 소화 불량이다.

▶▶ 난 그것에 물렸다.
J'en ai une indigestion.(구어)

▶▶ 소화제
digestif (m.)

▶▶ 변비가 있다.
Elle a une constipation. 그녀는 변비가 있다.
Il est constipé. 그는 변비가 있다.

▶▶ 설사
diarrhée (f.)

16 약이 효과가 있다.
C'est un médicament qui **produit son effet**. 이것은 효과가 있는 약이다.

▶▶ 잘 듣는 약
bon médicament[remède] (m.)

▶▶ 특효약
médicament[remède] efficace[spécifique] (m.)

▶▶ 부작용
effet secondaire (m.)

17 수술을 받다.
Il a subi[s'est soumis à] une opération chirurgicale.
그는 외과수술을 받았다.

18 제정신이 아니다.
Je ne suis pas moi-même maintenant. 난 지금 제정신이 아니다.
Il n'était pas lui-même pendant quelques jours.
그는 며칠 동안 제정신이 아니었다.
Elle a perdu la tête[la raison]. 그녀는 이성을 잃었다.
Tu es fou? Il ne faut pas dépasser la vitesse autorisée.

너 정신 나갔어? 제한 속도를 넘어서는 안 된단 말이야.

Elle **est éperdue de** joie. 그녀는 기뻐서 제정신이 아니다.

Il **est hors de lui** maintenant. 그는 지금 격분해 있다.

▶▶ 머리가 돌았다.

Il **est atteint**. 그는 아주 머리가 돌았다.(구어)

---

⑲ 기절하다.

Sa mère **est tombé pâmée**. 그의 어머니는 기절했다.

Il **est tombé dans les pommes**. 그는 실신했다.(구어)

Dès son départ, elle **s'est évanouie**.
그가 출발하자마자 그녀는 기절했다.

Elle **est tombée en défaillance[en syncope]**. 그녀는 실신했다.

Il **est frappé d'apoplexie[tombé en apoplexie]**. 그는 졸도했다.

Il **a tourné[tortillé/battu] de l'oeil**. 그는 졸도했다.(속어)

▶▶ 혼수상태에 빠지다.

Son père **est entré dans le coma**. 그의 아버지는 혼수상태에 빠졌다.

Il **est dans le coma**. 그는 혼수상태에 있다.

---

⑳ 멍하니 정신을 딴 데 팔고 있는

Il **est[s'est perdu] dans les nuages**. 그는 멍하니 있다.

Elle **est dans la lune**. 그녀는 멍하니 딴 생각에 잠겨 있다.

Il **a l'esprit ailleurs**. 그는 딴 생각을 한다.

㉑ 울고 있다.

Elle **était (tout) en larme**. 그녀는 울고 있었다.

㉒ 갑자기 …하다.

Elle **a fondu en larmes[en eau/en pleurs]**.
그녀는 갑자기 울음을 터뜨렸다.(구어)

Elle a éclaté de rire. 그녀는 갑자기 웃기 시작했다.
Il a entonné une chanson. 그는 노래를 부르기 시작했다.

㉓ 잠들다.

Je me suis endormi pendant qu'il parlait.
　난 그가 말하는 동안에 잠들었다.

▶▶ 재우다.

Elle a endormi son enfant.
　그녀는 자기 아이를 잠재웠다.

▶▶ 졸리게[지루하게]하다.

Ce film m'a endormi.
　그 영화는 날 졸리게[지루하게] 했다.

▶▶ 입을 크게 벌리고 하품하다.

C'est malpoli de bailler à se décrocher la mâchoire.
　입을 크게 벌리고 하품을 하는 건 불손한 일이다.

㉔ 잠자다.

J'ai bien dormi. 난 잠을 잘 잤다.
Je suis fatigué. Je vais me coucher. 피곤해. 자러 가야겠어.
Il s'est pieuté. 그는 잠자리에 들었다.

▶▶ …와 동침하다.

Il a couché avec elle. 그는 그녀와 동침했다.
Il a fait l'amour avec elle. 그는 그녀와 육체관계를 맺었다.
Elle a pieuté avec lui. 그녀는 그와 동침했다.(속어)
Il l'a baisée. 그는 그녀와 성교를 했다.(비어)

▶▶ 입맞춤하다.

Il a embrassé son fils avant de partir.
　그는 떠나기 전에 자기 아들에게 입맞추었다.
Ils se sont embrassés. 그들은 서로 입맞춤[포옹]했다.
Ils se sucent la pomme. 그들은 서로 키스하고 있다.(속어)

㉕ 자지 않고 일어나 있다.

Pourquoi est-ce que tu **veilles tard**? 왜 너 늦게까지 자지 않고 있는 거니?

▶▶ 난 밤새 잠을 자지 않았다.

Je n'ai pas dormi de la nuit.
Je ne me suis pas couché de la nuit.
Je n'ai pas fermé l'oeil de la nuit.
J'ai passé une nuit blanche.

▶▶ 난 밤새 깨지 않고 줄곧 잤다.

J'ai fait la nuit tout d'un sommeil.

▶▶ 난 한 번도 깨지 않고 잤다.

Je n'ai fait qu'un sommeil.

㉖ 선잠을 자다.

Il **a fait un petit somme**. 그는 잠깐 잠을 잤다.
Quand il y est entré, elle **sommeillait**.
   그가 거기에 들어갔을 때, 그녀는 선잠을 자고 있었다.
Elle **s'est assoupie**. 그녀는 졸았다.
Regarde celui-là. Il **somnole**. 저 사람 좀 봐. 졸고 있어.
Elle **a fait un roupillon**. 그녀는 잠깐 졸았다.(구어)
Il **roupille[pique]** en travaillant. 그는 일하면서 존다.(구어)

▶▶ (식후에) 낮잠을 자다.

Nous **avons fait la sieste**. 우리는 낮잠을 잤다.

▶▶ (졸면서) 고개를 앞으로 떨어뜨리다.

C'est amusant de le voir **piquer du nez**.
   그가 졸면서 고개를 앞으로 떨어뜨리는 걸 보는 건 재미있다.

㉗ 늦잠을 자다.

Ce matin-là il **a fait[dormi] la grasse matinée**.

그날 아침 그는 늦잠을 잤다.

▶▶ 잠에서 깨다.

Allons! **Réveille-toi!** 자, 깨어라!

---

28 코를 골다.

Il **ronfle**, quand il dort. 그는 잘 때 코를 곤다.

---

29 재채기하다.

Je ne peux pas cesser d'**éternuer**. 난 재채기하는 걸 멈출 수가 없다.

▶▶ 재채기하는 사람에게 말해 주는 관용어

À vos souhaits!

---

30 침을 뱉다.

Il faut avoir de la honte à **cracher** par terre.
땅바닥에 침을 뱉는 것을 부끄럽게 여겨야만 한다.

---

31 배고파 죽겠다.

Je meurs de faim.

Je crève de faim.

J'ai une faim de loup.

J'ai l'estomac dans les talons. (구어)

Je sens mon estomac dans les talons. (구어)

▶▶ 게걸스럽게 먹다.

C'est une honte de **manger comme un ogre**.
게걸스럽게 먹는 건 수치스러운 것이다.

Le mendiant **s'en est mis plein la lampe**.
그 거지는 게걸스럽게 먹었다. (속어)

Grâce à elle, des personnes sans domicile ont pu **s'en mettre plein la ceinture**. 그녀 덕분에, 떠돌이들이 배부르게 먹을 수 있었다. (속어)

CHAPITRE 17 생리현상·질병   291

▶▶ 위가 튼튼하다.

J'ai un estomac d'autruche. 난 뭐든지 먹고 소화할 만큼 위가 튼튼하다.

▶▶ 몹시 …을 먹고 싶다.

Je meurs[brûle/crève] d'envie de manger[prendre] du camembert.
난 까망베르 치즈가 먹고 싶어 죽겠다.

---

32 토하다.

Il vomit tout ce qu'il vient de manger.
그는 방금 먹은 것을 토하고 있다.

▶▶ 몹시 심하게 토하다.

Il a vomi tripes et boyaux. 그는 심하게 토했다.(속어)

---

33 구역질나다.

J'ai la(des) nausée(s).
난 구역질이 난다[메스껍다].

▶▶ 구역질나게 하다.

Cela soulève le coeur. 그건 구역질나게 한다.(구어)

Cette odeur m'écoeure. 그 냄새가 내게 구역질나게 한다.

Cette ordure donne des nausées.
그 쓰레기는 구역질나게[메스껍게] 한다.

▶▶ 그것 참 역겹군!

Cela m'écoeure!

C'est à vomir!

Cela donne envie de vomir!

▶▶ 구역질

nausée (f.)

écoeurement (m.)

haut-le-coeur (m.)

mal de coeur (m.)

▶▶ 멀미
mal de mer (m.) 배멀미
mal de l'air (m.) 비행기 멀미

---

34 코가 막혔다.

J'ai le nez bouché. 난 코가 막혔다.
Je suis enchifrené. 난 (감기로) 코가 막혔다.

▶▶ 코감기에 걸리다.
Il s'est enchifrené. 그는 코감기에 걸렸다[코가 막혔다].

▶▶ 코를 막다.
Il s'est bouché le nez pour ne pas sentir une mauvaise odeur.
 그는 고약한 냄새를 맡지 않으려고 코를 막았다.

▶▶ 콧물이 흐르다.
J'ai le nez qui coule. 난 콧물이 흐른다.

▶▶ 코를 풀다.
Il s'est mouché. 그는 코를 풀었다.

▶▶ 코를 후비다.
Ne vous curez pas le nez. 콧구멍 좀 후비지 마세요.
Il décroche ses tableaux. 그는 콧구멍을 후빈다.(속어)

▶▶ 코피가 나다.
Il saigne du nez. 그는 코피가 난다.

▶▶ 코를 풀 때 코피가 난다.
Je mouche du sang. 나는 코를 풀 때 코피가 난다.

---

35 지쳐 빠지다.

Je suis épuisé. 난 지쳐 빠졌다.
Il est exténué de fatigue. 그는 피로로 기진맥진하다.
Il est éreinté maintenant. 그는 지금 기진맥진하다.(구어)
Elle est pompée à cause de ce travail.

그녀는 그 일로 기진맥진해졌다.(속어)

Repose-toi un peu. Tu **es surmené**. 좀 쉬거라. 넌 과로로 지쳤어.
Je **suis moulu**, c'est tout. 난 녹초가 됐어(구어), 그뿐이야.
Elle **s'est fatiguée** de danser. 그녀는 춤을 춰서 지쳐 버렸다.
Il **s'est usé** à force de jouer au tennis. 그는 테니스를 쳐서 지쳐 버렸다.
Je me suis **épuisé** à travailler. 난 일을 하느라고 지쳐 버렸다.
Il **s'est consummé** à cause de ce besogne.
    그는 그 일 때문에 지쳐 버렸다.
Ayant travailler comme un forçat, il **est en fin de course**.
    고되게 일을 했기 때문에, 그는 기진맥진하다.(구어)
Je **n'en peux plus**. 난 지쳤어.

▶▶ 난 몹시 피로하다.

J'ai le corps moulu.(구어)

▶▶ …해서 눈이 피로하다.

Il **se brûle les yeux** à force d'avoir toujours le nez dans ses livres.
    그는 항상 독서에 몰두하고 있어서 눈이 피로하다.

---

36 늙지 않았네요.

Vous êtes toujours le même!

▶▶ 늙다.

Elle **a vielli** à ne plus la reconnaître. 그녀는 알아보지 못할 정도로 늙었다.
Il **s'est** beaucoup **tassé**. 그는 많이 늙었다.(속어)

▶▶ 나이를 먹다.

N'ayez pas peur de **prendre de l'âge**.
    나이먹는 걸[늙어가는 걸] 두려워 마세요.
Personne ne peut éviter d'**avancer en âge**[**tirer sur l'âge**].
    아무도 나이를 먹는 걸 피할 순 없다.

---

37 건장한

Mon grand-père est toujours **d'attaque**.

내 조부님은 여전히 건장하다.(구어)

Comment va ton arrière-grand-père? - Toujours **solide[robuste]**.
자네 증조부님은 안녕하신가? – 여전히 건장하시네.

Mon garde du corps est plus **costaud** que son gorille.
내 경호원은 그의 경호원 보다 더 건장하다.(속어)

㊳ 머리가 세다.

Ses cheveux commencent à **grisonner**.
그의 머리는 희끗희끗해지기 시작한다.

▶▶ **희끗희끗한**

Mes cheveux sont **grisonnants**. 내 머리카락은 반백이다.

▶▶ **백발이다.**

Il **a de la neige sur la tête**. 그는 백발이다.

㊴ 대변(소변)을 보다.

Il est indispensable de **faire ses (petits) besoins**.
대변(소변)을 보는 것은 필수불가결하다.

Il est allé aux W.C. pour **satisfaire un besoin pressant**.
그는 대변을 보기 위해 화장실에 갔다.

Ce nouveau-né n'**a** pas encore **fait caca**.
그 갓난아기는 아직 변을 안 봤다.(구어 · 어린아이 말)

Ne **fais** pas **pipi** ici. 여기에 소변 보지 마.(구어 · 어린아이 말)

▶▶ **어린이용 변기**

pot de chambre (m.)

▶▶ **기저귀**

couche[langes(m.pl.)] de bébé (f.)

▶▶ **화장실**

toilettes (f.pl.)

W.C. (m.pl.)

cabinet d'aisances (m.)

cabinet de toilette (m.)

▶▶ 화장실에 가다.

Elle **est allée quelque part**.   그녀는 화장실에 갔다. (구어)

▶▶ 화장을 고치다.

Elle est allée **s'arranger**.   그녀는 화장을 고치러 갔다.

Où puis-je **faire un bout[brin] de toilette**?
어디서 화장을 고칠 수 있을까요?

㊵ 방귀를 뀌다.

Tu dois éprouver de la honte à **faire[lâcher] un pet** en public.
넌 공공연하게 방귀 뀌는 것을 부끄럽게 여겨야 한다.

Il **a lâché du[un] gaz** en cachette.
그는 남몰래 방귀를 뀌었다.

Il est sorti de la pièce pour **lâcher un vent**.
그는 방귀를 뀌려고 방에서 나갔다.

Il ne faut pas **te lâcher** en sa présence.
넌 그의 면전에서 방귀를 뀌어선 안 된다.

Ne **pète[vesse]** jamais plus en ma présence.
내 앞에서 다시는 방귀 뀌지 마. (비어)

㊶ 임신 중이다.

Elle **est enceinte** de trois mois.   그녀는 임신 3개월이다.

Elle **est dans une position[situation] intéressante**.
그녀는 임신 중이다. (구어)

Elle **attend un bébé**.   그녀는 임신 중이다.

▶▶ 임신시키다.

Il **l'a mise enceinte**.   그가 그녀를 임신시켰다.

C'est toi qui **l'as enceintrée**?   그녀를 임신시킨 게 바로 너냐? (비어)

▶▶ (임신부가) 달이 차다.

Ma femme **est à terme**.   내 아내는 달이 찼다.

㊷ 분만하다. 낳다.

Elle **a accouché d**'un garçon.　그녀는 사내아이를 분만했다.
Elle **a enfanté** une fille.　그녀는 여자아이를 분만했다.
C'est elle qui **t'a donné naissance**[le jour/la vie].
　　널 낳아주신 분은 바로 그녀다.
C'est Madame Drefus qui **l'a mise au monde**.
　　그녀를 낳은 사람은 바로 드레퓌스 부인이다.

▶▶ 태어나다.
Il **est né** au mois de janvier.　그는 1월에 태어났다.
Je **suis venu au monde** en 1987.　난 1987년에 태어났다.

▶▶ 조산하다.
Elle **a accouché avant terme**.　그녀는 조산했다.

▶▶ 만산[순산] 하다.
Elle **a accouché à terme**.　그녀는 만산했다.

▶▶ 제왕절개
opération césarienne (f.)

▶▶ 산후조리 중인 여자
femme en couches (f.)

㊸ 피 임

contraception (f.)

▶▶ 피임제
(produit) contraceptif (m.)

▶▶ 피임약
pilule (f.)

▶▶ 콘돔
préservatif (m.)

▶▶ 에이즈
S.I.D.A.(씨다)

44 유산하다.

D'**avorter**, c'est très mauvais pour la santé des femmes.
유산하는 건 여성의 건강에 아주 나쁘다.

Cette femme **s'est débarrassée**. 저 여자는 유산을 했다.(속어)

▶▶ 낙태수술하다.

Dans quelques pays, c'est encore illégal de **provoquer l'avortement**.
몇몇 나라에서는, 낙태수술을 하는 것이 아직도 불법이다.

▶▶ 자연유산

fausse couche (f.)

avortement spontané (m.)

▶▶ 낙태, 임신중절

avortement provoqué (m.)

45 유전이다.

Son caractère **tient de la famille**. 그의 성격은 유전이다.

▶▶ 유전병

maladie héréditaire (f.)

46 그는 살 날이 얼마 남지 않았다.

Ses jours sont comptés.

Il sent le cadavre.

Il sent le sapin.(구어)

Il est sur sa fin.

Il touche à son terme.

▶▶ 노망, 망령

radotage (m.)

▶▶ 노망하다, 망령들다.

Sa mère **est tombée dans le radotage**. 그의 어머니는 노망드셨다.

▶▶ 그는 죽을 준비를 한다.
Il graisse ses bottes. (속어)

▶▶ 그는 빈사 상태에 있다. 죽음 직전에 처해 있다.
Il est au bord du tombeau[de la tombe].
Il est aux portes de la mort[du tombeau].

▶▶ 죽다.
Il est mort hier soir.　그는 어제 저녁에 죽었다.
Mon père est décédé.　제 부친은 돌아가셨습니다.

▶▶ 사망증명서
acte de décès (m.)

▶▶ 부고장[결혼 청첩장]
faire-part de décès[de mariage] (m.)(*복수불변)

▶▶ 고인(故人)이 된
Feu Monsieur Jacques Hébert
　고인이 되신 쟈끄 에베르 씨

▶▶ …가 여기에 잠들다. (*비문에 쓰는 말)
Ci-gît[Ci-gisent] …
Ici repose …　여기에 …가 영면하도다.

▶▶ 상복을 입다.
Elle a mis du noir.　그녀는 상복을 입었다.
Il porte le noir.　그는 상복을 입었다.

▶▶ 상복을 벗다.
Il a quitté le noir.　그는 상복을 벗었다.

CHAPITRE 18
자연현상

① 날씨가 어때요?

　　Quel temps fait-il maintenant? 지금 날씨가 어때요?(비인칭)

▶▶ 우린 모두 불순한 날씨에 노출되어 있었다.

　　Nous étions tous exposés aux intempéries.

② 날씨가 좋다.

　　Il faisait beau hier. 어제 날씨가 좋았다.(비인칭)

▶▶ 날씨가 온화하다.

　　Il fait doux aujourd'hui. 오늘은 날씨가 온화하다.(비인칭)

▶▶ 날씨가 흐리다.

　　Il fait gris.(비인칭)

　　Le temp est gris.

▶▶ 구름이 꼈다.

　　Il fait du nuage.(비인칭)

　　Le temps est couvert.

▶▶ 고약한 날씨군!

　　Quel fichu temps!

　　Quel temps détestable!

Quel temps de cochon! 날씨가 우중충하구만!
Il fait un diable de temps! 지독한 날씨로군!
Il fait un temps bizarre.
괴상한 날씨다.(*햇볕이 들다가 소나기가 오곤 하는 날씨)

▶▶ 하늘이 맑아진다. 갠다.
Le ciel se découvre.
Le temps se hausse.(구어)

---

③ 날씨가 덥다.

Il fait diablement chaud. 몹시 덥다.(비인칭)
Il fait chaud et humide. 후텁지근하다.(비인칭)

▶▶ 몹시 덥다.
On cuit dans son propre jus.(구어)

▶▶ 혹서
grande chaleur (f.)

▶▶ 혹한
grand froid (m.)

▶▶ 날씨가 춥다.
Il fait rudement froid! 날씨가 너무나 추운 걸!(비인칭)

▶▶ 꽁꽁 얼어붙는 지독한 추위다.
Il gèle à pierre fendre.(비인칭)

▶▶ 늦추위
queue de l'hiver (f.)

---

④ 비가 온다.

Il pleut.(비인칭)

▶▶ 비가 올 것 같다.
Le temps est à la pluie.
Il y a des chances pour qu'il pleuve.

La pluie menace. 비가 막 쏟아질 것 같다.(*목적보어 없이)

▶▶ 비가 오기 시작한다.

Le temps se met à la pluie.

▶▶ 억수로 퍼붓는 비

pluie torrentielle[diluvienne] (f.)

▶▶ 비가 억수로 온다.

Il pleut à verse.(비인칭)

Il pleut à seaux.(비인칭)

Il pleut à torrents.(비인칭)

La pluie tombe à torrents.

▶▶ 장마철

saison des pluies (f.)

▶▶ 소나기

averse (f.)

ondée (f.)

pluie d'orage (f.) 천둥치는 소나기

Il a été pris par[a essuyé/a reçu] une averse.
  그는 소나기를 만났었다.

▶▶ 폭풍우

tempête (f.)

L'orage menace. 천둥치는 심한 비바람이 한바탕 쏟아질 것 같다.

Le temps est à l'orage. 폭풍우가 올 것 같다.

---

5 바람이 분다.

Il fait du vent.(비인칭)

Il vente.(비인칭)

Il fait grand vent. 심한 바람이 분다.(비인칭)

Le vent souffle fort[avec violence]. 바람이 세차게 분다.

Il souffle un vent âpre. 매서운 바람이 분다.(비인칭)

Il souffle en[par] rafale. 돌풍이 분다.(비인칭)
▶▶ 먼지가 인다.
Il fait de la poussière.(비인칭)

---

6 천둥 치다.

Il tonne.(비인칭)

Le tonnerre gronde. 천둥이 우르르한다.

▶▶ 번개가 번쩍인다.

Il fait des éclairs.(비인칭)

▶▶ 천둥과 번개가 친다.

Il fait du tonnerre et des éclairs.(비인칭)

▶▶ 벼락, 낙뢰(落雷)

foudre (f.)

coup de foudre (m.)

▶▶ 첫눈에 반하기

coup de foudre (m.)

---

7 눈이 온다.

Il neige.(비인칭)

Il tombe de la neige.(비인칭)

▶▶ 눈보라

tempête de neige (f.)

▶▶ 눈사태

avalanche (f.)

L'avalanche roulait avec un bruit de tonnerre.
쾅음을 내며 눈사태가 굴러떨어져 내렸었다.

▶▶ 우박

grêle (f.)

Il grêle. 우박이 온다.(비인칭)

▶▶ 서 리

gelée (f.)

Il a gelé blanc. 서리가 내렸다.(비인칭)

---

⑧ 비가 멈춘다.

Il cesse de pleuvoir.(비인칭)

Il arrête de pleuvoir.(비인칭)

---

⑨ 함빡 젖다.

Je suis trempé jusqu'aux os. 난 함빡 젖었다.

▶▶ 물에 빠진 생쥐 같은

Il est rentré **trempé comme une soupe**.
그는 물에 빠진 생쥐처럼 되어 돌아왔다.

---

⑩ 온도가 …이다.

Le thermomètre marque plus de trente degrés. 온도가 30도가 넘는다.

La température est quinze degrés **au-dessous de zéro**.
온도는 영하 15도다.

La nuit dernière, **nous avons eu** dix degrés **de froid**.
간밤에, 영하 10도였다.

▶▶ 섭씨온도계

thermomètre centigrade (m.)

▶▶ 화씨온도계

thermomètre fahrenheit (m.)

---

⑪ 난 춥다.

J'ai très foid.

Je gèle.

Je meurs de froid. 추워 죽겠다.

Fermez donc la fenêtre, je **gèle** ici.
　　창문을 좀 닫으세요, 얼어붙을 것만 같아요.
Je ne veux pas rester dehors à **me geler**.
　　난 바깥에서 몸이 얼어붙게 떨고 있기는 싫다.

▶▶ 추워서 떨다.
Elle **grelotte**[**tremble**/**frissonne**] **de foid**.　그녀는 추워서 떨고 있다.

▶▶ 몸이 오슬오슬 한기가 난다.
Elle **grelotte de fièvre**.　그녀는 몸이 오슬오슬 한기가 난다.

---

⑫ 악취가 나다.
Ton parfum **sent mauvais**.　네 향수는 냄새가 나쁘다.
Ce poisson commence à **sentir**.
　　이 생선은 상한 냄새가[악취가] 나기 시작한다.
Ses cheveux **empestent**.　그의 머리카락은 악취가 난다.
Ces chaussettes **s'empuantissent**.　그 양말들은 악취가 난다.

▶▶ 여기는 냄새가 고약하구만!
C'est une infection ici!

▶▶ …의 악취를 풍기다.
Vous **puez le vin**.　당신한테 술냄새가 난다.
Votre haleine **pue l'ail**.　당신 입에서 마늘 냄새가 난다.

▶▶ 입에서 악취가 난다.
Il **a une mauvaise haleine**[**l'haleine forte**].
　　그의 입에서 악취가 난다.
Il **repousse**[**trouillote**] **du goulot**.　그는 입냄새가 고약하다.(비어)

▶▶ 몸에서 나는 악취 제거제
déodorant (m.)

▶▶ 향기롭게 하다.
Des fleurs **embaument** la campagne.　꽃들이 들판을 향기롭게 한다.
Le bouquet **parfume** la pièce.　그 꽃다발이 방안을 향기롭게 한다.

J'aimerais **aromatiser** ma chambre avec cet aromate.
  난 내 방을 이 방향제로 향기롭게 하고 싶다.

---

⑬ …의 냄새가 나다.

Cette bouteille **sent** l'essence. 이 병은 휘발유 냄새가 난다.
Sa chambre **sent** le moisi. 그의 방은 곰팡이 냄새가 난다.
Cette poudre compacte **embaume** la rose.
  이 콤팩트 파우더는 장미 냄새가 난다.

▶▶ 냄새가 …하다.

Ce rôti **sent bon**. 이 구운고기는 냄새가 좋다.
Le roquefort **sent fort**. 로크포르 치즈는 냄새가 강하다.
Ce plat **pue bon**. 그 요리는 냄새가 좋다.(속어)

▶▶ …을 냄새 맡다.

Je **sens** une rose. 난 장미 냄새를 맡는다.
Je **sens** quelque chose qui brûle.
  난 뭔가 타는 냄새를 맡는다[뭔가 타는 냄새가 난다].
Il **a flairé** le brûlé. 그는 타는 냄새를 맡았다.
Elle **respire** l'odeur d'un bouquet. 그녀는 꽃다발을 냄새 맡는다.
Il **hume** une prise de tabac. 그는 코담배를 한 번 맡는다.

▶▶ 킁킁거리며 냄새 맡다.

Ce porc **renifle** la truffe.
  그 돼지가 킁킁거리며 송로버섯의 냄새를 맡는다.

▶▶ 그는 냄새를 맡지 못한다.

Il n'a pas d'odorat.
Il ne sent rien.

---

⑭ 시어지다.

Avec ce temps, cela **tourne** facilement **au vinaigre**.
  이런 날씨엔 그건 쉽사리 시어진다.

Ce vin commence à **piquer**. 이 포도주는 시어지기 시작했다.
Ce vin **s'est** complètement **piqué**. 이 포도주는 완전히 시어졌다.

▶▶ **(술 따위가) 시어진**

Je ne bois pas ce vin **piqué**.
난 이 시어진 포도주를 마시지 않겠다.

▶▶ **(우유 따위를) 상하게 하다.**

La chaleur **fait tourner** le lait.
더위가 우유를 상하게 한다.

▶▶ **유통기한**

date d'expiration (f.)

---

⑮ 꽃이 피다.

Mes lilas commencent à **éclore**.
내 라일락꽃들이 피기 시작한다.
J'attendrai jusqu'à ce que ces jasmins **fleurissent**.
난 저 쟈스민꽃들이 필 때까지 기다릴 것이다.

▶▶ **꽃이 시들다.**

Votre bouquet de roses **(s')est** déjà **fané**.
당신 장미꽃다발은 벌써 시들었다.
Les muguets **(se) sont passés**. 은방울꽃들은 시들었다.
Ses plantes **sont séchées**. 그의 초목들이 시들어버렸다.
Les arbres **(se) sont** complétement **desséchés**.
그 나무들이 완전히 말라죽었다.

▶▶ **꽃이 지다.**

Le magnolia **(s')est défleuri**. 그 목련나무는 꽃이 졌다.

CHAPITRE 19
금전 · 경제활동

① 사업은 잘돼 가나요?

Comment vont les affaires?

▶▶ 아무쪼록 많이 돌봐주시기 바랍니다.

Nous vous prions de nous honorer de votre patronage.(*상업)

▶▶ 당신의 후원을 기대합니다.

Je compte sur votre appui.

② 어떤 장사를 하고 있죠?

Quel est votre article?

Quel article faites-vous?

▶▶ … 장사를 하다.

Je **fais** les vêtements d'enfant. 난 아동복 장사를 합니다[팝니다].

Il **fait métier et marchandise de** toutes les sortes de plante médicale.
그는 온갖 종류의 약초 장사를 한다.

Je **tiens le magasin de** vêtements.
난 의류 판매상을 한다[파는 가게를 갖고 있다].

③ 사치품

article de luxe (m.)

▶▶ 최우수품
produit surchoix (m.)

④ …와 거래하다.
Je **suis en marché avec** lui. 난 그와 거래한다.

⑤ 상품을 스톡하다.
Ils **ont mis des marchandises en stock**. 그들은 상품을 스톡했다.
Elle **a stocké** des produits cosmétiques. 그녀는 화장품을 사들여 저장했다.

▶▶ 재고품
stock en magasin (m.)
marchandises en magasin (f.pl.)

⑥ 도산매를 겸하여 하다.
Mon frère **fait le gros et le détail**.
　내 형은 도산매를 겸해서 한다.

▶▶ 도매로
Ils ne les vendent qu'**en gros**. 그들은 그것들을 도매로만 판다.

▶▶ 도매하다.
Eux, ils **vendent en magasin**. 그들은 도매한다.

▶▶ 도매상인
commerçant(e) en gros (n.)

▶▶ 소매로
J'aimerais mieux les vendre **au[en] détail**.
　난 그것들을 소매로 파는 게 더 좋다.

▶▶ 소매하다.
Il **débite** des fourrures. 그는 모피옷을 소매한다.

▶▶ 소매상인
marchand(e) au[en] détail (n.)

▶▶ 소매상
commerce de détail (m.)

▶▶ 소매가격
prix de détail (m.)

---

7 …의 사업을 인수하다.

Il **a pris la suite des affaires de** son ami.
　　그는 친구의 사업을 인수했다.

---

8 파산하다.

Pas possible! Est-t-il vrai qu'il **a fait faillite**?
　　설마 그럴 리가! 그가 파산한 것이 사실이야?
Tôt ou tard il va **tomber en faillite**.　조만간 그는 파산할 거다.
Il **a fait banqueroute**.　그는 파산했다.

▶▶ 지불불능이다.

Il **est en (état de) faillite**.　그는 파산 상태이다.
Sa société **est insolvable**.　그의 회사는 지불불능이다.
Il **s'est déclaré insolvable**.　그는 지불불능 상태이다.
Son père **est fauché**.　그의 아버지는 파산했다.(구어)

---

9 값이 오르고 있다.

Les prix sont en[à la] hausse.

▶▶ 값이 올랐다.

Les prix ont monté[augmenté/haussé].
Le pain **a augmenté**.　빵값이 올랐다.
La vie **augmente** beaucoup.　생활비가 대단히 올랐다.
Tout **est augmenté de prix**.　모든 것이 값이 올랐다.
Tout **a renchéri**.　모든 것이 값이 올랐다.

▶▶ 가격인상

hausse de prix (f.)

---

⑩ 다 팔아치우다.

Elle **a vendu tout son stock de** produits alimentaires.
　그녀는 갖고 있던 식료품을 몽땅 다 팔았다.

Il **s'est défait de** toutes ses marchandises.
　그는 상품을 모두 다 팔아 버렸다.

▶▶ 그건 날개 돋친 듯이 잘 팔린다.

Cela se vend comme des petits pains.(구어)

▶▶ 품절되다.

Je suis désolé. **J'ai tout vendu.**　미안합니다. 다 팔렸습니다.
Je suis démuni[désassorti] de cet article.　그 상품은 품절이 됐습니다.

▶▶ 품절

épuisement (m.)

▶▶ 절판(絶版)

édition épuisée (f.)
L'édition est épuisée.　절판됐습니다.

▶▶ 배반하다.

Il **a vendu[trahi]** son ami.　그는 친구를 배반했다.
Il **a vendu** son complice.　그는 공모자를 (경찰에) 넘겼다.

---

⑪ (물자가) 떨어졌다.

Nous n'avons plus de café.　커피가 떨어졌다.
Il nous reste peu de thé.　차가 떨어져 간다.(비인칭)
Je **suis à court d'**argent.　돈이 떨어졌다.
Je **viens à bout de** mes provisons. Il me faut faire des provisions pour l'hiver.　생필품이 떨어졌다. 겨울철에 대비해서 필수품을 비축해야[사들여야] 할 필요가 있다.
Nous **avons épuisé** les vivres. Nous devons faire des vivres.

식량이 떨어졌다. 식량을 사들여야[마련해야]만 한다.
Les vivres commencent à **manquer[s'épuiser]**. 양식이 거의 떨어져 간다.

---

⑫ 바겐세일

vente de soldes (f.)

vente d'occasion (f.)

▶▶ 염가특매

《En Solde》

▶▶ 염가특매장

rayon des soldes (m.)

▶▶ 싼 것만 찾아다니는 사람

chercheur(se) d'occasions (n.)

▶▶ 판매촉진

promotion des ventes (f.)

▶▶ 판촉가

prix de pomotion (m.)

▶▶ 판매특가

prix exceptionnel (m.)

---

⑬ 싸게 잘 산 거야.

C'est un bon achat.

C'est une véritable occasion.

C'est une bonne affaire.

▶▶ 비싸게 잘못 산 거야.

C'est un mauvais achat.

▶▶ 값을 너무 비싸게 치르기

surpaye (f.)

Elle est bête à tel point de **surpayer** cet article.
그녀는 그 상품을 정액보다 더 많이 지불할 정도로 어리석다.

▶▶ 속아서 밑지는 장사를 하다.

Il a fait l'échange de l'Indien. 그는 속아서 밑지는 장사를 했다.(구어)

⑭ 경쟁력 있는 가격이다.

C'est un prix défiant toute concurrence.

⑮ 헐값으로

Elle a acheté sa jupe **pour une bouchée de pain**.
  그녀는 치마를 헐값에 샀다.
J'ai eu ce pull **pour rien**. 난 이 풀오버를 헐값에 샀다.
Vous l'avez acheté **pour une bagatelle**. 당신은 그걸 헐값으로 산 겁니다.

⑯ 공짜같이 싸다.

C'est un marché donné.

▶▶ 싼 게 비지떡

Le bon marché coûte toujours cher.(격언)

▶▶ 일은 결정됐어!

Marché conclu!
C'est marché fait!

⑰ 무료 입장

《Entrée Gratuite》

▶▶ 무료로

Je te le donne **gratis[gratuitement]**. 난 네게 그걸 무료로 주는 거다.
Il me l'a offert **à titre gratuit[gracieux]**. 그는 내게 무료로 그걸 제공했다.
C'est donné, c'est **pour rien**! 그건 준 거야, 거저야!

▶▶ 증정본

exemplaire envoyé à titre gratuit (m.)

CHAPITRE 19 경제·금전활동

▶▶ 요청 시 카탈로그 무료 증정
《Catalogue Franco sur Demande》

---

⑱ 도와드릴까요?

Puis-je vous aider?

Est-ce qu'on vous sert?(*주로 음식점에서 점원이 하는 말)

A : Est-ce qu'on s'occupe de vous?

B : Eh bien, non. Est-ce que vous avez des smokings?

   A : 다른 점원이 도와드리고 있습니까?

   B : 아니요. 턱시도가 있나요?

▶▶ (점원이 손님에게) 곧 다시 오겠습니다.

Je reviens en moins de rien.

Je serai à vous dans un moment.

---

⑲ 윈도쇼핑

lèche-vitrines (m.)

▶▶ 윈도쇼핑하다.

Son passe-temps est de **faire du lèche-vitrines**.
   그녀의 심심풀이는 윈도 쇼핑하는 것이다.

▶▶ …으로 눈요기하다.

Le touriste **repaît ses yeux de** la beauté naturelle de la région.
   그 여행자는 그곳의 자연경치를 즐긴다.

---

⑳ 쇼핑하다.

Cet après-midi je vais **faire du shopping**.
   오늘 오후에 난 쇼핑을 할 거다.

Tu viens avec moi pour **magasiner**? 너 나랑 쇼핑하러 갈래?

Jacqueline est allée **faire ses courses**. 쟈끌린느는 장보러 갔다.

Ma mère est allée **faire son marché**. 우리 엄마는 장보러 갔다.

▶▶ 여러 가게를 다니며 쇼핑하다.
Elle **a couru les magasins**.
그녀는 여러 가게를 다니며 쇼핑했다.

▶▶ 상점에서 물건을 듬뿍 쇼핑하다.
Ayant le cafard, elle **dévalisait les magasins**.
기분이 울적할 때면, 그녀는 상점에서 물건을 듬뿍 쇼핑하곤 했다.

▶▶ 쇼핑센터
centre commercial (m.)

▶▶ 면세점
boutique hors taxes (f.)

▶▶ 할인상점
magasin de demi-gros (m.)

▶▶ 벼룩시장
marché aux puces (m.)

▶▶ 슈퍼마켓
supermarché (m.)

▶▶ 노천시장
marché en plein air (m.)

▶▶ 장바구니
sac[panier] à provisions (m.)

▶▶ 비닐백
sac plastique (m.)

21 싸게

Je l'ai acheté **(à) bon marché**. 난 그걸 싸게 샀다.
Il peut vous l'offrir **à bon compte**.
그는 당신에게 그것을 싸게 제공할 수 있다.
Je l'ai eu **au prix bas[modéré]**. 난 그것을 싼값에 샀다.
Il travaille **au rabais**. 그는 싼값으로[싼 임금으로] 일한다.

Je voudrais l'acheter **à meilleur marché**. 난 그것을 더 싸게 사고 싶다.

▶▶ **값싼**

Ce sont des articles **pas chers[bon marché]**. 값싼 물건들이다.

Pourriez-vous me montrer ce qui est **moins cher**?
더 저렴한 것으로 보여 주시겠어요?

▶▶ **가장 싼 것**

C'est **le moins cher[le meilleur marché]** parmi ces choses.
이것들 중에서 제일 싼 것입니다.

▶▶ **…을 싸게 팔다.**

Nous **faisons bon marché de** toute la gamme des pyjamas.
우리는 온갖 종류의 잠옷을 싸게 팝니다.

㉒ 비싸게

Je me suis acheté ce sac **au prix fort**.
난 이 가방을 비싸게 샀다.

▶▶ **턱없이 비싼**

Ce vison est **hors de prix**. 이 밍크 코트는 턱없이 비싸다.

▶▶ **매우 귀중하다.**

Cela n'a point de prix.

Cela est sans prix.

Cela ne se paie pas.

Ce ne sont pas des choses qui s'achètent.

㉓ …의 가격으로

J'ai acheté ce livre **pour** dix euros. 난 이 책을 십유로에 샀다.

Je vous le fais **à** dix euros. 그걸 당신에게 십유로에 팔겠다.

㉔ …에게 비용이 들다.

Combien ça **me coûtera**-t-il? 그건 내게 비용이 얼마나 들까?

Ce livre **m'est revenu** à quinze euros.
이 책을 사는데 나는 십오유로 들었다[나는 이 책에 십오유로를 치렀다].

▶▶ …에게 많은 돈이 든다.

Si tu veux l'acheter vraiment, ça va **te coûter un argent fou**.
네가 정말로 그걸 사려고 한다면, 네게 엄청난 돈이 들 거다.

Cela **lui coûtera beaucoup**.   그는 돈이 많이 들 거다.

Cela **m'a coûté chaud**.   그건 내게 아주 비싸게 먹혔다.(구어)

▶▶ 굉장히 비싸다.

La rivière de diamants **coûte un argent fou**.
그 다이아몬드 목걸이는 굉장히 비싸다.

Cette voiture **coûte les yeux de la tête**.   저 차는 굉장히 비싸다.

Cette crème de beauté **coûte chaud**.
이 화장 크림은 값이 굉장히 비싸다.(구어)

▶▶ …의 목숨을 잃게 하다.

Cela **lui en coûta la tête**.   그 일로 그는 목숨을 잃었다.

Une telle tentative va **te coûter la vie**.
그러한 시도는 네 목숨을 잃게 할 것이다.

㉕ 값이 내리고 있다.

Les prix baissent[sont en baisse].

▶▶ 값이 내렸다.

Les prix ont baissé.

L'essence[Le prix de l'essence] **a baissé**.   휘발유 값이 내렸다.

Le charbon[Le prix du charbon] **a diminué**.   석탄 값이 내렸다.

▶▶ (값을) 내리다.

Nous **avons baissé[diminué]** le prix de ce légume.
우리는 이 야채 가격을 내렸습니다.

Ils **ont abaissé** une taxe.   세금을 내렸다.

▶▶ 가격인하

baisse de prix (f.)

26 에누리하려 들다.

Il aime **marchander**. 그는 값을 깎기를 좋아한다.

Elle **marchande sur le prix de** ce sac à main.
  그녀는 이 손가방의 값을 깎으려고 한다.

Ne **marchadaillez** plus. 더 이상 값을 깎으려고 하지 마시오.

▶▶ 에누리하려 드는 사람

marchandeur(se) (n.)

marchandailleur(se) (n.)

▶▶ (남의 말을) 에누리해서 듣다.

Il faut **rabattre** la moitié de ce qu'il dit.
  그가 하는 말의 반은 에누리해서 들어야 한다.(구어)

Voilà ce qu'il dit, mais il faut en **déduire**.
  그는 그렇게 말했지만 에누리해서 들어야 한다.(구어)

27 할 인

remise (f.) / **réduction de prix** (f.) / **rabais** (m.)

▶▶ 현금 지불 시 할인

《Rabais en cas de Paiement Comptant》

▶▶ 할인판매하다.

Nous allons **vendre** ces vêtements **au rabais**.
  우리는 이 옷들을 할인판매할 것이다.

▶▶ 할인하다.

Il m'a **fait[accordé] une remise sur** ce sac **au dos**.
  그는 내게 이 배낭 값을 할인해 줬다.

Faites-moi **un rabais sur** ce parapluie. 이 우산 가격을 할인해 주세요.

Elle m'a fait une **réduction**. 그녀는 내게 할인을 해 줬다.

Nous **faisons le décompte**. 할인합니다.

Je ne peux pas **remettre** tant de prix.
  그렇게 많은 가격을 깎아줄 순 없습니다.

Je n'en **rabattrai** pas un sous. 한푼도 깎아주지 않겠어.
Il vous faut **réduire[rabaisser]** le prix de cet article.
  당신은 이 상품의 가격을 할인해야만 합니다.
Ils ont **déduit[décompté]** 20%. 그들은 20%를 할인했다.

▶▶ 어음을 할인하다.
Il a fait l'escompte. 그는 어음을 할인했다.

▶▶ 할인가격
prix faible (m.)

▶▶ 최저가격으로
au plus juste prix(*상업)

▶▶ 균일가격
prix unique (m.)

▶▶ 균일염가 판매점
(magasin) uniprix (m.)
prix unique (m.)

㉘ 정가판매
《Sans Déduction》

▶▶ 정가
prix fixe (m.)

▶▶ 제값으로
Il faut estimer les choses **à leur juste prix**.
  물건을 제 값으로 평가해야만 한다.

▶▶ 기필코[꼭]
Ce film doit obtenir un succès fou, **à tout prix[coûte que coûte]**!
  이 영화는 열광적인 인기를 끌어야만 해, 반드시!

㉙ …을 맞돈으로 사다.
J'ai acheté cette jupe **comptant**. 난 이 스커트를 현금을 주고 샀다.

Il **les a achetés à forfait**. 그는 그것들을 맞돈으로 샀다.

Elle veut **l'acheter à un prix forfaitaire**.
　　그녀는 그것을 맞돈으로 사려고 한다.

▶▶ 일시불

payement forfaitaire (m.)

▶▶ 돈을 어김없이 깨끗이 치르다.

Ce client **a payé rubis sur l'ongle**.
　　이 고객은 돈을 어김없이 깨끗이 치렀다.

㉚ 굉장한 돈

Il gagne **un argent fou**. 그는 굉장한 돈을 번다.

Il a perdu au casino **la bagatelle de** dix mille euros.
　　그는 카지노에서 자그마치 십만유로를 잃었다.(반어)

▶▶ 그건 다 시시한 것[일]이다.

Bagatelle que tout cela!

㉛ 돈을 벌다.

Je dois **gagner[faire] de l'argent**. 난 돈을 벌어야 한다.

▶▶ 밥벌이를 하다.

Son benjamin **gagne sa vie[son pain/de quoi vivre]**.
　　그의 막내 아들은 밥벌이를 한다.

▶▶ 큰돈을 벌다.

Il **gagne gros**. 그는 큰돈을 번다.

㉜ 대부호

millionnaire (n.) 백만장자

milliardaire (n.) 억만장자

▶▶ 졸부

parvenu(e) (n.)

▶▶ **대단히 부유하다.**

Il est vachement riche. 그는 굉장히 부유하다.

Elle est toute cousue d'or. 그녀는 대단히 부유하다.

Je ne nage pas dans l'or. 난 대단히 부유한 처지가 아니다.

Tu penses que je roule sur l'or (et sur l'argent)?
   넌 내가 대단히 부유한 줄 아니?

Il a de l'argent à n'en savoir que faire. 그는 대단한 부자다.

▶▶ **호화스러운 생활을 하다.**

Il mène grand train. 그는 호화스러운 생활을 한다.

Il vit comme un roi. 그는 왕처럼 호사스럽게 산다.

Mon oncle fait une dépense de roi. 내 삼촌은 왕처럼 호사스럽게 산다.

Elle vit sur un pied de grande dépense. 그녀는 사치스러운 생활을 한다.

---

33 난 빈털털이야!

Je suis à sec.

Je n'ai pas le sou.

Je suis sans le sou.

Je n'ai pas un sou vaillant. (문어)

J'ai la poche vide.

J'ai la bourse plate.

Je n'ai plus d'argent.

Je suis à court d'argent.

Je suis fauché.

Je suis complètement démuni (d'argent).

---

34 어렵게 살다.

Ils vivent au jour le jour. 그들은 어렵게 산다.

▶▶ 날품팔이꾼

journalier (m.)

CHAPITRE 19 경제 · 금전활동

▶▶ 생존을 위한 투쟁
la lutte pour la vie (f.)

▶▶ 서로 죽고살기야.
Ils se font une concurrence désastreuse.
그들은 서로 죽기살기로 경쟁한다.

㉟ 훗날을 위하여 절약하다.
Il faut **garder une poire pour la soif**. 훗날을 위해 절약해야만 한다.

㊱ 유복하다.
Il est **à l'aise[à son aise]** (matériellement). 그는 유복하다.
Ses parents **sont** très **aisés**. 그의 부모는 매우 유복하다.

㊲ 그는 생기는 대로 돈을 써버린다.
L'argent lui brûle les doigts[la poche].

㊳ 돈을 물쓰듯 하다.
Il jète son argent par la(les) fenêtre(s). 그는 돈을 물쓰듯 한다.
Elle **gaspille[dissipe/mange]** son argent. 그녀는 돈을 물쓰듯 한다.
L'argent vous fond dans[entre] les mains.
당신은 돈을 물쓰듯 하십니다.
Mon frère cadet **dépense de l'argent sans compter**.
내 막내 남동생은 돈을 물쓰듯 한다.
Tu **dépenses des sommes folles**. 넌 돈을 마구 써대는구나.
Il **déboucle sa ceinture**. 그는 돈을 아낌없이 쓴다.(구어)

▶▶ 난 비용따윈 아랑곳하지 않아!
Je me moque de la dépense!

▶▶ 그건 돈을 낭비하는 거다.
C'est de l'argent gaspillé[jeté par la fenêtre].

▶▶ 정말 낭비가 심한 사람이군!
Quel(le) dépensier(ère)!
Quel(le) dissipateur(trice)!
Quel(le) gaspilleur(euse)!
Quel prodigue!
Quel panier percé!
Quel bourreau d'argent!

▶▶ 웬 낭비!
Quel gaspillage!

---

39 몹시 인색하게 굴다.

Il fait des économies de bouts de chandelles.
  그는 몹시 인색하게 군다.(구어)

▶▶ 비용[지출]을 줄이다.
Tu dois couper[réduire] tes dépenses.   넌 지출을 줄여야만 한다.

▶▶ 지름길을 가다.
Nous avons coupé au (plus) court.   우리는 지름길을 갔다.
Je vais prendre le[au] plus court.   우리는 지름길을 취했다.
Prenons (par) un raccourci[un chemin de traverse].   지름길로 가자.

---

40 계산서 주세요.

L'addition, s'il vous plaît!

▶▶ 값이 얼마지요?
Combien cela coûte-t-il?
Combien cela fait-il?
Combien prenez-vous pour cela?
A : Combien est-ce que je vous dois?
B : C'est gratuit.
  A : 얼마죠?
  B : 무료입니다.

CHAPITRE 19 경제·금전활동

▶▶ …에게 거스름돈을 주다.

Il m'a volé deux euros en **me rendant la monnaie**.
그는 내게 거스름돈을 주면서 이유로를 속이고 안 줬다.

▶▶ 부족하다.

Il manque cinq euros.   오유로가 부족합니다. (비인칭)

㊶ 선불입니다.

Il faut payer à l'avance.

㊷ 현찰로 지불하다.

Il est préférable de **payer comptant**.   현찰로 지불하는 것이 더 낫다.
Je vais **payer cash**.   현금으로(속어) 지불하겠습니다.
Voulez-vous **payer en liquide**, s'il vous plaît?
   죄송하지만, 현금으로 지불해 주시겠어요?
Vous payez comment? - Je **paie en espèces**.
   어떻게 지불하시겠습니까? – 현금으로 지불하겠습니다.

▶▶ 현금 지불

payement en espèces (m.)

▶▶ 난 현금이 있다.

J'ai du liquide.

㊸ 제가 사겠습니다.

C'est moi qui paie.
C'est ma tournée.

▶▶ …에게 …을 대접하다.

Il **m'a payé** un dîner.   그는 내게 저녁식사를 대접했다.
Je **lui ai payé à** boire.   난 그에게 한 잔 샀다.
Elle **lui a offert** un bon déjeuner.   그녀는 그에게 훌륭한 점심을 대접했다.
Je **vous invite à** déjeuner.   제가 점심식사를 사겠습니다.

▶▶ …에게 식사를 대접하다.

Il **a** magnifiquement **traité** ses invités.
그는 손님들에게 진수성찬을 대접했다.

▶▶ 대우하다.

C'est un repris de justice, mais elle **l'a traité en** frère.
그는 전과자인데, 그녀는 그를 형제처럼 대우했다.

Tu dois **bien traiter** Olivier.   넌 올리비에를 잘 대우해야만 한다.

㊹ (술집에 가서) 한 잔 마시다.

Hier soir, nous **avons pris un pot**.
어제 저녁에, 우리는 술집에서 한 잔 했습니다.(구어)

㊺ 각자 부담하다.

Chacun va **payer son écot**.   각자가 돈을 낼 것이다.

▶▶ (돈을) 똑같이 분담하다.

Divisons[Partageons] cette somme en parts égales.
이 금액을 똑같이 분담합시다.

㊻ …에게 빌려주다.

Peux-tu **me prêter** deux cents euros?
나한테 이백유로를 빌려줄 수 있겠니?

Pourriez-vous **lui prêter** votre stylo à bille?
그에게 당신 볼펜을 좀 빌려주실 수 있나요?

▶▶ 빌려주는 거다.

C'est à titre de prêt.

▶▶ 빌리는 거다.

C'est à titre d'emprunt.

▶▶ …에게 빌리다.

Il **m'a emprunté** cinq cents euros.   그는 내게 오백유로를 빌렸다.

Je lui ai fait un emprunt d'argent.
난 그에게 돈을 빌렸다.

▶▶ …에게 갚다.

Je dois **le rembourser de** mille euros de prêt.
난 그에게 빌린 돈 천유로를 갚아야만 한다.

N'oublie pas de **me redonner[rendre]** deux cents euros.
잊지 말고 내게 이백유로를 갚아.

---

47 예금하다.

Il veut **verser** de l'argent **à son compte**.
그는 돈을 자기 구좌에 예금하고자 한다.

Elle est allée **déposer** son argent **à la banque**.
그녀는 돈을 은행에 예금하러 갔다.

▶▶ 인출하다.

J'ai **retiré** tout mon argent **de la banque**.
난 은행에서 내 돈을 몽땅 인출했다.

▶▶ …에게 송금하다.

Pourquoi **lui envoyez[remettez]**-vous cette grosse somme?
당신은 왜 이 거금을 그에게 송금하는 거죠?

Je voudrais **lui faire remise[envoi] de** mille euros.
난 그에게 천유로를 송금하고 싶습니다.

---

48 잔고

solde (m.)

reliquat (m.)

▶▶ 은행 잔고가 없는 수표

chèque sans provision (m.)

▶▶ 차월액(借越額)

solde débiteur (m.)

▶▶ 대월액(貸越額)

solde créditeur (m.)

㊾ 현금으로 바꾸다.

Je voudrais **toucher** ce chèque de cinq cents euros.
이 오백유로짜리 수표를 현금으로 바꾸고 싶습니다.

▶▶ …에게 백지수표를 위임하다.

Il m'a donné un chèque en blanc.
그는 내게 백지수표를 위임했다.

▶▶ 백지위임장

carte blanche (f.)

▶▶ 환율

taux de change (m.)

▶▶ 외환시세

cours du change (m.)

㊿ …상당의, …와 동등한

En ce moment, la somme de 10 dollars **équivaut à[est équivalente à]** 13,850 won.
현재 10달러는 13,850원에 상당한다.

▶▶ 동등한, 동점[동위]의

Ce sont trois élèves **ex aequo**. 그들은 동점의 세 학생이다.
Ces deux joueurs sent **ex aequo**. 이 두 선수는 동점자다.

CHAPITRE 19 경제·금전활동 327

CHAPITRE 20
직업 · 노동

① 그의 직업이 무엇이죠?

Qu'est-ce qu'il fait?

Quel est son métier?

Quelle est sa profession?

Comment gagne-t-il sa vie?

▶▶ …으로 생활한다.

Il **vit de** sa plume. 그는 문필로 생계를 잇는다.

---

② 부업[아르바이트]

travail (au) noir (m.)

▶▶ 부업하는 사람

travailleur(euse) au noir (n.)

▶▶ 부업을[아르바이트를] 하다.

Elle **fait du travail noir**. 그녀는 부업을 한다.

Je **travaille au noir**. 난 부업을 한다.

---

③ 경영[관리/운영]하다.

Il **dirige** une grande entreprise. 그는 대기업을 관리한다.

Elle **gère** une revue mensuelle. 그녀는 월간지를 경영한다.

Elle **tient** un hôtel. 그녀는 호텔을 경영한다.

④ 배달하다.

Le facteur **lui a remis** une lettre.
우체부는 그에게 편지를 배달했다.

Un commissionnaire **m'a fourni** ce climatiseur.
한 용달인이 에어컨을 내게 배달했다.

Je suis venu **vous livrer** ce magnétoscope.
당신에게 이 TV 녹화기를 배달하려고 왔습니다.

Pourriez-vous **me délivrer** ces marchandises?
이 상품을 제게 배달해 주실 수 있나요?

Il **fait livraison de** tous les fruits de la terre.
그는 모든 농산물을 배달한다.

▶▶ 택배
livraison à domicile (f.)

⑤ 파트타임으로 일하다.

Michel **travaille à mi-temps**[à temps partiel].
미셸은 파트타임으로 일한다.

▶▶ 파트타임 노동자[고용원]
ouvrier(ère)[employé(e)] qui travaille à mi-temps[à temps partiel] (n.)

▶▶ 시간제의 일꾼, 임시 노동자
homme à l'heure (m.)

▶▶ 날품팔이꾼
journalier(ère) (n.)

▶▶ 8시간 근무[노동]
les huit heures

▶▶ 시간 외 근무시간
heure hors cloche (f.)

6 …의 대리근무하다.

Elle **fait l'interim de** sa secrétaire. 그녀는 그의 여비서의 대리근무를 한다.

▶▶ 임시[대리]의

secrétaire **par interim** (n.) 임시 비서

ministre **par interim** (m.) 대리 공사

7 교대조로 일하다.

Nous **travaillons par équipes**. 우리는 교대조로 일한다.

On **se relaie** toutes les huit heures. 우리는 8시간 교대조로 일한다.

▶▶ 주간조

équipe de jour (f.)

▶▶ 야간조

équipe de nuit (f.)

8 총수입

revenu brut (m.)

▶▶ 순수입

revenu net (m.)

▶▶ 수입원

source(s) de revenu (f.(pl.))

▶▶ (각종 직업에 적용되는) 법정최저임금

S.M.I.C.(스믹)

▶▶ 법정최저임금을 받는 봉급생활자

smicard(e) (n.)

9 쉬는 날이야.

A : Bernard, tu ne travailles pas aujourd'hui?

B : Ça non! Aujourd'hui c'est mon jour de congé[liberté].
A : 베르나르, 너 오늘 근무하지 않니?
B : 아니! 오늘은 쉬는 날이야.

▶▶ 안식일

jour du sabbat (m.)

Lundi prochain est mon **jour du sabbat**.　다음 월요일은 내가 쉬는 날이다.

▶▶ 안식년

année sabbatique (m.)

Mon directeur de recherches est allé en France pour passer son **année sabbatique**.
제 지도교수님은 안식년을 보내시려고 프랑스에 가셨습니다.

▶▶ …에게 하루 휴가를 주다.

Le patron **a donné congé à** son personnel **pour la journée**.
사장이 직원에게 하루 휴가를 줬다.

▶▶ 유급휴가

congé payé (m.)

▶▶ 한가로워지다.

Il a pu **se libérer** pour deux jours.　그는 이틀간 쉴 수 있었다.
Je n'ai pas pu **me libérer** plutôt.　난 더 빨리 시간을 낼 수가 없었다.

---

⑩ 파업하다.

Aujourd'hui tous les ouvriers **font la grève**[cessent le travail].
오늘은 모든 노동자들이 파업을 한다.

▶▶ 파업에 들어가다.

S.N.C.F. va **se mettre en grève** demain.
프랑스 국유철도는 내일 파업에 들어갈 것이다.

▶▶ 파업 중이다.

Air France **est en grève** maintenant.　에어 프랑스는 현재 파업 중이다.

▶▶ 태업

sabotage (m.)

⑪ 전근시키다.

Son patron **l'a transféré** au bureau de Lyon.
그의 사장이 그를 리용 사무소로 전근시켰다.

Notre gouvernement **a déplacé** ce fonctionnaire au Ministère des Affaires étrangères. 우리 정부는 그 공무원을 외무부로 전임시켰다.

Le lieutenant **est muté** au régiment d'infanterie.
그 중위는 보병연대로 전근되었다.(*군사)

⑫ 결정권을 갖고 있다.

J'ai **le dernier mot** dans cette affaire.
이 일에 있어서 난 결정권을 갖고 있다.

▶▶ …에게 최후통첩을 하다.

Je **lui ai adressé un ultimatum**. 난 그에게 최후통첩을 했다.

⑬ …을 해고하다.

Il **l'a renvoyée**. 그는 그녀를 해고했다.

Il **a congédié** son employé. 그는 종업원을 해고했다.

Elle **a chassé** son domestique. 그녀는 하인을 해고했다.

Son chef **l'a sabré**. 그의 우두머리가 그를 해고했다.(구어)

Il **les a flanqués[mis/jetés] à la porte**. 그는 그들을 해고했다[내쫓았다].

▶▶ 해고당하다.

Il **s'est fait sabrer**. 그는 해고당했다.

▶▶ 잘 가시오. (*사람을 해고하고 돌려보낼 때)

Je vous souhaite bien le bonjour.(속어)

▶▶ 발길질하다.

Il **lui a donné[envoyé] un coup de pied**. 그는 그에게 발길질을 했다.

▶▶ 발길로 차서 내쫓다.

Je **l'ai chassé à coup de pied**. 난 그를 발길로 차서 내쫓아 버렸다.

⑭ 사임하다, (직장을) 그만두다.

Il **a démissioné**. 그는 사임했다.

Elle **a donné sa démission**. 그녀는 사임했다.

Il **s'est démis de** ses fonctions. 그는 사임했다.

Elle **a quitté** son emploi. 그녀는 일을 그만뒀다.

Il **a cessé le travail**. 그는 일을 관뒀다.

⑮ 실직하고 있다.

Il **est sans travail[place]**. 그는 무직자다.

Il **est sous la remise**.
  그는 실직 중이다.(*병·연령 때문에)

▶▶ **실업자**

chômeur(se) (n.)

▶▶ **취직하다.**

Il **a obtenu une place**. 그는 취직을 했다.

Elle **est entrée en place**. 그녀는 취직을 했다.

▶▶ **그는 실력으로 취직했다.**

Il est entré par la grande porte.(구어)

▶▶ **그는 남의 덕으로[부정으로] 취직했다.**

Il est entré par la petite porte.(구어)

⑯ 입학하다.

Cette année, elle va **entrer** à l'université de Dae-Han.
  올해에 그녀는 대한대학교에 들어갈 것이다.

▶▶ **학령**

âge scolaire (m.)

▶▶ **학년**

année scolaire (f.)(*9월~6월 또는 10월~7월)

▶▶ …에 등록[가입]하다.

Il s'est immatriculé à la faculté des lettres. 그는 문과에 등록했다.
Elle s'est inscrite à la faculté des sciences. 그녀는 이과에 등록했다.
Il s'est enrôlé dans l'armée. 그는 병적에 등록했다.
Il s'est enrôlé dans l'équipe de football. 그는 축구팀에 가입했다.
Elle s'est introduite[engagée] dans cette association.
그녀는 그 협회에 등록했다.

⑰ 전공이 …이다.

A : Quelle est votre spécialité?
B : Ma spécialité est la sociologie.
　A : 전공이 뭐지요?
　B : 내 전공은 사회학입니다.
Il fait sa spécialité de mathématiques. 그는 수학을 전공합니다.
Elle se spécialise dans la météorologie. 그녀는 기상학을 전공한다.
Il a fait sa licence d'angais.
그는 대학에서 영어[영어 학사과정]를 전공했다.

▶▶ … 전공 학생

étudiant(e) en philosophie (n.) 철학 전공 학생

⑱ 등교하다.

Tous les samedis, on ne va pas en classe.
매주 토요일에 우리는 등교하지 않는다.

▶▶ 수업 중이다.

Les étudiants sont en classe.
학생들은 (교실에서) 수업을 받고 있는 중이다.

▶▶ (선생이) 수업을 하다.

Sa maîtresse d'école fait la classe maintenant.
그의 여선생은 지금 수업을 한다.

⑲ (강의·수업을) 빼먹다.

François **a séché** son cours. 프랑스와는 강의를 빼먹었다.(학생속어)

Hélène et moi, nous **avons fait l'école buissonnière**.
엘렌과 나는 학교에 가지 않고 놀러갔다.(구어)

Il m'a proposé de **faire l'école buissonnière** pour aller au cinéma.
그는 내게 회사를 빼먹고[일터에 나가지 말고] 영화 보러 가자고 제안했다.(구어)

Aujourd'hui j'ai cané l'école. 난 오늘 학교를 빼먹었다.

Il **a calé de l'école**. 그는 학교를 빼먹었다.

▶▶ 유급(留級)하다.

Il **a redoublé une classe**. 그는 유급했다.

▶▶ 월반(越班)하다.

Elle **a sauté une classe**. 그녀는 월반을 했다.

⑳ 졸업하다.

Elle **est sortie de** la Sorbonne. 그녀는 쏘르본느대학을 졸업했다.

Il **a fait ses études à** l'université d'Oxford.
그는 옥스퍼드대학에서 공부했다.

Elle **a terminé ses études** au lycée. 그녀는 고등학교를 졸업했다.

Il **a reçu ses diplômes**. 그는 학위를 받았다.

▶▶ 학사학위

licence (f.)

Il **est reçu licencié**. 그는 학사학위를 받았다.

▶▶ 석사학위

maîtrise (f.)

▶▶ 박사학위

doctorat (m.)

CHAPITRE 21
연결어 · 간투사

① …에 의하면

D'après lui, c'est Catherine qui a raison.
그에 의하면, 꺄뜨린느가 옳다는 것이다.

Selon le journal télévisé, il y aura plus de chômeurs l'année prochaine.
그 TV 뉴스에 의하면, 내년엔 더 많은 실업자들이 생길 것이다.

Suivant cette statistique, la mort subite est due à la crise cardiaque.
이 통계에 의하면, 급사는 심장발작에 기인하다.

▶▶ 연령(신장)순으로
par rang d'âge(de taille)

▶▶ …에 따라
Il faut agir **conformément à** ses instructions.
그의 지시에 따라 행동해야 한다.

② …에 관해서

Je voudrais vous poser quelques questions **à propos de** cet article.
이 기사에 관해서 몇 가지 여쭤 보겠습니다.

Il ne veut rien dire **à l'égard de** sa famille.
그는 자기 가족에 관해서 아무 말도 하고 싶어하지 않는다.

▶▶ …에 관한
Ce sont des livres **relatifs à** la critique.   이것들은 비평에 관한 책입니다.

Je suis pour ce projet de loi **concernant** la chasse.
나는 그 수렵법안을 찬성한다.

③ …을 위하여

Elle agit toujours **dans l'intérêt de** son mari.
그녀는 항상 자기 남편의 이익을 위하여 행동한다.

Il agit **dans son propre intérêt**.
그는 그 자신의 이익을 위해서 행동한다.

④ …의 비율로

Ils produisent des savons **à raison de** 5 millions par mois.
그들은 월 5백만 개의 비율로 비누를 생산한다.

Elle lit **au taux de** cinq journaux par heure.
그녀는 시간당 5부의 신문의 비율로 독서한다.

⑤ …은 제외하고

On ouvre à 9 heures du matin les dimanches **exceptés**.
일요일은 제외하고 가게를 아침 9시에 엽니다.

Tout le monde a gagné la ville **à l'exception de** lui.
그만 빼고 모두가 마을에 도착했다.

Je te donnerai tout **non compris** cette maison[cette maison **non comprise**]. 난 이 집만 제외하고 모든 걸 다 네게 주겠다.

En gros, sa description colle à la réalité **à part** quelques exceptions.
대체적으로 그의 묘사는 몇몇 예외를 제외하고는 현실에 충실하다.

▶▶ 별도로[따로]

Gardez cet anneau d'alliance **à part**. 이 결혼반지는 따로 보관하세요.

⑥ …도 포함해서

Donnez-moi ce vase à fleurs **y compris** ces roses[ces roses **y comprises**].
이 장미들도 포함해서 이 꽃병을 내게 주세요.

Je voudrais toutes ses affaires **jusqu'à et y compris** ce couteau à papier.   난 이 페이퍼나이프를 포함해서 그의 모든 소지품을 원합니다.

▶▶ 합쳐서[통틀어]

Tout en gros les frais de déplacement coûteront deux mille euros.
통틀어서 출장비는 이천유로 들 것이다.

---

❼ 말이 났으니 말인데

A : Comment était-il quand tu l'as vu dernièrement?
B : Il était d'une humeur noire, **à propos**, tu lui as donné de tes nouvelles?
　A : 요전에 그를 만났을 때 그는 어땠어?
　B : 기분이 우울했어. 말이 났으니 말인데, 너 그에게 소식을 보냈니?

Il compte faire le tour du monde. **(Ceci) soit dit en passant**, tu n'en as pas envie?
그는 세계여행을 할 예정이다. 말이 났으니 말인데, 너는 그러고 싶지 않니?

Il a épousé une dot. **Entre parenthèses**, est-ce que tu es pour le mariage de raison?
그는 지참금을 목표로 결혼했어. 여담이지만, 넌 정략결혼에 찬성하니?

---

❽ 한편으로⋯ 또 한편으로⋯

D'une part elle l'aime, (et) **d'autre part** elle le déteste.
그녀는 한편으로는 그를 사랑하지만, 또 한편으로는 그를 증오한다.

---

❾ 반대로

A : Il me semble que tu t'intéresses au sport.
B : Pas du tout! **Au contraire**, je ne m'y intéresse point.
　A : 넌 운동에 관심이 있는 것 같구나.
　B : 전혀 아니야! 반대로 난 그것에 전혀 관심이 없어.

Contrairement à ses dires, il la trouve ravissante.
말과는 반대로, 그는 그녀를 매혹적이라고 생각한다.

▶▶ …와는 반대로, 거꾸로

Ce n'est pas sage d'aller **à rebours de** l'évolution générale.
　일반적인 추세에 역행하는 것은 현명하지 못하다.

Il n'accepte aucune opinion **à rebours de** la sienne.
　그는 자기 의견과 반대되는 그 어떤 의견도 인정하지 않는다.

Il m'est facile de compter **à rebours**.
　수를 거꾸로 세는 것은 내게는 쉬운 일이다.

⑩ 그 반대도 마찬가지다.

A : La Corée du Sud a peur de la force militaire de la Corée du Nord.
B : **Et vice(-)versa**.
　A : 남한은 북한의 군사력을 두려워하고 있다.
　B : 그 반대도 마찬가지다[북한도 남한의 군사력을 두려워하긴 마찬가지다].

⑪ 마찬가지로

C'est agréable de voir des gamins vêtus **pareillement à** leurs papas.
　아빠들과 같은 옷차림을 한 아이들을 보는 것은 유쾌한 일이다.

▶▶ 당신도요!

A : Bonne année!
B : Merci beaucoup. **À vous pareillement!**
　A : 새해 복 많이 받으십시오!
　B : 대단히 감사합니다! 같은 기원을 합니다[당신도요]!

⑫ 게다가[더군다나]

Elle est très belle, **d'ailleurs[par ailleurs]** très intelligente.
　그녀는 매우 아름답다, 게다가 아주 똑똑하다.

Il est trop tard; **en outre** je suis fatigué.
　시간이 너무 늦었고, 더군다나 난 피곤하다.

Il est vulgaire, **en plus** très cochon et obscène.
　그는 상스럽고, 게다가 매우 음탕하고 음란하다.

Elle lui doit d'être encore de ce monde. **Du[Au] reste** elle lui doit son succès aussi.
그녀가 아직도 살아 있는 건 그의 덕택이다. 게다가 그녀의 성공도 그의 덕택이다.

---

⑬ 기타 등등

Fais voir! Toutes tes affaires: ton mouchoir, ton portefeuille, ta montre **etc**.
보여줘! 네 소지품들 모두, 그러니까 손수건, 지갑, 시계 등등 말이야.

J'en ai assez de tes histoires **et tout ce fatras**.
난 너의 거짓말과 기타 등등에 질렸다.

Elle s'inqiète de son travail **et tout le bataclan**.
그녀는 자기의 일과 기타 등등을 걱정한다.

Quel drôle de particulier! Il ne cesse pas d'énumérer des chiffres et des lettres **et (tout) le diable et son train**.
참 이상한 사람이군! 그는 끊임없이 숫자들과 문자들과 기타 등등을 열거하고 있어.

Ses affaires marchent mal à cause des grèves **et de tout ça**.
그의 사업은 파업과 기타 등등으로 잘 안 되고 있다.

---

⑭ …남짓한

Dans mes poches, il n'y a que dix euros **et des poussières**.
내 주머니에는 십유로 남짓한 돈이 있을 뿐이다.(구어)

---

⑮ (누구/어디/왜)라구?

A : **Qui ça?** Quel acteur?
B : J'aime Alain Delon. Je te l'ai dit cent fois.
   A : 누구라고? 어떤 남자배우라고?
   B : 난 알랭 들롱을 좋아한다니까. 너한테 골백 번은 말했잖아.

A : **Où ça?**
B : Je suis à Saint Malo.
   A : 어디라고?

B : 나 쎙 말로에 있어.

A : Il ne viendra pas chez toi ce soir.

B : **Pourquoi ça?**

　　A : 그는 오늘 너네 집에 안 갈 거야.

　　B : 그건 또 왜?

▶▶ 그건 그래!

A : C'est moi qui l'ai tiré de la poussière.

B : **Ça oui!**

　　A : 그를 곤궁에서 건져내 준 건 바로 나야.

　　B : 그건 그래!

▶▶ 그렇지 않아!

A : Il me semble qu'elle est ingénue.

B : **Ça non!**

　　A : 내가 보기에 그녀는 순진한 것 같아.

　　B : 그렇지 않아!

▶▶ 너 이런 것 아니?

Tu sais quoi, Minsou? La plupart des Parisiens quitte Paris en été.
민수야 너 이런 것 아니? 대부분의 빠리 사람들이 여름엔 빠리를 떠난단다.

---

⑯ …대신에, …의 이름으로

Je vais vous dire la vérité **à la place de** mon complice.
제 공범 대신에 제가 진실을 말씀드리겠습니다.

Je vous le donne **de la part de** Monsieur Gérard Lanvin.
제라르 랑벵 씨의 이름으로 당신께 그걸 드립니다.

Dites bonjours **de ma part**.
내 안부 전해 주세요.

Je voudrais prendre votre interview **au nom de** tous vos fans.
당신의 모든 팬의 이름으로 당신과 인터뷰를 하고 싶습니다.

Si on prenait sa voiture **au lieu de** la mienne?
내 차 대신에 그의 차를 타는 게 어떨까?

▶▶ …하는 대신에

Tu feras mieux de m'emprunter un ordinateur **au lieu de** l'acheter.
　넌 컴퓨터를 사는 대신에 내게 빌리는 것이 더 좋을 거다.

▶▶ **…하기는커녕**

Loin de diminuer, les crimes augmentent.
　범죄는 줄어들기는커녕 증가한다.

---

⑰ 따라서

Il est malade. **En conséquence**, il doit se reposer.
　그는 아프다. 따라서 그는 휴식을 취해야만 한다.

Elle n'est plus ici. **Par suite**, il n'a aucune raison d'y rester.
　그녀는 이젠 여기에 없다. 따라서 그는 여기에 머무를 하등의 이유가 없다.

C'est une misanthrope, **comme quoi** elle n'aime personne.
　그녀는 인간 혐오자야, 따라서 그녀는 아무도 사랑하지 않아.

▶▶ **…의 결과로**

Il lui sera inévitable d'être puni **en conséquence de[par suite de/à la suite de]** ses bêtises.
　어리석은 행동의 결과로 벌받는 것이 그에겐 불가피한 일일 것이다.

---

⑱ 아무리 …하더라도

Quoi qu'il arrive, je t'aimerai pour toujours.
　무슨 일이 일어나더라도, 난 널 영원히 사랑할 거야.

Quoi que l'on me dise, je ne crois pas cela de lui.
　남이 내게 뭐라고 하더라도, 난 그가 그런 짓을 하리라고는 생각하지 않는다.

---

⑲ 나로서는

En ce qui me concerne[regarde], je préfère souffrir plutôt que mourir.
　나로서는, 죽기보다는 괴로움을 겪는 것이 더 낫다.

Quant à moi, je brûle de soif.
　나로서는, 타는 듯이 목이 마르다.

Pour ma part, je n'y vois aucun inconvénient.

나로서는, 그것에 대해 그 어떤 지장도 느끼지 않습니다.

▶▶ **내 의견으로는**

À mon avis, c'est un drôle de zigoto.   내 의견으로는, 그는 괴짜다.

---

⑳ 내가 아는 한

Autant que je sache[sais], il est malin comme un singe.
내가 아는 한, 그는 아주 꾀바르다.

C'est tout un programme, **à ce que je sache**.
내가 아는 한, 그것은 결말이 뻔한 일이다.

À[De] ma connaissance, ses parents habitent à Toulon.
내가 알기로는, 그의 부모님은 툴롱에 사신다.

▶▶ **내가 아는 한 그렇지 않다.**

A : Est-il vrai qu'elle viendra demain?

B : **Pas que je sache**.

　　A : 그녀가 내일 온다는 게 사실이야?
　　B : 내가 아는 한 그렇지 않아.

▶▶ **나 모르게**

Il est parti **à mon insu**. Cela ne lui ressemble pas.
그는 나 모르게 떠났다. 그건 그답지 않다.

㉑ 내가 보기엔

À ce que je vois, cette société est la meilleure.
내가 보기엔, 이 회사가 최고다.

C'est un honnête homme, **autant que j'en puis juger**.
내가 판단컨데, 그는 교양있는 신사이다.

▶▶ **내가 보기엔 이래.**

A : Qu'en penses-tu?

B : **Voici comme j'envisage la chose**. Il vaut mieux ne pas y investir ton argent.

　　A : 그것에 대해 어떻게 생각하니?

B : 내가 보기엔 이래. 네 돈을 거기에다 투자하지 않는 것이 좋을 거야.

22 모든 걸 따져 보면

À tout prendre, je crois que tout s'est bien tassé.
　　모든 걸 따져 보면[결국], 난 모든 일이 순조롭게 해결됐다고 생각해.
Tout bien considéré, cela vaudra la peine de l'acheter.
　　모든 걸 잘 생각해 보면, 그것을 살 만한 가치가 있을 것이다.
Tout compte fait, il s'est fourré le doigt dans l'oeil.
　　모든 걸 따져 보면, 그는 크게 잘못을 한 거야.

23 현재 상태 그대로

Ne touchez pas à mon tableau. Laissez-le **tel quel[tel qu'il est]**.
　　내 그림에 손대지 마세요. 그걸 그대로 놔둬요.
Cette jupe est un peu courte, mais je la prends **telle quelle[telle qu'elle est]**.　이 스커트는 좀 짧다. 하지만 그것을 그대로 사겠다.

24 이번만은, 이번에야말로

Dites-moi la vérité **une (bonne) fois pour toutes**.
　　이번만은 내게 진실을 말해 주세요.

▶▶ 결단코, 딱 잘라 말해서

Une (bonne) fois pour toutes, je ne veux pas le faire.
　　딱 잘라 말해서, 난 그걸 하기 싫다.

▶▶ 단정적으로 말하다.

Je n'aime pas quelqu'un qui **parle d'un ton d'oracle**.
　　난 단정적으로 말하는 사람을 좋아하지 않는다. (구어)

25 실제로

En fait[Dans le fait/De fait/Par le fait], il a obtenu de l'avancement.
　　실제로, 그는 승진을 했다.

En effet, tu as raison.
사실상, 네가 옳다.

▶▶ 요컨대

Au fait, ils s'adorent l'un l'autre.
요컨대 그들은 서로를 열렬히 사랑하고 있다.

㉖ 모든 점에서, 여러 모로

Elle me plaît **à tous (les) égards**.
그녀는 모든 점에서 내 마음에 든다.

Cela m'arrange **à bien des égards**.
그것은 여러 모로 내게 흡족하다[안성맞춤이다].

㉗ 그러면, 그렇게 해서 (*문두에서)

Comme ça il m'a donné deux cents euros.
그렇게 그는 내게 이백유로를 주었다.

Comme ça je n'ai pas pu refuser son invitation.
그래서 난 그의 초대를 매정스럽게 거절할 수가 없었다.

Comme ça vous venez de Paris? 그러면 당신은 빠리에서 오셨군요?

㉘ 있잖아! 저기 말이야!

A : Veux-tu lui dire que je suis malade?

B : **Dis donc!** Tu ne le feras pas gober ça!

　A : 그에게 내가 아프다고 말해 줄래?
　B : 이봐! 그가 그걸 덮어놓고 믿을 줄 아냐!

A : Qu'est-ce qu'elle est belle, cette femme!

B : **Tiens!** Grouille-toi!

　A : 저 여자 너무나 아름다운 걸!
　B : 이봐! 서둘라니까!(속어)

㉙ 글쎄요.

A : Quelle est la date qui vous conviendrait le mieux?
B : **Voyons!** Le 31 octobre m'arrangera à bien des égards.
   A : 당신한테 가장 적합한 날짜가 뭐죠?
   B : 글쎄요! 10월 31일은 여러 모로 제게 안성맞춤입니다.

A : Pouvez-vous sans inconvénient me prêter un crayon?
B : **Attendez un peu!** Ah, j'en ai un autre. Tenez!
   A : 지장이 없으시면 연필 좀 빌려주시겠어요?
   B : 글쎄요! 아, 다른 연필이 있군요. 자 받으세요!

㉚ 지금이야말로 절호의 기회다.

C'est le moment ou jamais.

㉛ 그렇지 않으면

Dépêchez-vous, **sinon** vous n'aurez pas terminé à temps.
서두르세요, 그렇지 않으면 시간 내에 끝내지 못할 거요.

CHAPITRE 22
위치 · 방향 · 순서

❶ …가 어디 있는지 아세요?

Savez-vous où se trouve la Sorbonne?
쏘르본느대학이 어디 있는지 아시나요?

Savez-vous de quel côté se trouve l'hôtel de ville?
시청이 어느 쪽에 있는지 아세요?

▶▶ …로 가는 길을 아세요?

Pouvez-vous m'indiquer le chemin de la gare?
역으로 가는 길을 제게 가르쳐 주실 수 있으세요?

❷ 어딘가에

Cela se trouve **quelque part** dans ce livre.
그것은 이 책 어딘가에 있다.

❸ 가까운, 가까이

Sa maison est très **proche** de la vôtre. 그의 집은 당신 집에서 아주 가깝다.
Il habite tout **près**. 그는 아주 가까이에 산다.

▶▶ 이 근처에(서)

Le centre d'accueil est **proche d'ici**. 그 휴양소는 이 근방에 있다.
Je l'ai vue **près d'ici**. 난 그녀를 이 근처에서 봤다.

CHAPITRE 22 위치 · 방향 · 순서 347

▶▶ **이웃의[인접한]**

Elle est allée au village **voisin**. 그녀는 이웃 마을에 갔다.

Ils vont bientôt gagner le **prochain** village.
　　그들은 곧 이웃 마을에 도착할 것이다.

Ma maison est **voisinante de** la sienne. 내 집은 그의 집에 인접해 있다.

Il est sorti d'une maison **avoisinante**. 그는 인근에 있는 집에서 나왔다.

▶▶ **…의 옆에**

Asseyez-vous **à côté de** moi. 제 옆에 앉으세요.

---

④ …에서 먼

C'est une maison **éloignée de** la gare.
　　이것은 역에서 멀리 떨어진 집이다.

▶▶ **…에서 멀리**

Elle habite **loin de** sa famille. 그녀는 가족에게서 멀리 떨어진 곳에 산다.

▶▶ **멀리**

Ils vont voyager **loin**. 그들은 멀리 여행을 할 것이다.

▶▶ **멀리에, 먼 곳에**

Elle demeure **au loin[dans le lointain/au lointain]**.
　　그녀는 먼 곳에 거주한다.

---

⑤ …의 맞은편에

La gare est **à l'opposé de** cet immeuble.
　　역은 그 빌딩의 맞은편에 있다.

▶▶ **…의 면전에**

Il se trouve juste **en face de** moi. 그는 바로 내 앞에 있다.

Ne mâchez pas du chewing-gum **à sa barbe**.
　　그의 면전에서 껌을 씹지 마세요.

▶▶ **…앞에**

Elle s'est mise juste **devant** moi. 그녀는 바로 내 앞에 섰다.

6 밖에

Il pleut **dehors[en dehors/au dehors]**. 밖에 비가 온다.

▶▶ …의 밖에

Il m'attendait **en dehors de** la maison.
그는 집 밖에서 날 기다리고 있었다.

▶▶ …을 제쳐놓고 [모르는 사이에]

Ils ont fait cela **en dehors de** moi. 그들은 그것을 나 모르게 했다.

7 오른쪽(왼쪽)에[으로]

Il a tourné **à droite(à gauche)**. 그는 오른쪽(왼쪽)으로 돌았다.
Le livre se trouve **sur la droite(sur la gauche)**. 그 책은 오른쪽에 있다.

▶▶ …의 오른쪽(왼쪽)에[으로]

Continuez tout droit, et il y aura un guichet **sur votre droite(sur votre gauche)**. 곧장 계속 가시면, 당신 오른쪽에 창구가 하나 나올 겁니다.

8 줄을 서다.

En attendant votre tour, vous devez **faire la queue** au guichet.
차례를 기다리는 동안, 당신은 매표소에서 줄을 서야만 합니다.
Il **a fait une heure de queue**. 그는 한 시간 동안 줄을 섰다.

▶▶ 줄 끝에 서다.

Pour acheter un carnet de tickets, elle **a pris la[sa] file**.
그녀는 회수권을 사기 위해서 줄 맨 끝에 섰다.
Tu n'as qu'à **te mettre à la queue**. 넌 줄 끝에 서는 수밖에 없다.

▶▶ 기다리는 줄

file d'attente (f.)

9 차 례

C'est votre **tour** de me faire une grâce. 당신이 내게 친절을 베풀 차례요.

▶▶ 누구 할 차례냐?

C'est à qui de jouer? (*놀이에서)

C'est à vous (de jouer).　당신 차례입니다.

⑩ 선착순이다.

Les premiers vont devant.

⑪ 거꾸로

Tenez cette bouteille **à l'envers**.　이 병을 거꾸로 잡으세요.

▶▶ 거꾸로 된[뒤집혀진]

Le diapositif est **renversé**. Tournez-le, s'il vous plaît.
슬라이드가 뒤집혔습니다. 죄송하지만 돌려 주세요.

▶▶ 거꾸로[뒤로]

Ce n'est pas facile de marcher **en arrière**.
뒤로 걷는 것은 쉽지가 않다.

▶▶ 거꾸로[반대방향으로]

Il est dangereux de prendre **à rebours[en sens inverse d']** une rue à sens unique.
일방통행인 길을 거꾸로 가는 것은 위험하다.

Il est amusant de compter **à rebours**.
수를 거꾸로 세는 것은 재미가 있다.

▶▶ …의 거꾸로[…와는 반대로]

Pour mener une vie tranquille, il ne faut jamais aller **à rebours de** l'évolution générale.
평온한 생활을 하려면, 절대로 일반적인 추세에 역행해서는 안 된다.

Ce sont des opinions **à rebours des** nôtres.
그것은 우리의 의견과는 반대되는 의견이다.

▶▶ 거꾸로[위아래를 뒤집어]

C'est lui qui a mis ce verre **sens dessus dessous**.
이 컵을 뒤집어 놓은 사람은 바로 그 사람이다.

▶▶ 거꾸로[앞뒤를 뒤바꾸어]

Elle a eu une drôle d'idée de se mettre son pull **sens devant derrière**.
그녀는 스웨터 앞뒤를 뒤바꾸어 입으려는 괴상한 생각을 했다.

▶▶ 거꾸로 떨어지다.

J'ai failli **tomber la tête en bas**. 하마터면 난 거꾸로 떨어질 뻔했다.

---

⑫ 출입금지

《Défense d'Entrer》

▶▶ 통행금지

《Défense de Passer》

---

⑬ 알파벳순으로

par ordre alphabétique

▶▶ 날짜순으로

par ordre de date

▶▶ 연대순으로

par ordre chronologique

▶▶ 반대의 순서로

Il faut arranger ces papaiers **en[dans] l'inverse ordre**.
이 서류들을 반대의 순서로 정리해야만 한다.

CHAPITRE 23
시간

---

① 지금 몇 시입니까?

Quelle heure est-t-il maintenant?
Quelle heure avez-vous?

---

② 시간이 늦었다.

Il est trop tard. Bon! Je vous quitte.
  너무 늦었군요(비인칭). 그럼 그만 가 봐야겠습니다.

Il se fait tard, je me sauve.
  시간이 늦었네(비인칭), 얼른 가 봐야겠어.

▶▶ 어둡다. 밤이다.

Il fait nuit.(비인칭)
Il fait noir.(비인칭)

▶▶ 어두워진다. 밤이 된다.

Il commence à faire sombre[noir].(비인칭)
Il se fait noir.(비인칭)
La nuit tombe[vient].

▶▶ 아직 초저녁이다.

La nuit n'est que peu avancée.

③ 시간이 얼마나 남았어?

Combien de temps nous reste-t-il?

④ …하도록 시간을 내다.

Je vais essayer de **trouver le temps de** passer chez toi.
너네 집에 들릴 수 있도록 시간을 내 볼게.

▶▶ **…하려고 시간을 들이다.**

Il **a mis le temps à** rédiger cet article.
그는 시간을 들여서 이 기사를 작성했다.

J'ai **mis pas mal de temps à** obtenir cela.
난 그걸 얻기 위해 적잖은 시간을 들였다.

⑤ 그건 시간이 걸린다[시일을 요한다].

Cela prend du temps.

⑥ 시간이 있는

Il sera **libre** ce samedi.   그는 이번 토요일에 시간이 있을 거다.

Je ne suis pas **disponible** ce soir.   난 오늘 저녁 시간이 없다.

⑦ 유효한

Ce ticket est **valable** pour deux mois.
이 표는 두 달간 유효하다.

Notre contrat est **valide** jusqu'à demain.
우리의 계약은 내일까지 유효하다.

Ce billet d'entrée est **bon** pour deux personnes.
이 입장권은 두 사람에게 유효하다.

▶▶ **만기일**

date d'expiration (f.)

▶▶ (약속·예정 행사가) 예정대로이다. 효력을 잃지 않다.

Cela **tient** toujours pour mardi?
그건 화요일 예정임에 아무런 변동이 없지요?

---

8 드디어 때가 왔다!

Ça y est!

On est fait!

Nous y voilà! Nous avons travaillé plusieurs mois pour aujourd'hui. Allons-y! 여러분 드디어 때가 왔습니다! 오늘을 위해 우리는 몇 개월간 일했습니다. 힘껏 해 봅시다.

---

9 언제든지

Tu peux m'appeler **n'importe quand**.   언제든지 내게 전화하렴.

---

10 …하는데 시간이 …걸리다.

Combien de temps faut-il pour y aller?
그곳에 가려면 시간이 얼마나 걸리나요?(비인칭)

Il faudrait des heures **pour** raconter tout ça.
그것을 다 얘기하는 데는 수시간이 걸릴 것이다.(비인칭)

Il m'a fallu trois mois **pour** le faire.
그것을 하는데 난 석 달이 걸렸다.(비인칭)

Cela lui a pris deux ans **pour** l'avoir.
그것을 얻는데 그는 2년이 걸렸다.

---

11 곧 …하다.

Tu **ne tarderas pas à** la voir venir.   넌 그녀가 오는 걸 곧 보게 될 것이다.

Il **n'a pas tardé à** venir.   그는 곧 왔다.

▶▶ …하는데 지체하다[늦어지다].

L'automne **tarde à** apparaître.   가을이 늦게 온다.

⑫ 왜 그는 이렇게 늦을까!

Comme il tarde!

▶▶ 그는 곧 올 것이다.

Il ne tardra pas.

▶▶ 그는 곧 그것을 해낼 것이다.

Il l'aura vite fait.

⑬ 기다리게 해서 미안합니다. (*현재 상황에서)

Excusez-moi de vous faire attendre.

⑭ 빨리

Viens **vite**.   빨리 와.

Il faut **vite** se préparer.   속히 준비해야 해.

⑮ 시간이 쏜살같다.

Que le temps passe vite!

Le temps s'envole.

Les heures passent[coulent/s'écoulent/fuient/filent] vite.

⑯ 서둘러!

Presse-toi!

Hâte-toi!

Allume!   빨리!(속어)

Dépêche-toi! Il est déjà 2 heures.   서둘러! 벌써 2시야.

Tu vas être en retard. **Grouille-toi!**   지각하겠다. 서둘러라!(속어)

▶▶ 급할수록 천천히 하라.

Hâtez-vous lentement.《격언》

17 지금 시간이 없단 말이오. (*늦었을 때 우회적인 표현)

Nous n'avons pas le temps à présent.

18 천천히 하세요.

Prenez votre temps.

19 바쁘다.

Je **suis** très **occupé** maintenant. 난 지금 매우 바쁘다.
Elle **était** très **pressée** à ce moment-là. 그 당시 그녀는 대단히 바빴다.

▶▶ 일이 많아 아주 바쁘다.
Il **a** beaucoup à faire. 그는 일이 아주 많아 바쁘다.
Nous **avons** fort à faire. 우리는 일이 많아 아주 바쁘다.

▶▶ 난 일로 눈코 뜰 새 없이 바쁘다.
Je suis accablé[bousculé/débordé/submergé] de travail.
Je n'ai pas le temps de me moucher.

20 난 바빠서 정신이 없다.

Je ne sais où donner de la tête.

21 …할 시간이 없다.

Je n'ai pas le temps de lui rendre visite.
　　난 그를 방문할 시간이 없다.

22 가능한 한 빨리

Dites-lui de me téléphoner le plut tôt possible[aussitôt que possible /au plus vite].
　　그에게 나한테 가능한 한 빨리 전화하라고 말하세요.

㉓ 그건 시간 낭비다.

C'est une perte[un gaspillage] de temps.

▶▶ 시간을 낭비하다.

Personne n'aime **perdre du temps**.
아무도 시간을 낭비하고 싶어하지 않는다.

▶▶ …에 낭비할 시간이 없다.

Je **n'ai pas de temps à perdre pour** lui. 난 그에게 허비할 시간이 없다.

▶▶ 시간을 벌다.

En se déplaçant en taxi, il a pu **gagner du temps**.
택시로 움직였기 때문에, 그는 시간을 벌 수 있었다.

▶▶ 시간은 돈이다.

Le temps c'est de l'argent.

▶▶ 그건 시간과 노력[힘]의 낭비다.

C'est une perte[un gaspillage] de temps et d'énergie.

▶▶ 쓸데없는 에너지 낭비를 하다.

N'essayez pas de le lui expliquer. Vous **vous dépensez inutilement**.
그에게 그걸 설명하려고 애쓰지 마세요. 쓸데없이 에너지 낭비하는 겁니다.

㉔ (시간을) 보내다.

Il **a passé** ses vacances à la montagne.
그는 휴가를 산에서 보냈다.

▶▶ …하는 데 시간을 보내다.

J'ai **passé le temps à** faire de la peinture.
난 그림을 그리는 데 시간을 보냈다.

▶▶ 그건 심심풀이로 하는 거다.

C'est pour passer le temps.

▶▶ (시간을) 쓸데없이 보내다.

En l'attendant, nous **avons tué** une heure à la librairie.
그를 기다리면서, 우리는 서점에서 한 시간을 보냈다.

Elle **a perdu[gaspillé/gâché]** cinq ans pour cette étude.
그녀는 그 연구에 5년이란 세월을 허송했다.

㉕ 우물쭈물할 때가 아니다.

Dépêche-toi! **Il n'y a pas de temps à perdre**.
서둘러! 우물쭈물할 때가 아니다.(비인칭)

▶▶ 서둘러 …하다.

En cas d'urgence, il faut **s'empresser de** prévenir la police.
긴급한 경우에는 신속히 경찰에 신고해야만 한다.

Elle **se hâte de** lui téléphoner.   그녀는 신속히 그에게 전화를 한다.

㉖ (시간·일·토론을) 질질 끌다.

Je ne sais pas pourquoi il **traîne les choses en longueur**.
난 왜 그가 일을 질질 끄는지 모르겠어.

Ces marchandages **éternisent** les discussions.
그 흥정은 갑론을박을 질질 끌게 한다.

Bien qu'on **prolonge** la soirée (consacrée à) Chopin, il n'y a pas de mal à cela.   쇼팽의 밤을 예정 시간보다 오래 끈다 해도, 지장이 없다.

C'est exprès qu'il **accroche une affaire**.
그는 고의적으로 일을 지연시키고 있다.(구어)

▶▶ 오래 끌다.

Sa maladie **traîne en longueur**.   그의 병은 오래 끈다.

Ce procès **se traîne**.   그 소송은 진척이 안 되고 있다.

La crise économique **s'éternise**.   경제 위기가 끝날 줄을 모르고 있다.

L'effet de ce remède **se prolonge**.   이 약의 효과가 오래간다.

▶▶ 그건 오래가지 않아 끝날 것이다.

Ça ne va pas traîner.

▶▶ 그 사람 꽤나 시간을 끄는구만!

Il n'en finit pas!

Il prend son temps!

㉗ 재촉하지 마세요!

Ne (me) poussez pas!

Ne (me) bousculez pas!

▶▶ 당신을 재촉하고 싶진 않습니다.

Je ne voudrais pas vous bousculer.

㉘ 숨 돌릴 시간을 좀 주세요.

Laissez-moi le temps de souffler.

Donnez-moi le temps de reprendre haleine.

▶▶ 그는 숨이 가쁘다.

Il est essouflé.

Il est à bout de souffle.

Il est hors d'haleine.

Il a l'haleine courte.

Il a perdu haleine.

Il a la respiration courte[coupée].

Il respire court.

㉙ 조금 후에

A : En voulez-vous un autre verre?

B : Peut-être **un peu plus tard**.

  A : 한 잔 더 드시겠습니까?
  B : 봐서 조금 있다가요.

▶▶ 다음 순간

L'instant après, il tomba par terre. 다음 순간 그는 바닥에 넘어졌다.

㉚ 커피타임

Prenons **la pause café**. 커피타임을 가집시다.

CHAPITRE 23 시간

▶▶ **런치타임**

A : Pendant combien de temps déjeune-t-il?

B : Normalement il prend **une heure de battement pour le déjeuner**.

   A : 그는 얼마 동안 점심식사를 하죠?

   B : 보통 그는 한 시간 동안의 런치타임을 갖습니다.

㉛ 쉬다.

J'aimerais **me reposer** maintenant. 난 이제 쉬고 싶다.

Elle a besoin de se **détendre**. 그녀는 쉬어야 할 필요가 있다.

Je **me suis délassé** pendant une heure. 난 한 시간 동안 휴식을 취했다.

Il faut bien **te relaxer** avant de partir. 떠나기 전에 넌 잘 쉬어야만 한다.

㉜ 제시간에 오다.

A : Est-ce que je suis en retard?

B : Non, tu **es à l'heure**.

   A : 내가 늦었니?

   B : 아니, 넌 제시간에 왔어.

▶▶ **정각에**

Elle est arrivée à deux heures **pile[juste]**.

   그녀는 2시 정각에 도착했다.

▶▶ **그는 시간을 잘 지킨다.**

Il est ponctuel.

Il est à l'heure.

Il est à la minute.(구어)

▶▶ **…만큼 일찍**

Je suis arrivée **(avec) une heure d'avance**.

   난 1시간 일찍 도착했다.

Il a **deux heures d'avance** sur toi. 그는 너보다 2시간 앞섰다.

Combien de temps faut-il retenir **d'avance**?

   몇 시간 전에 예약을 해야 하나요?

▶▶ 늦다.

Tu **es en retard** de 5 minutes.   너는 5분 늦었다.

㉝ 때마침 도착하다.

Tu **arrives[tombes] à pic**.   넌 때마침 도착하는구나.

Je souhaite que cela **tombe pile**.   그 일이 때마침 일어나기를 바란다.

㉞ 잠깐만요!

Minute! J'ai besoin de ma robe blanche maintenant.
　잠깐만요!(구어) 난 지금 내 흰 원피스가 필요하단 말입니다.

Pas si vite! Cet annuaire des téléphones est pour une autre ville.
　잠깐만요! 그 전화번호부는 다른 도시용입니다.

Attendez un instant! Pourriez-vous me le répéter?
　잠깐만요! 다시 한 번 말씀해 주시겠어요?

Une seconde! Je vous passe mon frère.
　잠깐만요(기다리세요)! 제 오빠를 바꿔 드릴게요.

▶▶ 뭐라고 말씀하셨습니까?

Plaît-il?(*되풀이해서 말해 주기를 바랄 때)

㉟ 새벽에

Nous devons partir **à la pointe du jour**.
　우리는 새벽에 떠나야 한다.

En ce temps-là je me levais **à l'aube**.   그때는 난 새벽에 일어나곤 했다.

▶▶ 해가 질 때
　au coucher du soleil

▶▶ 해질 무렵에, 황혼에
　à la nuit tombante
　à la tombée de la nuit
　au crépuscule du soir

36 제일 먼저

Tout d'abord, tu dois mettre tout cela en ordre.
우선, 넌 이 모든 것을 정리해야만 한다.
En premier lieu, elle m'a indiqué ce que je devrais faire.
제일 먼저, 그녀는 내가 해야 할 일을 가르쳐 줬다.

▶▶ …의 시초에(는)

Au commencement de cette interview, elle n'était pas de bonne humeur. 이 인터뷰 첫머리에는, 그녀는 기분이 좋지 않았었다.

▶▶ 마지막으로

En dernier lieu, je voudrais vous remercier de m'avoir si bien accueilli.
마지막으로, 저를 그토록 환대해 주신 데 대해 여러분께 감사드리고 싶습니다.

▶▶ 처음부터 끝까지

Tralala! Vous me racontez des histoires. Je sais que tout ça ce n'est qu'un mensonge **du commencement jusqu'à la fin**.
흥! 거짓말 잘 하시네. 그 모든 게 처음부터 끝까지 거짓말이란 걸 난 알아.

37 중도에서, 도중에서

Elle ne fait pas les choses **à demi[à moitié]**.
그녀는 일을 중도에서 멈추지 않는다.
Je renonçai à ce projet **à mi-chemin[à moitié chemin]**.
난 그 계획을 중도에 포기했었다.
Ils se sont rencontrés **à mi-distance**. 그들은 중도에서 만났다.
Sa voiture s'est arrêtée pile **en chemin**.
그의 차는 도중에 급정지했다.

38 곧, 순식간에, 금방, 당장에, 즉시로, 지체없이

Je serai de retour **dans une minute**. 곧 돌아오겠다.
Donnez-moi le temps de signer, et je suis à vous **dans un moment**.
서명을 좀 하고 나서 곧 당신과 함께 하겠습니다.

Je peux tout dégager **en un clin d'oeil[en moins de rien/en un instant]**.
　　난 순식간에 모든 걸 치울 수가 있다.

Je reviens **tout de suite**. 　금방 다시 오겠습니다.

Faites-le **sur le champ**. 　그걸 당장에 하세요.

Immédiatement, il a executé ses ordres. 　즉각, 그는 그의 명령을 수행했다.

J'ai tout payé **sans retard**. 　난 모든 걸 지체없이 지불했다.

▶▶ 단번에

Il a abattu le mur **du premier coup[tout d'un coup]**.
　　그는 단번에 담벽을 헐었다.

▶▶ 갑자기

pile

tout à coup

soudainement

suibitement

brusquement

㊴ 얼떨결에

Tout confus, il a oublé son chapeau.
　　얼떨결에, 그는 모자를 잃어 버렸다.

㊵ 연속해서

Il pleuvait trois jours **de suite**.
　　사흘 연속해서 비가 내렸다.

On est allé à la campagne deux dimanches **de suite**.
　　두 일요일을 연속해서 우린 시골에 갔다.

J'ai dormi douze heures **d'affilée**.
　　난 연속해서 12시간을 잤다.

▶▶ 연속되는

Pendant trois mois **successifs[consécutifs]**, il venait me chercher tous les matins. 　석 달 동안 계속해서 그는 매일 아침 날 데리러 왔었다.

▶▶ 끊임없이, 계속해서
sans arrêt
sans cesse
sans interruption
sans répit
sans discontinuer
constamment
continuellement

㊶ …후에

Il reviendra **dans** une hutaine de jours.
　그는 일주일 쯤 후에 돌아올 것이다.
Tout sera prêt **dans** une heure.
　모든 것이 한 시간 후면 준비될 것이다.

㊷ 모레

après-demain (m.)

▶▶ 그저께
avant-hier (m.)

㊸ 지금

Il est avec son client **à présent**.　그는 지금 고객과 함께 있다.
En ce moment, elle tape à la machine.　지금 그녀는 타이프를 치고 있다.

㊹ 지금까지는

Jusqu'ici, il n'a pas trahi ma confiance.
　지금까지는, 그는 내 신뢰를 저버리지 않았다.
Jusqu'à présent, personne n'a pu me gagner à sa cause.
　지금까지는, 아무도 날 자기편으로 끌어들이질 못했다.

㊺ 그 이후

Je ne l'ai pas rencontré **depuis (lors)**.
난 그 이후로 그를 만나지 않았다.

Depuis (lors), sa santé a été parfaite.
그 이후로, 그의 건강은 완벽하게 좋았다.

㊻ 당분간은

Pour le moment, tu feras mieux de te cacher de la sympathie que tu as pour elle. 당분간 넌 그녀에 대한 호감을 감추는 게 더 나을 거다.

▶▶ 잠시, 일시적으로, 잠정적으로

passagèrement

temporellement

transitoirement

Elle séjournait **temporairement** chez une amie.
그녀는 임시로 친구네 집에 머무르고 있었다.

Voici où j'habite **provisoirement**.
바로 여기가 내가 임시로[잠시] 살고 있는 곳이다.

㊼ 한동안

Je ne l'ai pas vue **pendant quelque temps**.
난 그녀를 한동안 보지 못했다.

Pendant un moment, elle a regardé le tableau bouche béante.
그녀는 한동안 입을 벌리고 그 그림을 멍하니 바라다보았다.

▶▶ 얼마 전부터

Il attend **depuis quelque temps**. 그는 얼마 전부터 기다리고 있는 중이다.

㊽ 그 동안에, 그 사이에

dans l'intervalle

dans cet[l'] entre-temps

Je ne l'ai pas vu depuis quelque mois, et **entre-temps** il s'est remarié.
난 그를 몇 달 동안 못 봤는데, 그 동안에 그는 재혼을 했다.

Il lit le journal après le petit-déjeuner; moi je le lis **pendant**.
그는 아침식사 후에 신문을 읽지만, 난 아침식사를 하면서 읽는다.

Il m'est arrivé beaucoup de choses à trois ans de distance. Mais qu'as-tu fait **pendant ce temps-là**?
3년 사이에 내겐 많은 일이 일어났어. 그런데 넌 그 동안에 뭘했니?

㊾ 정해진

Il viendra à l'heure **dite**.
그는 정해진[약속된] 시간에 올 것이다.

Je le lui dirai dans un temps **donné**.
난 정해진 시간이 지난 뒤에 그에게 그것을 말하겠다.

Commencez à parler au moment **donné**.
정해진 순간에 말하기 시작하시오.

▶▶ 예정된

La réunion est **prévue** pour cet après-midi.
회합은 오늘 오후로 예정되어 있다.

▶▶ 마감일

date limite (f.)

▶▶ 마감시간

heure limite (f.)

▶▶ 시간 제한

Y a-t-il une **limite de temps** imposée à cet orateur?
이 연사에게 부과된 시간 제한이 있나요?

▶▶ 나이 제한

limite d'âge (f.)

㊿ 최신의

Elle s'est habillée à la **dernière** mode.

그녀는 최신 유행의 옷을 입고 있다.

▶▶ 최근에

Ces derniers temps[jours], elle est fraîche comme une rose.
요새 그녀는 안색이 싱싱하고 밝다.

---

51 시간이 다 됐다.

L'heure a sonné!

C'est l'heure!

▶▶ 문 닫을 시간입니다.

Il est l'heure de fermer.

On ferme!

---

52 금세라도

Il vient **d'un instant à l'autre[d'une minute à l'autre]**.
바야흐로 곧 그가 올 것이다.

Dans une telle situation, tout peut changer **d'une heure à l'autre [d'heure en heure]**.
그런 상황에서는 모든 게 시시각각으로 금세라도 바뀔 수가 있다.

▶▶ 반 시간

une demi-heure

▶▶ 15분

un quart d'heure

▶▶ 매 5분마다

Il m'appelle **tous les cinq minutes**.
그는 매 5분마다 내게 전화를 한다.

---

53 주야로

Elle travaille **jour et nuit[nuit et jour]**.
그녀는 주야로 공부를 한다.

CHAPITRE 23 시간

54 항상 그런 건 아니오.

A : Prend-t-il toujours un bain froid?
B : **Pas toujours**. De temps en temps, il prend un bain chaud.
   A : 그는 항상 냉수욕을 하나요?
   B : 항상 그런 건 아닙니다. 가끔은 온수욕을 합니다.

55 두 번 다시 더 이상 …않다.

Tu **ne** pourras **plus jamais[jamais plus]** entendre ma voix.
넌 이제 다시는 내 목소리를 들을 수 없을 거다.
Promettez-moi de **ne jamais plus[plus jamais]** le faire.
두 번 다시 그런 짓을 안 하겠다고 내게 약속해 주세요.

56 난 재미난 시간을 보냈다.

Je me suis bien amusé.

▶▶ 난 혼이 났다.
J'ai mangé de la vache enragée.
J'en ai vu de dures.

57 그때가 좋았어.

Quand j'étais à Paris, je conduisais une Mercedez et jouais au golf chaque week-end. **C'était la belle vie (alors)**.
내가 빠리에 있을 땐 벤츠를 몰고 주말마다 골프를 쳤지. 그 시절이 좋았어.

▶▶ 좋았던 시절
Et maintenant oublions **ce bon vieux temps**. Tout ça, c'est du passé.
이젠 그 좋았던 시절을 잊자. 다 지나간 일이야.

CHAPITRE 24
방법 · 상태 · 정도

① 많은

Il y a **beaucoup de** maison près d'ici. 이 근처엔 집들이 많다.
Elle a **plein** d'argent. 그녀는 돈이 많다.
J'ai **un[des] tas de** choses à régler. 난 해결해야 할 일이 많다.

▶▶ 대단한 것[대수로운 것] (*대개 pas 또는 sans을 수반)
Je n'y ai pas compris **grand-chose**. 난 잘 이해하지 못했다.

▶▶ 몇 개의
Donnez-moi **quelques** pommes. 사과 몇 개를 주세요.
J'ai reçu une lettre **quelques** jours après son départ.
    그가 떠난 지 며칠 후 난 편지를 한 장 받았다.

▶▶ 10여 개의
Il possède **une dizaine de** voitures.
    그는 10여 개의 차를 소유하고 있다.

▶▶ 100여 개의
Dans cette boîte, il y a **une centaine de** boutons.
    이 상자에는 100여 개의 단추들이 있다.

▶▶ 무수한
Il y a **des milliers de** manifestants devant l'hôtel de ville.
    시청 앞에는 무수한 시위자들이 있다.

On peut trouver **des millions d'**étoiles au ciel.
하늘에서 무수한 별들을 발견할 수가 있다.

---

② 제일 큰 몫

Il est très égoïste. Il veut toujours **la part du lion**.
그는 아주 이기적이다. 그는 항상 제일 큰 몫을 원한다.

---

③ …에 비해서는, …인데도

Elle est jeune **pour** son âge. 그녀는 나이에 비해 젊다.
Pour un étranger, il parle très bien le français.
외국인인데도, 그는 불어를 잘한다.

---

④ 개인적으로, 사적으로

Je le connais **personnellement**. 난 그를 개인적으로 안다.
Personnellement[Pour ma part/Pour moi], je ne suis pas de cet avis.
나로서는, 그 의견과 다르다.

▶▶ 사적인 일이다.
C'est une affaire privée[personnelle].

▶▶ 사적인 용도로
J'en ai besoin **pour mon usage personnel**.
난 그것을 내 사적인 용도로 필요로 한다.

▶▶ 인신공격은 하지 마세요.
Ne faites pas des allusions personnelles.

▶▶ 인신공격
attaque[crituque] personnelle (f.)

---

⑤ 일부러

Elle tomba **exprès** son mouchoir. 그녀는 일부러 손수건을 떨어뜨렸다.
Il **fait exprès de** la taquiner. 그는 고의적으로 그녀를 못살게 군다.

C'est **à[avec] dessein** qu'il ne lui téléphone pas.
그가 그녀에게 전화하지 않는 건 고의적이다.

Il ne l'a pas fait **de propos délibéré[délibérément]**.
그는 그것을 고의적으로 한 것이 아니다.

C'était **intentionnellement** qu'il s'est approché d'elle.
그가 그녀에게 접근했던 건 고의적인 것이었다.

▶▶ 무심코
Je le lui ai dit **sans intention**.   난 그에게 그것을 무심코 말했다.

6 특히

Surtout, ayez soin de ne pas l'offenser.
특히, 그에게 무례한 행위를 하지 않게 유의하세요.

7 전적으로

Tu as **tout à fait[entièrement/complètement/totalement]** raison.
네가 전적으로 옳다.

▶▶ 몹시, 매우
Elle est **très** intelligente.   그녀는 매우 영리하다.
Ce film est **vachement** bien.   이 영화는 굉장히 좋다.(구어)
Il est **rudement** content.   그는 몹시 만족해한다.(구어)
Elle danse **diablement** bien.   그녀는 기가 막히게 춤을 잘 춘다.(구어)

▶▶ 극도로
Il est **extrêmement** fâché contre toi.   그는 네게 극도로 화가 나 있다.

8 깨끗이

Il faut que tu manges **proprement**.   넌 말끔히 먹어야만 한다.

▶▶ 적절하게 말하자면
à proprement parler
proprement dit

▶▶ 뚜렷이, 분명히, 단호히

C'est **nettement** mieux. 그것이 분명히 더 낫다.

Je te le dis **nettement**. 난 네게 그것을 단호하게 말하겠다.

---

9 보통은

Normalement ce magasin ouvre à 9 heures.
　이 가게는 보통 9시에 문을 연다.

---

10 특별한

Je n'ai rien de **spécial** à citer. 특별히 인용할 것이 없다.

As-tu quelque chose de **spéciale** à lui dire? 그에게 특별히 할 말이 있니?

▶▶ 그건 별거 아니다.

Ce n'est rien.

---

11 틀림없이, 확실히, 분명히

Il viendra **à coup sûr**. 그는 틀림없이 올 것이다.

Il fera **sûrement** beau. 날씨가 분명히 좋을 것이다.

Elle ne viendra **certainement** pas.
　그녀는 확실히 오지 않을 것이다.

C'est **sans faute** que tu dois me téléphoner demain.
　넌 내일 내게 틀림없이 전화를 해야만 한다.

Il est **indubitablement** malin. 그는 의심할 여지없이 꾀 바르다.

Incontestablement, c'est un homme bien.
　의심할 여지없이 그는 양심적인 사람이다.

C'est **assurément** bon. 그것은 확실히 좋다.

---

12 거의

Ce portrait est **presque** parfait. 그 초상화는 거의 완벽하다.

C'est **à peu près** comme ça. 그건 거의 그렇다.

⑬ 기분 전환으로

Qu'est-ce que tu fais **pour te distraire[pour te divertir/pour t'amuser]**?
기분 전환을 하려면 넌 뭘하니?

▶▶ 심심풀이

passe-temps (m.)

hobby (m.)

divertissement (m.)

distraction (f.)

▶▶ 심심풀이로, 장난삼아

Il a peint **par plaisir**. 그는 장난삼아 그림을 그렸다.

▶▶ 농담삼아

Je vous l'ai dit **par plaisanterie[pour rire/histoire de rire/façon de rire]**. 농담으로 해본 말입니다.

▶▶ 사업차

Je suis ici **pour affaires**.
난 볼일이 있어 여기에 왔습니다.

⑭ 어림도 없지!

Mon oeil! 천만에! 안될 말이지!(구어)

A : Puis-je mettre votre nom sur la liste?

B : **Jamais de la vie!**

  A : 당신 이름을 목록에 올려놓을까요?
  B : 어림없는 소리!

▶▶ 절대로 허용할 수 없어!

A : Permettez-lui d'y aller.

B : **À mon corps défendant!**

  A : 그가 거기에 가도록 해 주세요.
  B : 절대로 안 돼!

15 반드시 그렇지는 않다.

A : Et alors tu lui as donné ta montre?

B : **Pas exactement**. Elle va me la rendre dès qu'elle s'achète la sienne.

A : 그래서 그녀에게 시계를 줬어?
B : 꼭 그런 건 아니고. 자기 것을 사자마자 내게 그걸 돌려 줄 거야.

▶▶ 바로 그거야!

Précisément!

Parfaitement!

Exactement!

Justement!

16 전혀 아니야!

Pas (plus) du tout!

Du tout! (구어)

A : On m'a dit que tu chantes très bien.

B : **(Bien) loin de là!**

A : 너 노래를 아주 잘 한다던데.
B : 전혀 아니야!(*그것과는 정반대라는 뜻)

Il n'est pas idiot - **(Bien) loin de là!**
그는 바보가 아니야 – 전혀 아니야!

A : Est-ce que tu veux critiquer sa manière de régler un différend?

B : **En aucune façon!**

A : 넌 그의 분쟁을 해결하는 방식을 비난하는 거니?
B : 전혀 아니야!

▶▶ 결코 … 않다.

Il ne le fera **en[d'] aucune façon**.   그는 결코 그것을 하지 않을 것이다.

Je ne lui pardonnerai **en aucun cas**.   난 결코 그를 용서하지 않을 것이다.

▶▶ 조금도 (*ne와 함께)

Cela **ne** nous intéresse **en rien**.   그것은 조금도 우리의 관심을 끌지 않는다.

Il n'en est **nullement** question. 그건 조금도 문제가 안 된다.
Elle n'est **aucunement** responsable. 그녀에게는 조금도 책임이 없다.
Je **ne** l'aime **pas du tout**. 난 그를 전혀 좋아하지 않는다.

⑰ 절반의

Je l'ai acheté **à moitié** prix. 난 그것을 절반 가격에 샀다.
La bouteille était **à moitié** pleine[vide]. 그 병은 절반은 차있었다[비었었다].

⑱ 아무튼, 어쨌든

En tout cas, il a la bourse plate. 어쨌든, 그는 빈털터리이다.
De toute façon, j'irai la voir. 아무튼, 난 그녀를 만나러 갈 거다.

▶▶ 어차피, 어떻게 해서라도
de façon ou d'autre
d'une façon ou d'une autre

⑲ 그게 …하는 방법이다.

C'est sa **façon de** consoler des amis.
   그것이 그가 친구들을 위로하는 방식이다.
Ce n'est pas ma **manière d**'arranger un différend.
   그것은 분쟁을 조정하는 내 방식이 아니다.

▶▶ 그는 늘상 그렇다.
Il est toujours comme ça.

▶▶ 그 사람다운 일이다.
C'est bien de lui!
Voilà comme il est!

⑳ 있는 그대로의

Je t'aime **tel que tu es**. 난 있는 그대로의 너를 사랑한다.

Il te faut l'accepter **telle qu'elle est**.
　넌 있는 그대로의 그녀를 받아들여야만 한다.

㉑ …와 같은

L'un n'est pas **pareille** à l'autre.　그 둘은 같지 않다.

Il n'y a pas deux choses absolument **pareilles**.
　아주 똑같은 것 두 개는 없다.

C'est tout à fait **identique** à la nôtre.
　이것은 우리의 것과 아주 똑같다.

C'est la **même** chose **que** la mienne.　그것은 내 것과 같다.

▶▶ …와 비슷한

Son pantalon est **semblable** à celui de mon oncle.
　그의 바지는 내 아저씨의 바지와 비슷하다.

㉒ …와 함께

Elle est allée se promener **avec** sa soeur.
　그녀는 자기 언니랑 산책하러 갔다.

Son copin lui a envoyé cent roses **avec** un pull vert.
　그녀의 남자 친구는 백송이의 장미를 초록색 풀오버와 함께 보냈다.

㉓ 각각의 것, 각자, 각기

Chacun de ces livres est très intéressant.
　이 책들 하나하나가 매우 흥미롭다.

Chacune d'elles mérite d'être récompensée.
　그녀들 각자는 보상받을 만하다.

Ces cahiers coûtent dix euros **chacun[chaque]**.
　이 공책들은 각각 십유로씩이다.

▶▶ 각각의

Chaque tasse est sans défaut.
　각각의 찻잔이 나무랄 데가 없다.

▶▶ 자기 자신의

Je l'ai vu de mes **propres** yeux.
　　난 내 눈으로 직접 그를 봤다.

㉔ 모든 점에 있어서

C'est un type bien **à tous (les) égards**.
　　그는 모든 점에 있어서 유능한 사람이다.

㉕ …할 만큼 …하다.

Elle est charmante **au point qu**'il est tombé amoureux d'elle.
　　그녀는 그가 사랑에 빠질 만큼 매력적이다.

Il s'est surmené **au point d**'être tombé malade.
　　그는 과로한 나머지 병에 걸렸다.

C'est un arriviste **à tel[ce] point d**'être prêt à tout.
　　그는 무슨 짓이라도 할 정도로 출세제일주의자이다.

CHAPITRE 25
능력 · 외모 · 성품

1 어떻게 생겼나요?

Comment est-il? 그는 어떻게 생겼나요?

▶▶ 그는 용모가 나쁘지 않다.
Il n'est pas mal.

2 어떤 종류의 사람인가요?

Quel genre d'homme est-ce? 그는 어떤 종류의 사람이죠?

3 …처럼 보인다.

Il **a l'air** plutôt bête. 그는 좀 멍청해 보인다.
Tu **as l'air** d'avoir mal dormi. 넌 잠을 잘 못잔 것 같구나.
Vous **paraissez** très fatigué. 당신은 무척 피곤해 보인다.
Il **paraît** (avoir) vingt ans. 그는 스무 살 가량으로 보인다.
Elle a trente ans, mais elle ne les **paraît** pas.
그녀는 서른 살인데, 그렇게 보이지 않는다.

4 …을 구슬릴 줄 알다.

Il **sait prendre** des gens. 그는 사람들을 구슬릴 줄 안다.

Elle **sait s'insinuer auprès de** ses neveux.
그녀는 자기 조카들을 구슬릴 줄 안다.

▶▶ **…의 환심을 사다[신임을 얻다].**

Il **s'est insinué dans les bonnes grâces[la confiance] de** son supérieur.
그는 자기 상사의 환심을 샀다.

5 …을 잘한다.

Tu **es bon[fort] en** mathématiques. 넌 수학을 잘한다.
Il **est fort à** tous les sports. 그는 모든 스포츠를 잘한다.
Elle **est habile en[dans]** le bricolage. 그녀는 자질구레한 수리를 잘한다.
Il **est habile à** la trouver en défaut.
그는 그녀의 실수를 흠잡는 것을 잘한다.
Ce bon coquin **est ingénieux de** profiter de son avantage pour écraser les autres.
그 못된 악당은 자기의 유리한 입장을 이용해서 남을 압도하는 짓을 잘한다.
Nous **sommes adroits à** cette sorte de travail.
우리는 이런 종류의 일을 잘한다.
Je **suis adroit à** sauter à cloche-pied. 난 한쪽 발로 뛰는 걸 잘한다.

▶▶ **그는 손재주가 있다.**

Il **est adroit de ses mains.**

6 …에(의) 소질이 있다.

Il **a du talent pour** la musique. 그는 음악에 재능이 있다.
Elle **a le talent des** langues. 그녀는 어학에 재주가 있다.
Tu **as des dispositions pour** la peinture. 넌 그림에 소질이 있다.
Il **a l'étoffe d'**un écrivain. 그는 작가의 소질이 있다.
Il **y a en** lui **l'étoffe d'**un homme d'affaires.
그에게는 사업가의 소질이 있다. (비인칭)
Il **a tout ce qu'il faut pour devenir** un bon professeur.
그는 좋은 교수가 될 소질이 있다.

▶▶ …하는 데 소질이 있다.

Il **a le don de** divertir des gens.
그는 사람들을 즐겁게 해 주는 데 재주가 있다.

---

7 …에 제격이다.

Elle **est faite[taillée] pour** une infirmière. 그녀는 간호사로 제격이다.
Il **est de taille à** être chef. 그는 우두머리에 제격이다.
Tu **es à[de] la taille de** ce travail. 넌 이 일에 적격이다.

---

8 음치다.

A : Enfin c'est ton tour de chanter. Vas-y!
B : Non. Je **suis atteint d'amusie**.
　A : 마침내 네가 노래할 차례야. 어서 해!
　B : 아냐. 난 음치야.

▶▶ 그녀는 음악에 소질이 있다.

Elle a **l'oreille musicale**.

▶▶ 노래를 틀리게 부르다.

Elle **chante faux**.

▶▶ 노래를 제대로 부르다.

Elle **chante juste**.

---

9 그는 비범한 사람이다.

C'est une merveille.
C'est un prodige.
C'est un phénomène.
C'est un oiseau rare[un bel oiseau bleu]. (*흔히 비꼼)
C'est un homme unique en son espèce. 그는 다시없는 기인(奇人)이다.

▶▶ 그는 정말 기발한 사람이다!

Il est vraiment unique!

▶▶ 신동(神童)
　enfant prodige (n.)
　enfant phénomène (n.)

⑩ 그는 주책없는 수다쟁이다.
　Il est fort en gueule.
　C'est une grande gueule.
　C'est un terrible bavard.
▶▶ 잘도 떠들어 대는 놈이다.
　Quelle gueule!(속어)

⑪ 통찰력 있는
　Son esprit est **pénétrant[clairvoyant]**.　그의 정신은 통찰력이 있다.

⑫ 꼼꼼한
　Elle est **scrupuleuse** dans l'accomplissement de son devoir.
　　그녀는 자신의 의무를 수행하는 데 있어 빈틈이 없다.
　Il est très **méticuleux** dans son travail.
　　그는 자기 일에 있어 매우 꼼꼼하다.
　Il est vraiment **minutieux**.　그는 참으로 꼼꼼하다.

⑬ (기술·재주가) 녹이 슬다.
　Il **est** un peu **rouillé en** anglais.　그는 영어 실력이 다소 떨어졌다.
　Mon français **s'est rouillé**.　내 불어 실력이 녹슬었다.(구어)
▶▶ 녹슬게 하다.
　La paresse finit par **rouiller[laisser rouiller]** l'esprit.
　　게으름은 마침내 정신을 둔화시킨다.(구어)
　Dans sons cas, c'est l'alcool qui **gâte la main**.
　　그의 경우, 솜씨를 무디게[역량이 떨어지게] 하는 것은 바로 술입니다.

▶▶ 기술이 떨어지다.

Faute d'exercices, il **a perdu la main**.
연습 부족으로, 그는 기술이 떨어졌다.

---

14 영리한, 지적인

Elle est très **intelligente**, mais pas **intellectuelle**.
그녀는 아주 영리하지만 지적이진 않다.

---

15 문맹자

C'est **un illetré**[**un analphabète**]. 그는 문맹자다.

---

16 단골손님

C'est un **habitué** de ce restaurant. 그는 이 레스또랑의 단골손님이다.
C'est une **cliente** de ce coiffeur. 그녀는 이 미용사의 단골손님이다.

---

17 …태생이다.

Il **est orginaire de** la Russie. 그는 러시아 태생이다.
Elle **est orginaire du** Havre. 그녀는 르 아브르(*프랑스 도시명) 태생이다.

▶▶ 타고난, 선천적인

Elle est française **de naissance**. 그녀는 태생이 프랑스인이다.
Il est sourd et muet **de naissance**. 그는 선천적으로 귀머거리이자 벙어리이다.

---

18 저명인사

C'est un personnage (connu).
C'est une célébrité.

▶▶ 세도가, 높은 사람

C'est un gros bonnet.
C'est une grosse légume.

▶▶ 대단한 인물

Il se croit **quelqu'un**. 그는 자기가 대단한 인물이라고 자부한다.

▶▶ (실업계 따위의) 거물

C'est le fils unique de ce légendaire **magnat** du pétrol.
그는 그 전설적인 석유왕의 외아들이다.

▶▶ 아무나

Ce n'est pas **le premier venu**.
그는 아무나가 아니다[그는 상당한 사람이다].

▶▶ 별볼일 없는 사람

Ce sont **des gens de rien**. 그들은 별볼일 없는 사람들이다.

C'est **une (pauvre) espèce**. 그는 하찮은 녀석이다.(구어)

C'est **un(e) pas grand-chose**.
그(그녀)는 보잘 것 없는 사람이다.(*이때 grand-chose는 복수불변)

▶▶ 쓸모없는 사람

C'est un bon à rien.

C'est un homme qui n'est bon à rien.

▶▶ (사람을 가리켜) 모(某)

Monsieur un tel 모씨

Madame une telle 모여사

Les Un tel 모부부, 모(씨) 가족

---

⑲ 가정주부

femme au foyer (f.)

▶▶ 하녀, 가정부

femme de ménage (f.)

Elle s'est habillée comme **une domestique**[**une bonne**].
그녀는 하녀 차림을 했다.

▶▶ 남자 시종

domestique (m.)

valet (m.)

laquais (m.)

serviteur (m.)

---

20 평범한

Ce sont des gens très **ordinaires**. 그들은 아주 평범한 인간이다.

C'est un **plat** personnage. 그는 평범한 사람이다.

Son roman est bien **banal**. 그의 소설은 신통치 않다[진부하다].

---

21 그는 공처가다.

C'est un chauffe-la-couche.(속어)

C'est un mari mené[gouverné] par sa femme.

▶▶ 그녀는 남편을 쥐고 흔든다.

Elle mène son mari par le bout du nez[à la baguette].

▶▶ …을 몰아세우다[끽소리 못하게 하다].

Elle **lui a donné son fait**. 그녀는 그를 끽소리 못하게 했다.

▶▶ (남편에 대한 아내의) 푸대접, 바가지

la soupe à la grimace

▶▶ 아내에게 관대한 남편

mari commode (m.)(구어)

---

22 그는 아내를 두고 바람을 피운다.

Il trompe sa femme.

▶▶ 그는 바람둥이다.

C'est un Don Juan.

C'est un bourreau des coeurs.

C'est un coureur de filles[de jupons].

▶▶ (여자가) 바람기 있는, 음란한

Elle est **folle de son corps**. 그녀는 바람기가 있다.

㉓ 사귐성이 있는

Il est très **sociable**. 그는 아주 사교적이다.

Il est **aisé à vivre**. 그는 사귀기 쉽다.

▶▶ …와 사귀다.

Elle **s'associe** facilement aux[avec des] gens.
　그녀는 사람들과 쉽게 잘 사귄다.

Il **fréquente** la bonne société. 그는 점잖은 사람들과 사귄다.

㉔ 협조적인

Ils ne sont pas **coopératifs**. Ils traînent toujours les choses en longueur.
그들은 비협조적이다. 언제나 일을 질질 끈다.

㉕ 친척

C'est mon **parent**. 저 사람은 내 친척이다.

Ils sont **parents** entre eux. 그들은 서로 친척간이다.

▶▶ 가까운 친척

Nous sommes **proches parents**. 우리는 가까운 친척이다.

C'est un de mes **proches parents**. 저 사람은 내 가까운 친척 중 한 사람이다.

▶▶ 먼 친척

C'est **un parent éloigné**. 그는 내 먼 친척이다.

▶▶ 우리는 인척관계다. (*결혼에 의한)

Nous sommes parents par alliance.

Nous sommes alliés.

▶▶ 그는 좋은(나쁜) 친척을 가지고 있다.

Il est bien(mal) apparenté[allié].

▶▶ 시가 식구, 처가 식구

belle-famille (f.)

26 (나이를) …살 더 먹었다.

Il est mon aîné de deux ans. 그는 나보다 두 살 더 먹었다.

Il est plus âgé que moi de deux ans. 그는 나보다 두 살 더 많다.

▶▶ (나이를) …살 덜 먹었다.

Il est mon cadet de trois ans. 그는 나보다 세 살 덜 먹었다.

Il est plus jeune[moins âgé] que moi de trois ans.
그는 나보다 세 살 더 어리다.

▶▶ 선배

aîné(e) (n.)/ancien (m.)/devancier(ère) (n.)

27 그는 술꾼이다.

Il a la dalle en pente.(속어)

▶▶ 술고래

sac à vin (m.)(구어)/pompier (m.)(속어)

▶▶ 알코올 중독자

alcoolique (n.)

C'est un individu qui s'est adonné à la boisson.
그는 술에 빠진 사람[알코올 중독자]이다.

28 마약상용[중독]자

drogué(e) (n.)/toxicomane (n.)

▶▶ (종류별) 마약

drogue (f.)(*일반적인 통칭)

opium (m.)

hachisch (m.)

came (f.)

cocaïne (f.)

neige (f.)

▶▶ (종류별) 마약중독자

opiophage (n.)

hachischin (m.)

camé(e) (n.)

cocaïnomane (n.)

▶▶ 마취제

narcotique (m.)

stupéfiant (m.)(*경우에 따라 마약의 의미로도 쓰임)

Il fait le trafic des stupéfiants.　그는 마약을 암거래한다.

29 동성애

homosexualité (f.)

▶▶ 동성애자

homosexuel(le) (n.)

▶▶ 이성애

hétérosexualité (f.)

▶▶ 이성애자

hétérosexuel(le) (n.)

▶▶ 양성애자

bisexuel(le)[bisexué(e)] (n.)

▶▶ 동성 연애하는 여자

lesbienne (f.)

▶▶ 남색가

pédé[pédéraste] (m.)

sodomite (m.)

▶▶ 소아성애

pédophilie (f.)

▶▶ 소아성애자

pédophile (m.)

㉚ 영화광이다.

C'est un(e) passionné(e) du cinéma.

▶▶ 재즈광이다.

C'est un(e) fanatique du jazz.

▶▶ 열광자

maniaque (n.)

frénétique (n.)

enthousiaste (n.)

▶▶ 일 중독자이다.

C'est un bourreau de travail.

▶▶ …에 중독되어[홀딱 빠져] 버리다.

En effet elle s'est adonnée à la danse. 사실상 그녀는 춤에 중독되고 말았다.
Je suis adonné à ce truc. 난 이것에 중독됐다.

㉛ 꼭 닮은 사람

C'est un sosie de Sophie Marceau. 쏘피 마르쏘를 꼭 닮은 사람이다.

▶▶ (미술품·장식품 따위의) 짝을 이루는 것

Ces deux tableaux (se) font pendants. 이 두 폭의 그림은 서로 짝을 이룬다.

㉜ 비길 데 없는

Son talent est unique. 그의 재능은 비길 데 없이 탁월한[진기한] 것이다.
C'est une oeuvre incomparable. 이것은 비길 데 없이 훌륭한 것이다.
Ce film est à nulle autre seconde. 이 영화는 최고다.(구어)
Sa grossièreté est sans seconde. 그의 상스러운 무례함은 비길 데[둘도] 없다.

▶▶ 전대미문의

Cette histoire est inouïe. 그 이야기는 전대미문의 것이다.

▶▶ 독보적인

Ce produit artisanal est fait à la main et seul en son genre.

388 조명애의 한 권으로 끝내는 프랑스어 표현 5000

이 공예품은 수공으로 된 것으로서 독보적인 것이다.

▶▶ **천하일품의**

Ce tableau est **unique au monde**. 이 그림은 천하일품이다.

㉝ (어떤 나라의) 해외동포

C'est un(e) **ressortissant(e)** coréen(ne) qui vit à l'étranger.
그(녀)는 해외 거주 한국 동포이다.

㉞ 올바른, 정의로운

C'est un homme **droit[juste]**. 그는 곧은 사람이다.

▶▶ **공평무사한**

Le juge d'instruction est **impartial**. 그 예심판사는 공정하다.
Il a remporté une victoire **équitable**. 그는 공정한 승리를 거두었다.

▶▶ **비열한**

Cet avare est **méprisable[vil/ignoble]**. 이 수전노는 비열하다.

▶▶ **야심에 찬**

Tu es très **ambitieux**. 넌 매우 야심이 있다.

㉟ (성격이) 까다로운

Il est **peu commode**. 그는 대하기가 까다로운 사람이다.
Elle est plus **exigeante** que sa soeur. 그녀는 여동생보다 더 까다롭다.
Ne fais pas le(la) **difficile**. 너무 까다롭게 굴지 마.
Il **n'est pas aisé**. 그는 성미가 까다롭다.(속어)

▶▶ **사람좋은, 대하기 쉬운**

C'est un homme **accommodant[arrangeant/facile/coulant/peu exigeant]**. 그는 까다롭지 않은 사람이다.

▶▶ **엄격한**

Mon chef est **strict** à l'égard de son personnel.
우리 사장은 직원에 대해 엄격하다.

Son père est **sévère** envers ses enfants. 그의 아버지는 자식에 대해 엄하다.

▶▶ 심술궂은

La femme d'à côté est incomparablement **méchante**.
그 이웃집 여자는 비할 데 없이 심통사납다.

▶▶ 성마른

Son oncle a un tempérement un peu **vif**.
그의 아저씨는 약간 성마른 기질을 갖고 있다.

C'est **une vraie soupe au lait**. 그는 정말 성마른 사람이다.

▶▶ 우유부단한

Son mari a un caractère **indécis[irrésolu]**.
그녀의 남편은 우유부단한 성격을 갖고 있다.

---

36 순진한, 천진난만한

Je la trouve très **innocente[candide/ingénue]**, cette jeune fille.
난 그 처녀가 매우 순진하다고 생각한다.

▶▶ 어리석은

Ma soeur n'est pas assez **naïve** pour y croire.
내 여동생은 그것을 믿을 정도로 어리석지는 않다.

---

37 겸손한

Il se fait **humble** devant son supérieur.
그는 상사 앞에서 겸손하게 행동한다.

▶▶ 거만한, 잘난 체하는

Elle n'est pas **orgueilleuse**. 그녀는 거만하지 않다.

Il a l'air **prétentieux[suffisant/vaniteux]**.
그는 거드름을 피우는 것처럼 보인다.

---

38 고집이 센

Il est **têtu comme une mule**. 그는 몹시 고집불통이다.

Tu es vraiment **opinâtre**[tenace/persistant]. 너 정말 고집스럽구나.

▶▶ (사람이) 성가시게 달라붙는

Il est insupportablement **collant**[tenace].
그는 참을 수 없을 정도로 성가시게 달라붙는다.

㉟ 고질적인

C'est un gros mangeur **invétéré**. 그는 고질적인 대식가이다.

▶▶ 굳어진

C'est un célibataire **endurci**. 저 사람은 굳어진 독신자이다.

㊵ 강박관념에 사로잡힌

Elle est **obsédée de** la propreté.
그녀는 청결에 대한 강박관념에 사로잡혀 있다.

㊶ 신경질적인

Cette vielle fille est **nerveuse**. 그 노처녀는 신경질적이다.

Elle est **énervée** maintenant. 그녀는 지금 신경이 날카로워져 있다.

▶▶ 신경과민, 신경질

nervosité (f.)

▶▶ 신경증

névrose (f.)(*의학)

▶▶ 신경쇠약

dépression nerveuse (f.)(*의학)

㊷ 우울한

Elle a un tempérament **mélancolique**. 그녀는 우울한 기질을 갖고 있다.

▶▶ 우울증

mélancolie (f.)(*의학)

dépression (f.)(*의학)

㊸ …을 아랑곳하지 않는

Il est **insouciant**[**insoucieux**] de l'avenir.
　　그는 앞날을 걱정하지 않는다.

▶▶ 마음이 편한[하게]

Il vit **sans souci**. 　그는 속 편하게 살고 있다.

Je suis **sans souci**. 　난 걱정 없이 편하다.

▶▶ 그는 속 편히 사는 사람이다.

C'est un homme **facile à vivre**.

㊹ 난폭한

Il est très **brutal**[**violent**]. 　그는 매우 난폭하다.

▶▶ 유순한, 순종적인

Sa femme est **douce**[**docile**/**obéissante**].
　　그의 아내는 유순하다.

▶▶ 싱글벙글하는

Il est **tout souriant**. 　그는 싱글벙글한다.

▶▶ 인심이 후한

Mon oncle est très **généreux**. 　내 삼촌은 매우 인심이 후하다.

▶▶ 마음이 넓은

Elle **a l'esprit large**[**est tolérante**/**est large d'esprit**].
　　그녀는 아량이 있다.

㊺ 남성다운

Cet acteur est très **viril**. 　이 배우는 매우 남성적이다.

▶▶ 여성스러운

Sa voix est très **féminine**. 　그녀의 목소리는 매우 여성스럽다.

▶▶ 상처받기 쉬운

Elle est très **vulnérable**.   그녀는 매우 상처받기 쉽다.

46 수줍음을 잘 타는, 내성적인

C'est une personne **timide**.   그는 내성적인 사람이다.

C'est un garçon un peu **réservé**.   그는 좀 내성적인 소년이다.

▶▶ 저돌적인

Il est vraiment **casse-cou**.   그는 정말 저돌적이다.

47 갈비씨다.

C'est un **sécheron**.   그는 갈비씨다.(속어)

Il **est maigre comme un clou**.   그는 갈비씨다.

Elle **n'a que la peu et les os**.   그녀는 뼈만 남았다.

48 …에게 뽀루퉁해지다.

Pourquoi tu **me fais la tête**?   왜 내게 뽀루퉁한 얼굴을 하지?

Ne **lui fais** pas **la[ta] gueule**.   그에게 뽀루퉁하지 마.(속어)

Elle **boude contre** son mari.   그녀는 그의 남편에게 토라졌다.

▶▶ 얼굴을 찌푸리다.

En voyant un clochard s'approcher d'elle, il **a fait la grimace**.
　한 부랑자가 그녀에게 다가가는 것을 보자, 그는 얼굴을 찌푸렸다.

49 머리를 땋아 늘이고 있다.

Elle **porte une tasse**.   그녀는 머리를 땋아 늘이고 있다.

50 넥타이를 바로 하세요.

Arrangez votre cravate.

CHAPITRE 26
모양 · 성질

① 거시기 (*사람·물건 따위의 정확한 명칭을 모르거나 밝히고 싶지 않을 때)

Qu'est-ce que c'est que ce **machin** bleuâtre là-bas?
저기 저 푸르스름한 게 뭐지?

J'aimerais me débarrasser de ce **truc**-là.
난 이놈의 것을 처분해 버렸으면 좋겠어.

▶▶ 복사물

A : Où sont vos livres?
B : Nous ne les avons pas. Nous n'avons que des **polycopiés**.
　A : 책은 어디 있지?
　B : 책은 없고요, 우린 (대학 강의 내용의) 복사물들만 가지고 있습니다.

② …에게 잘 어울린다.

Ce foulard rose **te va bien**.　이 장미빛 스카프는 네게 잘 어울린다.
Cette couleur **vous va à merveille**.
이 색깔은 당신에게 기가 막히게 잘 어울린다.

▶▶ …와 잘 어울린다.

Son chapeau **va bien avec** sa costume.
그의 모자는 그의 옷과 잘 어울린다.
Cela **s'accorde bien avec** mes idées.　그건 내 생각과 잘 맞는다.
La jupe noire **s'harmonisera bien avec** une blouse blanche.

그 검정 치마는 흰 블라우스와 잘 어울릴 것이다.

③ 적합한

Je trouve ce prix **raisonnable**. 난 그 가격이 적합하다고 생각한다.

Je juge **convenable** de lui donner raison.
그가 옳다고 인정하는 것이 합당하다고 난 생각한다.

▶▶ …에게 적합하다.

Le climat de ce pays **me va bien**. 이 고장의 기후는 내게 적합하다.

Un petit emploi en province **me conviendait très bien**.
지방의 조그만 일자리는 내게 매우 적합할 것이다.

④ 야한, 화려한

La couleur de sa chemise est trop **voyante[brutale]**.
그의 와이셔츠 색깔이 너무나 야하다.

Sa toilette est un peu **criarde[tapageuse]**. 그녀의 화장은 약간 야하다.

Sa tenue de soirée est très **affichante**. 그녀의 야회복이 아주 야하다.

⑤ 줄무늬가 든

Je préfère cette étoffe **à rayures[à raies]**.
난 이 줄무늬 천을 더 좋아한다.

Cette étoffe est **rayée** en long. 이 천은 세로줄 무늬가 들어 있다.

Je prends cette robe **zébrée**.
얼룩말 같은 줄무늬가 있는 이 원피스를 사겠습니다.

⑥ 별난 옷차림이군!

Quel costume!

▶▶ …으로 변장[가장]하다.

Il **s'est déguisé[s'est travesti/s'est costumé]** en femme.
그는 여자로 변장했다.

▶▶ 가장무도회
mascarade (f.)
bal masqué (m.)
bal travesti (m.)

7 (집합적) 옷
habillement (m.)
vêtements (m.pl)

▶▶ 옷차림
tenue (f.)
toilette (f.)(*여자의)

▶▶ 반드시 예복을 착용할 것
La tenue (de soirée) est de rigueur.

8 멋지게 단장하다.
Il est tiré à quatre épingles.　그는 멋부린 몸차림을 하고 있다.
Il s'est adonisé.　그는 번지르하게 몸치장을 했다.
Elle s'habille avec chic.　그녀는 멋지게 옷을 차려입는다.
Il s'est fait beau.　그는 멋지게 단장했다.
Elle s'est faite belle.　그녀는 아름답게 단장했다.
Elle est sur son tralala[en grand tralala].　그녀는 화려하게 차리고 있다.

▶▶ 멋진 옷차림하기를 좋아하다.
Elle a le goût de la toilette.　그녀는 멋진 옷차림하기를 좋아한다.

9 멋 진
Elle est très chic.　그녀는 매우 멋지다.
Elle est élégante.　그녀는 멋을 안다[멋지다].
Tu es vraiment magnifique[chouette/épatante/splendide/superbe] dans cette robe de mariée!

너 그 신부 드레스를 입으니 정말 멋지구나!

⑩ 구식의

A : Je trouve cette robe un peu **démodée[passée de mode]**.
B : Oui, c'est vrai.
　　A : 난 이 원피스가 구식이라고 생각해.
　　B : 그래, 그건 사실이야.
C'est une mode **surannée[arriérée]**. 그것은 지나간[구시대의] 유행이다.

▶▶ 최신 유행의
C'est du dernier genre. 그건 최신 유행이다.

▶▶ 최신 유행으로
Elle s'est habillée **à la dernière mode**.
　　그녀는 최신 유행으로 옷을 입었다.

▶▶ 유행이다.
La jupe courte **est à la mode**. 짧은 치마가 유행한다.
Ceci **est en vogue**. 이것이 유행한다.
Cette coiffure **a une[la/de la] vogue**. 저 머리 모양이 유행이다.
C'est **le grand chic** à l'heure actuelle.
　　그것은 지금 대유행이다.

⑪ …가 증오하는 사람[사물]

Marcel est **la bête noire de** Sophie. 마르쎌은 쏘피가 증오하는 사람이다.
L'ordinateur est **sa bête noire**. 컴퓨터는 그가 증오하는 것이다.

▶▶ 눈에 거슬리는 물건
Ce bâtiment monstrueux est vraiment **une horreur**.
　　저 괴물 같은 건물은 정말 눈에 거슬리는 물건이야.

⑫ 해진, 닳아 떨어진

Mon jean est complètement **usé**. 내 청바지는 완전히 해져 버렸다.

Sa veste est **fatiguée** jusqu'à la corde. 그의 상의는 다 닳아 떨어졌다.
Ce manteau est très **râpé**. 그 외투는 아주 헐어 빠졌다.

---

⑬ 착용할 수 있는, 입을 수 있는

Il trouve cette cravate encore **portable**.
그는 이 넥타이가 아직 맬 만하다고 생각한다.
Ce pantalon n'est pas **mettable**. 그 바지는 입을 만하지 않다.

▶▶ (사람이 남 앞에) 나설 만한, 흉하지 않은

Je ne suis pas **sortable**[**présentable**] maintenant.
지금 내 행색이 남 앞에 보일만하지가 않다.

---

⑭ 간단한 식사를 하다.

Il est allé **casse-croûter**. 그는 간단한 식사를 하러 갔다.(속어)

▶▶ 간단한 식사

casse-croûte (m.)

▶▶ 다과

Des **rafraîchissements** seront servis après la réunion.
회의 후에 다과(m.pl)가 제공될 것입니다.

---

⑮ 그 어느 곳에도

nulle part

en aucun endroit

en aucun lieu

▶▶ 그 어떤 다른 곳에도

Tu ne le trouveras **nulle part ailleurs**.
넌 그것을 다른 어떤 곳에서도 구할 수가 없을 것이다.

---

⑯ 예 외

Cette fois-ci, tu es obligé de faire **une exception** à cette règle.

이번엔, 넌 그 규칙에 예외를 만들 수밖에 없어.

▶▶ **(그 어떤) 예외 없이**

Tout le monde vient **sans (aucune) exception**.
그 어떤 예외 없이 모두가 온다.

---

⑰ 맛이 밋밋한

Je ne veux pas prendre cette cuisine **fade**.
난 이 맛없는 음식을 안 먹겠다.
C'est une boisson **insipide**. 이것은 맛없는 음료이다.

▶▶ **무미건조한**

Ses questions étaient **fades**. 그의 질문은 개성이 없었다.

▶▶ **따분한**

C'est un film **insipide**. 그건 따분한 영화이다.
Ce qu'il raconte est **ennuyeux comme la pluie**.
그가 하는 얘기는 몹시 따분하다.

▶▶ **난 흥미를 잃었다.**

J'ai [Je me sens] le coeur fade.
Je n'ai plus d'enthousiasme.

▶▶ **난 그것에 더 이상 흥미를 못 느낀다.**

Je n'arrrive plus à m'y mettre.
Ça ne me plaît plus.

---

⑱ (술이) 김빠진

J'ai bu de la bière **éventée**. 난 김빠진 맥주를 마셨다.

▶▶ **(술이) 김빠지다.**

Cette bière **s'est éventée**. 이 맥주는 김이 빠져 버렸다.

---

⑲ 혼잡한, 붐비는

La pièce était **bondée** de gens. 그 방은 사람들로 붐볐다.

Cette rue est toujours **encombrée**. 그 길은 항상 혼잡하다.

Le train est **chargé** de passagers. 기차는 승객들로 붐빈다.

▶▶ 바쁜

Demain, ma journée sera très **chargée**. 내일 내 하루는 매우 바쁠 것이다.

---

⑳ 청결한

Cette salle d'attente est vraiment **propre**.
이 대기실은 정말로 깨끗하다.

▶▶ 위생적인

La salle d'opération doit être **hygiénique**.
수술실은 위생적이어야만 한다.

▶▶ 불결한

L'intérieur de sa voiture était **malpropre**. 그의 차 내부는 불결했다.

Cette serviette de toilette est **sale comme un peigne[un porc]**.
이 타월은 몹시 더럽다.

▶▶ 비위생적인

Cette cuisine est **peu hygiénique**. 이 주방은 비위생적이다.

㉑ 망치다.

Il **a gâché[bousillé]** son travail. 그는 자기 일을 망쳐 버렸다.

Il **a un beau gâchis de sa vie**. 그는 자기의 인생을 망쳐 버렸다.

▶▶ 혼잡, 혼란, 뒤죽박죽

chaos (m.)

désordre (m.)

pêle-mêle (m.)

gâchis (m.)

embrouillement (m.)

cafouillage (m.)

조연애의
한권으로 끝내는
프랑스어 표현 5000

조명애의 한 권으로 끝내는
프랑스어 표현 5000

2008년 8월 5일 1판 1쇄
2013년 1월 20일 1판 2쇄

저 자 : 조명애
펴낸이 : 이정일

펴낸곳 : 도서출판 일진사
www.iljinsa.com
140-896 서울시 용산구 효창원로 64길 6
대표전화 : 704-1616, 팩스 : 715-3536
등록번호 : 제 1979-000009호(1979. 4. 2)

값 26,000원

ⓒ 조명애, 2008

ISBN : 978-89-429-1049-6

* 이 책에 실린 글이나 사진은 문서에 의한 출판사의
동의 없이 무단 전재·복제를 금합니다.

LES EXPRESSIONS IDIOMATIQUES
FRANÇAISES 5000